人类学高级论坛文库

Book series of Advanced Forum of Anthropology

编 辑 委 员 会

顾　问：李亦园　乔　健　金　力　徐杰舜
主　任：周大鸣
副主任：徐杰舜
委　员：（以姓氏笔画为序）
　　　　丁　宏　马成俊　王明珂　田　敏　关　凯
　　　　孙九霞　朱炳祥　陈志明　陈　刚　李　菲
　　　　阿拉坦宝力格　　罗树杰　范　可　郑向春
　　　　赵旭东　郝　平　徐新建　徐黎丽　彭兆荣
　　　　潘英海

主　编：徐杰舜　吕志辉

西方
人类学家列传
Xifang Renleixuejia Liezhuan

丁苏安 ◉ 著

黑龙江人民出版社

图书在版编目(CIP)数据

西方人类学家列传/丁苏安著. — 哈尔滨：黑龙江人民出版社，2016.6(2021.3重印)
ISBN 978-7-207-10746-6

Ⅰ.①西… Ⅱ.①丁… Ⅲ.①人类学—科学家—列传—西方国家 Ⅳ.①K815.615

中国版本图书馆 CIP 数据核字(2016)第 130453 号

责任编辑：朱佳新
封面设计：鲲　鹏

西方人类学家列传
丁苏安　著

出版发行	黑龙江人民出版社
地　　址	哈尔滨市南岗区宣庆小区 1 号楼
邮　　编	150008
网　　址	www.longpress.com
电子邮箱	hljrmcbs@yeah.net
印　　刷	三河市华东印刷有限公司
开　　本	787×1092　1/16
印　　张	15.75
字　　数	280 千字
版　　次	2016 年 7 月第 1 版　2021 年 3 月第 2 次印刷
书　　号	ISBN 978-7-207-10746-6
定　　价	42.00 元

版权所有　侵权必究
法律顾问：北京市大成律师事务所哈尔滨分所律师赵学利、赵景波

人类学高级论坛文库
总　序

中国人类学的发展开始进入一个新的拐点。作为一个100多年前从西方传过来的学科，中国人类学过去一直沿着一个方向发展，那就是本土化的方向。21世纪后，中国人类学开始进入一个新的拐点，就是从本土化拐向中国话语。

一、中国人类学在追求本土化的道路上

在20世纪三四十年代，也可以说是整个50年代以前，即中华人民共和国成立以前，费孝通先生在追求人类学本土化的道路上，取得了国际声誉，并且是国际话语权的一个代表，那就是从他的《江村经济》到《云南三村》。他的《江村经济》是他无心所插的一棵柳。《江村经济》得到马林诺夫斯基这位功能学派的世界级大师的高度评价，关键就在于当时正是西方人类学进入一个大拐点的时候。西方人类学本来是研究异文化，研究他者，或者是研究简单社会，而当时正面临从研究简单社会向复杂社会(就是现代社会)的转向。所以，这个时候最有成就的就是费孝通，他的《江村经济》获得国际人类学界高度的评价。

中国人类学经过20世纪30年代到70年代马鞍型的发展，在改革开放以后，开始了学科重建。从80年代到90年代，中国的人类学学者在追求人类学本土化的道路上，最重要的成就是对汉人社会的研究。这里有两方面的情况，一方面，就是在这个时候，西方人类学学者在研究中国问题上，出现了一些有影响的人物，比如弗里德曼(Maurice Freedman)，他研究中国东南沿海的宗族，这样在中国的学者当中出现了一批追随他而研究中国宗族的同仁，在人类学当中，研究宗族成了一个非常热的学术热点。后来施坚雅(G. William Skinner)提出了一个市场问题，想研究中国的事，光研究宗族不行，还要抓市场，我们又有一批的学者，开始注意市场。再接下来武雅士(Arthur Wolf)提出一个研究中国的汉人社会必须看民间宗教。我们自己回头一看中国自己的民间宗教,解放以后,在反对封建迷信的态势下,都已经搞得七零八落了,都已经没有什么名堂了,或者都转入地下了。所以这是我们中国人类学本土化的过程当中到80年代所出现的一个非常重要的现象,就是西方人类学学者说什么,我们马上就掀起一个波浪,跟着进行解释、进行对话。所以在这一段时间,在宗族的研究上,在民间信仰的研究上,出现了许多很优秀的成果。

另一方面就是回访,就是30年代,甚至20年代,老一辈的人类学家,包括一些国外的人类学家,在中国进行田野调查的田野点,在经过了差不多半个多世纪到70年代左右之后,都有中国学者进行回访。庄孔韶带着他的博士生进行了回访研究,出了一本书《时空穿行》,这里包括了对杨懋春山东台头村的研究,包括了对林耀华先生的《金翼》的回访研究,就是庄教授自己写的《银翅》,等等。另外以王铭铭教授为首的一个团队也带了一批博士进行了回访,就是云南的调查回访,张宏明的《土地象征》、褚建芳的《人神之间》、梁永佳的《地域的等级》等都是这方面的成果。在南方,中山大学的周大鸣对葛学溥(Daniel Harrison Kulp)所做的潮汕地区的凤凰村进行了凤凰村的再研究,写成《凤凰村的变迁》。这就形成了一个回访的高潮,回访原来别人做过的田野点的情况,形成了在中国研究乡土中国,即乡村人类学研究的一批成果。

所有这些都是中国人类学学者在追求人类学本土化的道路上本着一种锲而不舍的精神所得到的成果。由于中国人类学本土化的这样一个学术追求,1999年9月,由广西民族大学发起,举办了一次人类学本土化的国际学术研讨会,这个会议可以说是对中国人类学本土化追求的一个大检阅、大总结。

这个研讨会对中国人类学本土化的研究做了一次反思,讨论了什么是本土化,今后怎么发展等问题,香港中文大学陈志明教授就认为,人类学本土化实际上是第三世界国家对西方人类学的反抗,因为人类学包括其他产生于西方的社会科学,它的理论和方法很可能有跟第三世界不相适应的地方,因此第三世界应该有它自己的理论和方法,有一个本土化的过程。中山大学黄淑娉教授则说,人类学本土化就是要学习、吸收西方人类学理论、方法、经验来研究中国的实际,解决中国的问题。

北京大学王铭铭当时的发言和别人有所不同,他提出来,90年代中国关于社会科学规范化、本土化的争论从1990年到现在有三次思考,三次思考包括有关社会科学的规范化、本土化的讨论,有关国家与社会的大辩论,以及自由主义、经济学和新左派的文化批评的争论。王铭铭的发言把本土化这个问题概括的范围、视野更扩大一些。在这些思潮中有的学者提出本土化的社会科学是否可以从中国的社会变迁当中提炼出一种以中国为焦点的社会舆论。中国社会科学院张继焦则说,现在再说本土化应该是过时了。

对这个问题当时会上争论得非常激烈,他说过时了,那么参会的外国学者怎么看呢?英国学者王斯福认为,对中国学术界来讲,本土化的原因既有来自外界环境的,也有来自本土的民族中心主义的,所以他希望中国年轻的学者在本土化的建构中,应该向国际学术界谋求共同发展,从全球的开放性、共同性出发,更多地接受人类学这门学科共同遵守的一些原理、概念和方法。荷兰学者彭珂说,本土化策略或许会成为学科全球化的最佳途径。

人类学本土化国际学术研讨会,促使中国学者开始思考:本土化的这条路是不是应该终结?应该是出现拐点的时候了!

二、中国人类学进入拐点的背景

中国人类学为什么在21世纪开始的时候要拐弯呢?这是因为人类学发展的世界背景发生了巨大的变化:

第一个变化,就是科技发展促使人类社会空前大进步。这几十年的科技发展,如果从历史的跨度进行比较的话,人类的历史大概是三百万年,人类的文明史大概是六千年,科学技术的历史大约是两千五百年,近代科学的历史大约是四百年,现代科学技术的历史不到一百年,在这样一个历史的长河中,有的学者估计,当下社会在三年内发生的变化,相当于20世纪三十年内的变化、牛顿以前时代的三百年的变化、石器时代三千年的变化。

科技大发展带来社会的大发展,同时又是社会的大失调。整个社会、人和自然、人和人严重的不平衡。平衡点在哪里？人和自然的关系发展到现在这种状态，大家都很清楚，环境污染如此严重、生态失调、人口膨胀，大冲突、大进步，就大失调。大冲突，"9·11"以后到现在，其标志，在西方就是"十字军"和"新月军"的对抗，所以这个事到今天，世界还是非常不安宁。那么面临这种情况，人类社会空前的大进步、大失调、大冲突，全球化引发了许多新的问题，这是一个大的背景，这是大家现在天天都可以看到的。那么，世界怎么办？世界向何处去？答案在哪里？在西方还是在东方？

第二个变化，就是西方中心论遭到了质疑和批判。西方的经济强，它就一切都强，它的霸权主义在文化上也是一种霸权，所以长期以来是西方中心论。但是西方中心论早在20世纪初就遭到了质疑，当时德国的一个学者斯宾格勒（Oswald Spengler），写了一本《西方的没落》，就指出西方中心论的没落，对西方中心论进行了批判。他是开创者，到了90年代前后，对西方中心论的批判进入一个比较高潮的状态。在这个时候，西方学者就觉得从他们西方的理论来说，包括人类学在内，要解释现在西方所碰到的一系列的问题，是解释不了的，也解决不了的，就是在西方的思想库里面找不到解决现代问题的答案。就拿恐怖与反恐怖来说吧，布什开始理直气壮，在"9·11"以后，为了反恐而发动战争，这个牌子多硬！号召力多大！但是今天情况怎么样？在这样的状态下，掀起了质疑西方中心论的一个高潮，在西方的学术界、思想界广泛引起了思考。他们要了解和解决他们的问题，用他们的话说，叫作找一面镜子照一照，他们首先找一面镜子是他们自己文化的原点——古希腊古罗马文化，回到原点看一看古希腊古罗马是什么样子，就是古希腊古罗马的文明告诉他们什么，他们现在为什么走到这步走成这个样子了。

有一部分学者找了另外一面镜子，就是找到印度，印度也是个大国，也是发展很厉害的！但是印度文化呢？它关注的是来世，不是今生，对西方人来说，死了以后怎么样，无须操心，现在要解决的是当下的问题，西方国家本来就是最现实主义的。好，再就找到中国来了，他们就觉得中国文化是他们的第三面镜子。确实，中国传统文化是一面非西方的镜子，他们一照，问题就出来了，这使他们很有感觉，所以有的西方学者甚至在研究这些问题上绕不过中国,不能避开中国讨论任何问题。

在这种状态下,法国著名的当代思想家埃德加·莫兰(Edgar Morin),他就指出,西方文明的福祉正好包含了它的祸根,盲目的经济发展带给人类的是道德和信誉的迟钝,使人们在复杂问题面前束手无策,对根本的和全局的问题视而不见,西方不是拼命在发展吗?科学技术进步促进了社会进步,现在大家都享受到科学进步,同时科学进步也带来了对环境的、文化的破坏,造成了新的不平等。所以,埃德加·莫兰尖锐地指出,这就是"生态死亡"。人和自然的平衡点破坏了,人和人之间的平衡点也破坏了,人和自己的平衡点也破坏了,所以现在自杀的人太多了,全世界一年要有100万人自杀,据说中国一年是24万人自杀,每四分钟就有一个人自杀,自己先崩溃了,就很容易产生这种想法。所以,另外一个西方的社会学家,他叫作鲍曼(Zygumnt Bauman),他在《现代性与大屠杀》里说,现代文明的高度发展,超越了人所能调控的范围,发展得太快了,人无法调控它了,导致高度的野蛮,高度的文明变成高度的野蛮了,我们现在的环境,现在科技的发展,造成环境的破坏不再以国家的界限为边界了,即不再是一个地方性的问题。比如,美国,牛吧?那你的空气就是最好的吗?这不可能。我们中国有沙尘暴,日本就紧张呀,风一吹就吹到日本去了,所以它要出钱来给我们植树,日本人会那么好,给你花钱,他是怕他的利益受到侵害。

还有人类的种种冲突,怎么找答案?不找答案又怎么办?难道就这样无休止地打下去?伊拉克现在打的也烦呀,动不动就是人体炸弹去炸,搞得我们中国人也被他们绑架。所以这世界面临的这些问题必须要解决,不能永远打下去,不能一天到晚发生恐怖事件。所有这些,遭到了西方学者对西方中心论的质疑和批判。

那么出路在哪里?就是中国传统文化的一面非西方的镜子。回来看美国,他们文化保护得很好,但是他们的文化是没有根基的,是最近二百年建构起来的,而中国的传统文化是原生的,这根子就扎在中国大地上,所以中国文化可以成为西方的一面镜子。不光是人类学家,西方的社会科学都拿中国作为一面镜子。中国传统文化是产生在中国这样一个地域范围,这种原创文化是独立发展起来的,它有五千年以上绵绵不绝的历史,它没有中断过,这一点是世界上唯一的。两河流域文化比我们早,但它早就四分五裂了,埃及文化早就换了人种了,印度也是换了人种了,印度产生的佛教,倒是在中国扎下了根。中国文化作为一个独特的、独立的、原生的一个体系,我们五千多年来解决中国的各种各样的问题,都有很多的招数。你说中国那么多的民族,从古到今数起来上千个都不止,现在世界上最头疼的,美国布什最头疼的,世界上不断发生纠纷,发生战争,大冲突、小冲突,打仗的地方也好,在中国古代来讲,它就有这样的方法,这样的招数来平息纷乱。所以中国文化就形成了一个非常好的一个西方的参照,很好的一面镜子。

无数的事实告诉人们,中国文化的这种延伸性形成这种独特的、自成一体的体系,可以回答世界的许多问题。中国文化是这样一个现状,西方在关注着我们,我们自己能不关注吗?这就是中国人类学从本土化向中国话语转弯的背景。

三、人类学中国话语的学术内涵

人类学中国话语的学术内涵,就是从中国传统文化和现实社会中归纳、概括、提炼和升华出可以为人类学做出贡献的中国理论体系,这就是中国话语。我们不能老拿西方的话说我们自己的东西,西方好的东西我们照样还要用,人类学作为西方社会科学建构中的一个学科,处于西方文化体系当中,它是在西方文化的背景下归纳、概括、提炼和升华出来的。它的底蕴是什么?它的底蕴就是西方的文化,人类学的理论体系是西方学者对西方文化的不同表达。泰勒的古典进化论指出文化是进化的,泰勒将生物学家达尔文生物是进化的理论转化了一下,指出文化也是进化的。摩尔根讲社会也是进化的,他划分了三段:愚昧、野蛮、文明。马克思见了,拍案叫绝,认为摩尔根是自发、自觉地达到了唯物主义。所以马克思就把自己《资本论》的研究都停了下来,认真地读了摩尔根的书,做了笔记摘要,他还看了五本人类学的书。可惜这时马克思已经高龄了,身体不好,很快离开了这个世界,后来恩格斯帮他完成了对人类学的研究,《家庭、私有制和国家的起源》是恩格斯根据马克思的这些笔记写出来的一本书。所以我们在这种情况下,无论是古典的进化论,还是传播论,还是功能论,还是结构论,还是历史文化论,还是法国的社会年鉴学派,它们都是西方对人类文化的一种表达、描述,文化是进化的,文化是传播的,文化是功能的,文化是结构的,等等,发展到后现代,就是从外表的描述进入深层次的、心灵的描述,就是现在比较流行的符号论、象征论、解释论。这些理论升华所构成的人类学的西方体系当然是很有价值的,是人类的宝贵财富。

那么这些理论,能解决现在世界所面对的这些问题吗?拿"9·11"后恐怖与反恐怖来说,所有的上述理论,无论是进化的、传播的、功能的、结构的,还是符号的、象征的、解释的都无法对它进行解读。

但是从中国文化中,如果归纳、概括、提炼、升华的东西,它就对这些世界问题具有解释力、具有解决力,还有行动力。从这方面来讲,费孝通先生在他的晚年又给我们做出了榜样,做出了示范。费老在1996年寒假的时候,在第二届人类学高级研讨班做的演讲所提的"文化自觉"就非常前卫。后来费孝通先生从中国传统文化中又提出一个非常重要的概念,即"和而不同"。这些东西都是中国传统文化中所固有的价值取向,用这些理念来解释世界、洞察世界,指导我们的行动,就有可能解决世界的冲突问题。正因为费孝通先生拥有关怀全人类的胸怀,所以他用中文书写的文本为中国人类学赢得了国际声誉,正如著名人类学家乔健先生在《中央民族大学学报》2007年第一期上发表《试说费孝通的历史功能论》一文中所说:"和而不同"成了解决当今世界纷扰之道,费老是建构现代文化理论的12位世界级的大师之一。

还有,中国传统的思维方式与西方不同,西方传统的思维方式就是一分为二,是对抗性的,主体、客体,就这两个,这是很有名的,罗素(Bertrand Arthur William Russell)就持这个观点,而主体、客体是不会交叉的,西方的霸权主义就是以这种思维方式为理论指导。中国的思维理论不是一分为二的,不是主客对立的,中国的思维方式是一分为三,即老子所曰:"道生一,一生二,二生三,三生万物"。这种一分为三就是执两用中,两个极端当中你创造出一个新的来,不要太左,也不要太右,它不是折中,而是一个新的中。为什么易经所有的卦都是三,我们中国的数"一"是一横,"二"两横,"三"三横,它不可能"四"四横,"五"五横,从三开始是拐点。所以这些东西给我们一个非常重要的启发,一种中国文化所提供的解决世界问题的思考方法,不要两个极端,从两个极端当中寻找一个平衡点,这是非常重要的解决世界冲突问题的方法论。

那么人和自然的平衡点在哪里?2002年6月,在银川召开的会上,国际著名人类学家李亦园先生出席会议并做了《生态环境、文化理念与人类永续发展》的演讲。在李亦园先生的启发下,第三届人类学高级论坛专门发表一个生态宣言:《走向生态文明》。《走向生态文明》从人类学的使命出发,发出了中国声音:

人类学自诞生以来,始终关注人与文化以及生存和发展问题。面对当今的生态危机,全球的人类学学者有责任提出自己的观点和建议。

经过近百年的引进和开拓,中国人类学积累了丰富的本土经验,无论出于"关怀天下"的经世传统,抑或对人类命运的共同忧虑,中国人类学学者都有责任和义务联合起来,就人类的生态问题发出中国的声音。

我们认为,面对人类的生态危机和共同未来,必须关爱人类的生命家园,为此,我们呼吁:

1. 摒弃破坏生态的"制天"取向,恢复和弘扬尊重自然的"敬天"传统。

2. 尊重使"天人和谐"与文化多样性得以维系地方性知识和不同的大、小传统。

3. 开展世界范围的族群对话,为保护地球家园的生态平衡提供文化生态的坚实根基。

人类社会经历了从自然走向文明的阶段,如今在生态危机的威胁下已处在从文明回归自然的紧要关头,如何摆脱自身行为对生存环境的破坏、在族群互补的基础上重建维护生态和谐的文化理念,这是一个关系到全球人类生死存亡的大问题。对此悠悠大事,全球的人类学学者携起手来,走向生态文明!

我们只有一个地球,但有无数的族群文化可以保护人类与自然的生态平衡!爱护和保护地球,人类才能永续发展!

众所周知,2004 年的时候,科学发展观和生态文明的理念还没有提出来,而中国的人类学家们已就人类的生态文明发出了极有价值的"中国声音"!

总而言之吧,如果以中国的传统文化为基础,在这个背景下,在中国独立的、延伸的文化基础上,运用人类学的理论和方法建构出新的,对今天的世界具有解释力、具有解决力、具有行动力的理论和方法,这就是中国话语。

四、结语:人类学中国话语的学术趋向

人类学中国话语的学术趋向是什么呢?批判了西方中心主义,你是不是要搞中国中心主义?不是的!我们讲中国话语,不是谋求话语霸权,而是追求对人类学的世界贡献。这么大的世界,天天都发生各式各样的事情,我们追求的是对人类学的世界贡献,对构建和谐世界,包括人与自然、人与人、人与自我的诸方面平衡的一个理论,所以今天提出中国人类学本土化与中国话语的问题,就是表明一个观点:中国人类学本土化已经拐向中国话语。

人类学高级论坛文库在黑龙江人民出版社的支持下,从 2003 年 3 月出版了林美容的《妈祖信仰与汉人社会》之后,6 年来经过大家的努力已出版了 11 种,归为第一辑。从秦璞和徐桂兰的《河疍与海疍珠疍》开始为第二辑。今后,我们将以更多更好的学术成果为人类学的中国话语添砖加瓦,以构建 21 世纪中国人类学的新大厦!

徐杰舜　吕志辉
2009 年 10 月 28 日
于桂林金钟山

目 录

序 ··· 徐杰舜（1）

路易斯·亨利·摩尔根列传 ···································（1）
  一、生平及学术历程简介 ·······································（2）
  二、主要著作概述 ···（3）
  三、摩尔根的人类学成就及其主要贡献 ······················（8）
    （一）提出社会进化理论 ·····································（8）
    （二）发现氏族制度 ··（10）
    （三）对亲属制度的研究 ····································（10）
  四、对摩尔根的评价 ··（11）
    （一）国际学者的评论 ······································（11）
    （二）国内学者的评论 ······································（16）
    （三）我的认识 ···（19）

爱德华·伯内特·泰勒列传 ·································（22）
  一、生平简介 ··（22）
  二、主要著作概述 ···（24）
    （一）界定"文化"概念与提出文化进化 ····················（26）
    （二）关于文化遗留的研究 ·································（28）
    （三）关于对神话的剖析 ····································（30）
    （四）对万物有灵论的研究 ································（33）
  三、泰勒的人类学成就与贡献 ·································（35）
    （一）提出文化进化论 ······································（35）
    （二）给"文化"概念下定义 ································（36）

（三）在研究方法上的突破 …………………………………………（38）
　四、关于泰勒的人类学评价 ……………………………………………（39）
　　（一）国际学者的评价 ……………………………………………（40）
　　（二）国内学者的评价 ……………………………………………（41）
　　（三）我的认识 ……………………………………………………（43）

詹姆斯·乔治·弗雷泽列传 ………………………………………………（44）
　一、生平简介 ……………………………………………………………（44）
　二、主要著作概述 ………………………………………………………（46）
　　（一）集于一身的双重头衔 ………………………………………（47）
　　（二）杀死神王的理由 ……………………………………………（50）
　　（三）折取金枝 ……………………………………………………（52）
　三、主要成就与贡献 ……………………………………………………（54）
　　（一）沿用比较分析方法 …………………………………………（54）
　　（二）提出人类思想进化发展的三个阶段 ………………………（54）
　　（三）关于图腾崇拜起源的研究 …………………………………（55）
　　（四）对婚姻、家庭和亲属制度的探讨 …………………………（56）
　　（五）弗雷泽的研究所产生的影响 ………………………………（56）
　四、对弗雷泽的评价 ……………………………………………………（57）
　　（一）国际学者的评价 ……………………………………………（57）
　　（二）国内学者的评价 ……………………………………………（62）
　　（三）我的认识 ……………………………………………………（64）

马塞尔·莫斯列传 …………………………………………………………（66）
　一、生平简介 ……………………………………………………………（67）
　二、主要著作概述 ………………………………………………………（68）
　　（一）《巫术的一般理论》概述 …………………………………（69）
　　（二）解读《礼物》 ………………………………………………（73）

三、莫斯的主要贡献 …………………………………… (78)
 （一）强调整体社会现实 ………………………… (78)
 （二）提出社会交换理论 ………………………… (79)
 （三）探究社会分类 ……………………………… (80)
四、对莫斯研究的评价 ………………………………… (81)
 （一）国际学者的评价 …………………………… (81)
 （二）国内学者的评价 …………………………… (83)
 （三）我的认识 …………………………………… (85)

露丝·本尼迪克特列传 …………………………………… (87)
一、生平简介 …………………………………………… (88)
二、著作概述 …………………………………………… (89)
三、本尼迪克特的人类学成就及其影响 ……………… (95)
四、本尼迪克特人类学研究的评价 …………………… (97)
 （一）国际学者的评价 …………………………… (98)
 （二）国内学者的评价 …………………………… (100)
 （三）我的认识 …………………………………… (102)

玛格丽特·米德列传 ……………………………………… (105)
一、生平简介 …………………………………………… (106)
二、主要著作概述 ……………………………………… (107)
三、米德的人类学贡献与影响 ………………………… (112)
四、人类学界对米德的评价 …………………………… (114)
 （一）国际学者的评价 …………………………… (114)
 （二）国内学者的评价 …………………………… (117)
 （三）我的认识 …………………………………… (120)

克劳德·列维－斯特劳斯列传 …………………………… (122)
一、生平及学术历程简介 ……………………………… (122)

二、主要著作概述 …………………………………………（124）
　（一）简述《忧郁的热带》 …………………………………（125）
　（二）概述《野性的思维》 …………………………………（129）
三、列维-斯特劳斯主要的人类学贡献 …………………（133）
　（一）列维-斯特劳斯的结构分析方法 ……………………（134）
　（二）对亲属关系的结构分析 ………………………………（134）
　（三）对神话结构的分析 ……………………………………（135）
四、对列维-斯特劳斯及其结构人类学的评价 ……………（137）
　（一）国际学者的评价 ………………………………………（137）
　（二）国内学者的评价 ………………………………………（138）
　（三）我的认识 ………………………………………………（142）

维克多·特纳列传 ……………………………………（144）
一、生平及学术历程概述 …………………………………（144）
二、主要著作概述 …………………………………………（147）
　（一）概述《象征之林——恩登布人仪式散论》 …………（147）
　（二）简评《仪式过程:结构与反结构》 …………………（150）
三、特纳的主要贡献 ………………………………………（155）
　（一）对象征符号的研究 ……………………………………（155）
　（二）对社会戏剧和朝圣的分析 ……………………………（157）
四、对特纳及其象征人类学的评价 ………………………（158）
　（一）国际学者的评价 ………………………………………（159）
　（二）国内学者的评价 ………………………………………（160）
　（三）我的认识 ………………………………………………（163）

克利福德·格尔兹列传 ………………………………（165）
一、生平简介及学术历程 …………………………………（166）
二、主要著作概述 …………………………………………（168）

（一）解读《文化的解释》 …………………………………… (169)
　　（二）《地方性知识——阐释人类学论文集》的概述 ………… (175)
三、格尔兹的人类学成就及其主要贡献 ………………………… (178)
　　（一）阐释文化：意义、象征与文化系统 ……………………… (179)
　　（二）民族志写作："深描"的表达方式与地方性文本的解读 …… (180)
四、关于格尔兹阐释人类学的评论 ……………………………… (182)
　　（一）国际学者的评价 ………………………………………… (182)
　　（二）国内学者的评价 ………………………………………… (185)
　　（三）我的认识 ………………………………………………… (187)

马歇尔·萨林斯列传 …………………………………………… (189)
一、生平及学术历程简介 ………………………………………… (190)
二、主要著作概述 ………………………………………………… (191)
　　（一）概述《石器时代经济学》 ………………………………… (192)
　　（二）简评《历史之岛》 ………………………………………… (198)
　　（三）概述《甜蜜的悲哀》 ……………………………………… (202)
三、萨林斯的人类学成就及其主要贡献 ………………………… (206)
　　（一）萨林斯的新进化理论 …………………………………… (206)
　　（二）萨林斯的结构主义观点 ………………………………… (207)
　　（三）萨林斯对西方本土文化的反思 ………………………… (209)
四、关于萨林斯及其人类学研究的评价 ………………………… (210)
　　（一）国际学者的评价 ………………………………………… (210)
　　（二）国内学者的评价 ………………………………………… (213)
　　（三）我的认识 ………………………………………………… (215)

后记 ……………………………………………………………… (217)

序

丁苏安是我硕士研究生的关门女弟子,她的《西方人类学家列传》即将出版,高兴之余,欣然命笔为之写这篇序。

一

说起任硕士研究生导师(以下简称硕导)的生涯,从1996年起到2015年止,整整20年了。1995年,我与师兄,时任广西民族大学民族研究所所长的张有隽教授一起被云南大学聘为硕导,成了广西民族大学的第一批硕导。这是时任云南大学历史系主任,后任云南大学副校长的林超民教授,为了支持广西民族大学的学科建设而采取的一项重要措施。第二年,我们就在云南大学招了第一个硕士研究生——李远龙。李远龙是湘西永顺人,学英语出身,在中学教过几年英语,以顽强的毅力自学民族史,考了三年,终于如愿,成了我与张有隽合带的研究生。他到广西防城港一带做族群调查,非常艰苦,但完成出色,硕士学位论文《认同与互动:防城港的族群关系》后收入"人类学文库"出版。1999年毕业留校,后又考入中国人民大学攻读法学博士学位,学有所成,已是广西民族大学法学院副院长、教授了。李远龙的入学,打开了广西民族大学升硕的道路。

三年后,1999年,广西民族大学获得硕士学位授予权,开始独立招硕。我独立招硕的第一个学生是广西民族大学外语系毕业的陈礼贤。陈礼贤是广西人,跟我读研时以疍民为研究对象,先后在邕江、围州岛、斜阳岛上做田野考察,是到围州岛、斜阳岛做海疍考察的第一人。毕业后考入广西区妇联做了公务员,曾出色地完成了国际妇联的课题研究,成了广西妇联主席的得力助手,2012年1月调任广西区政协办公厅人事处处长。

2000年招了侯井榕和何伟华两个女生。侯井榕的考硕有点传奇:1999年9月9日—11日在南宁举办"99人类学本土化国际学术研讨会"时,当时在柳州师专当英语教师的侯井榕被参加会议的西班牙迪西柯(Gabriel Dedcco)教授聘为翻译。没想到她一下子被人类学吸引了,当即决定考研,一举夺"魁"入学。侯井榕极聪明,做三江六甲人的田野时,就与复旦大学分子人类学专业的李辉合作做了六甲人的基因分析。硕士毕业后，被我推荐到香港中文大学攻读人类学的博士学位，期间选了一个极具挑战的选题《上海的法国人》做博士论文，为此又苦学法语，现在上海一家法国公司做高管。何伟华毕业后进了广西教育厅工作。

2001年招了一个男生农辉峰，毕业后先进了广西社会主义学院任教，不久考入上海大学攻读博士学位，毕业后在广西区党校任教。

2002年招了一个女生罗彩娟，没想到心志极高又极内向的罗彩娟最后竟成了我的"一条龙"。这是怎么一回事呢？广西师范大学历史系毕业的象州人罗彩娟，略带腼腆，不敢看人，却早就下决心要读我的研，但谁也不知道她的这个心思。那一年我本不能招生，但她在导师栏中一定要选我，学校也就同意了。这一读就一发而不可收了。2004年，我被中央民族大学聘为人类学博士生导师，2005年招博时，罗彩娟为壮师威而报名考博，没想到考了个第一名，又成了我的博士研究生。攻博期间，她到云南马关县马洒村做田野，写了20多万字的访谈录，同时也写了一个颇有新意的博士论文《社会记忆与历史表述：一个云南壮族社区中的"侬智高"》。答辩时，答辩委员们给予了极高的评价，潘蛟和郭星华两位教授认为是一篇"优秀的历史人类学"论文。在答辩委员会对罗彩娟的答辩感到满意的表述中，潘蛟加上了"非常"两字。博士毕业后她入职广西师范学院，期间又碰上一个机会，2013年又成了我与中山大学历史系刘志伟教授合带的历史人类学博士后。罗彩娟是一个幸运儿，读学位顺，评职称也顺，工作八年，现已是教授。工作也顺，近日即将调入广西民族大学。

2003年，一个好机遇，加上报考上线的人多，我一下子招了六个研究生，即林敏霞、杨清媚、朱志燕、秦璞等四名女生，覃锐钧、何月华两名男生。这六个人是六个宝贝疙瘩，个个聪明伶俐，各俱个性。浙江玉环人林敏霞外秀惠中，昵称"林妹妹"，打得一手好羽毛球，后考入中央民族大学攻读人类学博士，又是我的博士生，毕业后入职浙江师范大学文化创意与传播学院，已是副教授；广西贵港人杨清媚娇小甜美，昵称"阿媚"，喜欢打乒乓球，后考入中央民族大学攻读人类学博士，是王铭铭的博士生，毕业后进入中国社科院社会学研究所做博士后，现在中国社科院社会发展研究所做研究工作；新疆兵团人朱志燕皮肤白白的，长得像维吾尔族人，昵称"阿朱"，读硕三年没有回过新疆的家，后考入厦门大学攻读人类学博士，是彭兆荣的博士生，2009年4月，又作为国家建设高水平大学公派研究生项目联合培养博士去

英国利兹大学(University of Leeds)留学13个月,毕业后入职上海社会科学院社会学研究所做研究工作;广西象州人秦璞是我大学同学的千金,泰语学得很溜,羸弱黝黑,昵称"阿璞",到泰国做田野时,当地人竟把她当作泰国人,出色地完成了对泰国水上人家的考察,毕业时曾考中山大学麻国庆的博士,因英语不上线而不能录取,但麻教授很欣赏她的泰语,一直想她再考,但她入职广西大学外语学院,创建了泰语专业,成了广西大学泰语专业的"老祖母",现已是副教授了;广西武宣人覃锐钧档案专业出身却报考人类学的研究生,办事踏实,考察平话人后,下了很大的功夫整理了50本、20多万字的平话道公的经书,后收入《平话人图像》,毕业后考入广西民族大学学工处,现为该处副处长,被同学戏称"情(覃)妇(副)",2016年他终于如愿地考上了广西民族大学的博士研究生;河北沧州人何月华瘦长高个,广西大学中文专业出身,考入后我让他到容县去调查侨乡,他曾极不理解地向我喊:"人类学为什么要做田野?"但三年读下来,也成了人类学的"铁杆",现任广西科技大学宣传部副部长。看到他们的成长,着实让人高兴。

2004年招了徐薇、熊迅、梁冬平、刘平安、吴政富五个研究生。他们都很热爱人类学专业,尤其是徐薇在东北做二人转的田野,熊迅到贵州的安顺西秀区刘官乡周官村做傩雕的田野,颇有收获,后徐薇考入中央民族大学继续攻读人类学,成了王建民的博士研究生,2010年毕业后入浙江师范大学非洲研究院,第二年就到非洲博茨瓦纳做了田野,成了第一个到非洲做田野的人类学学者,民族志报告《博茨瓦纳族群生活与社会变迁》已出版,现在已是副教授的她正在做南非族群研究的国家课题;熊迅毕业后考入中山大学继续攻读人类学,成了邓启耀的博士研究生,毕业后留校任教,已是副教授的他当下正在美国做访问学者。而梁冬平毕业后入职广西大学,现为招生就业指导中心科长;吴政富则先入职贵州铜仁县委组织部,后考入贵州省教育厅工作;刘平安是一个有创业理想的人,英语很好的他毕业后开了一个翻译公司至今。此外,还有一个陈沛照,从湖北民族学院考入,开始跟我,不久因学校原因把他划到其他老师的名下,但陈沛照坚持跟我,那位老师也委托我帮带。陈沛照毕业后回到湖北民院,后又考入兰州大学攻读博士学位。

2005年招了张劲夫、黄兰红、韦小鹏三个研究生。这三个人对人类学都很入迷,云南拉祜族张劲夫非常刻苦,非常用功,毕业后边工作边考博,考了三次终于如愿,2010年考入中山大学攻读博士学位,毕业后又进香港科技大学做了两年博士后,成了拉祜族的第一个人类学博士,现入职云南民族大学工作；广西河池人黄兰红秀美贤惠，从广西师范大学生物专业毕业后，又做了三年的中学教师，竟发狠考研，收入我的门下，读硕三年奋发读书，勤下田野，只身远赴浙江武义县九龙山村考察，不仅硕士论文优秀，其民族志报告《新九龙山村的幸福生活》也收入"人类学高级论坛文库"出版，后留校工作，曾被评为广西优秀辅导员，现为民社院办公室主任；广西罗城人韦小鹏性格内敛，做事细心，入迷人类学，毕业后进入桂林金钟山旅游研究院，先任办公室主任，后任副院长，并兼任人类学高级论坛秘书长助理，为推动中国人类学的进步和发展任劳任怨地做了许多具体工作，在人类学界口碑甚佳。

2006年招了温美珍、高烈波、吴桂清三个研究生。这三个人各有千秋，温州姑娘温美珍从中文专业转向人类学，一路走来，经历坎坷，先考厦门大学的博未中，后在进中山大学攻博还是进香港科技大学再读硕的选择上有纠结，最后毅然跟美国学者沙伯利在香港科技大学读了社会学硕士，2015年4月终于赴澳大利亚国立大学攻读博士学位；湖北荆州人高烈波是一个典型湖北人，聪明绝顶，灵活多计，毕业后进了公司，现又在为考博努力拼搏着；广西靖西人吴桂清快言快语，电脑玩得极溜，打字飞快，办事能力极强，在靖西旧州做绣球的田野也很到位，毕业答辩时，她送给每位委员一个绣球的举动给人印象深刻，现在广西民族大学教务处工作。

2007年招了丘文荣和王晓艳两人；2008年招了宋兴烈和赵阳两人；2009年招了陈永娟和倪欢欢两人；2010年招了谢林轩和罗娟两人；2012年招了苑鹏和丁苏安两人。还有我在中南民族大学任特聘教授时2006年招的冼奕、徐榕和周蕾三人。

这13名学生来自东南西北中：

广西南宁姑娘冼奕成熟稳重，说起话来慢条斯理，悟性高。跟我读硕是提问题最多的一个学生。她写的论文能很好地运用人类学的理论和方法，所以较有人类学的味道，她的硕士论文就是一篇佳作。读硕期间协助我的中国人类学史课程，与同学合作，主编了《人类学的中国大师》一书，很不容易。她也很有牺牲精神，毕业后想进广西社科院做研究，为他人做了许多"嫁衣裳"，其中的甘苦和心酸我是知道一二的。经过五六年的努力，今天她才遂心如愿。

桂林妹徐榕从本科三就听我的人类学概论的课而入迷，考入中南民族大学后，到《金华日报》做传媒人类学的田野，完成并出版了《办报人心史——〈金华日报〉的人类学考察》，开了纸媒人类学研究的一个头。毕业后入职广西医科大学人事处，结婚后生了一对龙凤胎，很幸福……

河南姑娘周蕾是南阳人，英语专业出身，考入中南民族大学时，时任研究生处处长的段超说："徐老师！周蕾是这次学生中考分最高、最漂亮的考生，分配给你了！"确实，周蕾乖巧踏实，毕业后进入河南地质队，现在郑州河南省地矿局地勘一院人劳科工作。

丘文荣来自福建，是一个特别能干而逗人喜欢的小伙子，读硕时先后到吉林延边、浙江武义、广西龙胜和永福做田野，毕业后先入职南宁市党校，现在南宁地铁公司供职。

川妹子王晓艳和宋兴烈都来自四川阆中，双双入职重庆公安局。

胖胖的山东陈永娟能吃苦，笔也勤，在广西大化、隆安、上林做田野时十分老练，大化七百弄的乡民请他们三个同学吃饭，把他们灌醉，也没有动摇他们做好田野的决心！毕业时本已被广西医科大学录用任教，考官评说："这个姑娘很淡定。"但她又考上天津工商局，想弃教而去，要被医科大人事处罚毁约款5 000元，哭着来求我，结果还是广西民族大学有关领导筹款解决，使陈永娟遂心而去。没想到的是她现在在吃后悔药……

个子不高的莱阳人赵阳似乎是一个"文艺青年"，喜欢写点多愁善感的东西，在武义郭洞做田野时，水土不服患了皮肤病仍坚持考察，毕业时本可去香港科技大学广州南沙基地工作，但他想回山东老家，现在青岛崂山做民宿，挺有理想的。

安庆"美女"倪欢欢也挺有主张，毕业后去了深圳。

湘女罗娟来自湖南衡阳，性格活泼开朗，也挺有个性。在怀化做"龙船瑶族"的田野，本打算让她以此为基础写硕士论文，没想到她自选了大理导游的个案，出色地写了一本《导游的无奈与无奈的导游》，推出了旅游人类学研究关于中国导游的第一部著作。2013年她以优异的成绩被广西崇左市委组织部招录为引进人才，进入崇左市旅游局工作，但有个性的她后来又到北京打拼，丑小鸭变成了白天鹅！

桂林仔谢林轩，帅气十足，在广西民族大学学越南语专业，成绩优秀，2008年与我同去美国斯坦福大学参加国际会议，在广州美国领事馆面签时认识。有趣的是，他毕业后考上了南宁海关，却又想考我的研。我叫他三思而行！并告诉他，海关待遇好，读硕攻博做学问则很清贫。为此，其母亲与舅舅专门找我谈话，问我读研有什么用？我说如果谢林轩读研，就要把他培养成新一代的越南问题专家。这样，他母亲与舅舅也支持他读研。谢林轩很争气，读硕期间三次赴越做田野，考中山大学麻国庆的博成绩列第一，去年到越南胡志明大学做交换学者。一个通中、英、越语的谢林轩正在努力学习之中。

东北帅哥苑鹏来自吉林长春，满族，是我的关门男弟子。喜欢体育，爱打篮球，话不多，但办事特行、特到位。我电脑的"疯人图书馆"就是他装的，下载论文"杠杠的"，非常受用。他只身到吉林梨树县孟家岭镇赫尔苏门满族村去做田野，完成了十几万字的田野报告，也即将出版。毕业后一心想留珠三角工作，终于落户中山市，现在一个基层法院供职。

浙江"才女"丁苏安来自浙江武义，在此按下不表，下面再述。

今回首，看这些可爱可亲的学生个个读研时都很用功，都学有所成，他们的民族志报告已出版的计有丘文荣的《福村艰难的迈步》、赵阳的《风景郭洞独好》、罗娟的《导游的无奈与无奈的导游》、谢林轩的《越南人类学田野笔记》。待出版的还有谢林轩的《大高山"妙酿"民族志报告》、丁苏安的《沅水族群岛：五宝田村的文化守望》、罗娟的《龙船瑶族》、苑鹏的《吉林赫村满族文化的变迁》、陈永娟和倪欢欢的《阳光：中国民族团结大化经验研究》等。当老师，最高兴的是看到学生们茁壮成长、幸福生活。

人到老年，喜回忆，爱总结，我借给丁苏安写序的机会把带硕士研究生的经历小结一下（带博士生的经历另找机会再述），给我的硕士们立一个小传，聊作纪念。

二

再来说我的硕士关门女弟子丁苏安。

丁苏安是浙江武义人。2006年夏天，我带着四个博士、两个硕士到浙江武义进行《新乡土中国——新农村建设武义模式研究》的课题研究，当时还在上高中的丁苏安随课题组考察，对人类学产生了兴趣，从而开始走近人类学。2008年暑假，黄兰红的《新九龙山村的幸福生活——武义县九龙山村下山脱贫的人类学考察》即将出版，我听说丁苏安作文不错，就对她说："你给黄兰红的这本书写篇读后感试试看，写得好就作序！三天后交稿。"

没想到她还挺争气的，三天后交出了一篇《绿野赞歌》：

很小的时候，我便多次在县级新闻上听到"下山脱贫"一词。"下山脱贫是改善高山贫困群居人口生活条件、提高其生活水平的重要途径"，一次次透过屏幕看见曾经的山寨民迁居山下，成为新农村建设的主人，耳濡目染中渐渐形成对这一词汇的理解。

仅具雏形的概念里，不曾想见的是异地致富的确切缘由，只隐约觉得是山野生存的艰辛让人产生了对幸福生活的渴望；未能思考到的是它深远的意义，单单认为"幸福生活"这一结果证明了最为明显的一切。有幸在第一时间读到黄兰红、徐杰舜、蒋中意合著的《新九龙山村的幸福生活——下山脱贫的人类学考察》一书，那些不曾想见、未能思考到的一切，随着对本书文字的阅读而释然。

人们由古代诗文索引，会将寄居山野作为幸福生活的指向，却全然不知真正盘踞于高山、深山和石山地区的人，生活处于贫困状态。作者走进地处浙江中部的武义县，一个"八山半水分半田"的山区县。沿着作者调查的一线资料，可以了解当地原有数万人口居住在海拔较高的山区地带，摆在他们面前的是"七大难"：出门行路难、儿童上学难、有病求医难、青年娶亲难、用水用电难、邮电通信难、发展经济难。面对贫困的局面，该县吹响了下山脱贫的号角，全面实施山野农民移民搬迁工程，走上了"下山脱贫拔穷根，异地致富奔小康"的崭新道路。这一举动无疑是成功的，通过不懈的努力，武义县在全省率先摘掉了贫困县的帽子，也创造了世界扶贫史上的奇迹。对于这样一个典型的案例，作者从人类学角度分析了它的价值，以下山脱贫村——新九龙山村为调查点，展开了进一步的考察研究。

沿着文字走进九龙山村，让我再一次领悟到下山脱贫的重要性。山高路陡、环境恶劣、交通闭塞、信息不灵、观念落后，九龙山村的村民长期以来过着贫困的日子。透过文字，我看到了村民们的艰难——"砍砍木头烧烧炭，砍砍柴火烧烧饭"几乎是他们生活的全部，"风调雨顺种点粮，干旱年份吃饭喝水难，高山姑娘出外嫁，大龄小伙娶亲难"是他们生活的真实写照，"七大难"成为困居山野的村民们无法也无力改变的现实。改革开放后，山区与平原之间的差距逐渐拉大，身处高山的九龙山村也显得更加贫困。在外界看来，九龙山村就是一个走向衰亡的村落，然而政府从未放弃对这一贫困山村的扶持。下山脱贫工作中那些不为人知的"支柱"随着行文——展现：政府有关部门对山村实地考察，出台相关政策，对"下山脱贫"工作进行大力宣传，积极引导村民下山，打消群众顾虑,做好思想工作,在搬迁过程中进行政策和资金等方面的扶持;原武义县扶贫办主任将一腔热血与下山脱贫工作融为一体,不但忙于下山脱贫的宣传和引导,而且为迁建新村的诸多大小事务东奔西走、尽心竭力;九龙山村的老支书体恤村民疾苦,转变落后的观念,向上级主动要求带领全村搬迁下山,不停地为新村建设而忙碌……下山脱贫工作需要多方面的支持,因为有这些"支柱"永不言弃、孜孜不倦、不辞辛劳地努力工作,才有了今天九龙山村焕然一新的面貌。

在书中很难得地读到作者之一黄兰红的田野日记,其中记述了她唯一一次的原九龙山村之行。近乎垂直的山路,长而艰难的爬坡之行,让她感受到村民下山脱贫之前出行的艰辛,"陪同去的年轻村支书似乎没有多少登山的乐趣,只有我们这些外来人才会乐在其中",作者本人上了一趟九龙山,几乎有一半的路程是乘车而上,并且有那么多人做伴,好似一次登山旅行,当这样的行程变成每天必须的行程,痛苦之情不言而喻。正是由于她所描绘的感触,我开始关注下山脱贫、异地创造新生活的深远意义。"反贫困是世界性的难题,全世界人民都在为反贫困做出不懈的努力",下山脱贫无疑是一种反贫困的有效形式,是人类为了生存与发展、为了协调人与自然关系的可行方案,它是一种"换血"式的反贫困方式,与过去被动的"输血"和"造血"的方式不同,通过迁移下山,落户平原地区,舍弃原来不适合维持自身生存的"血液",改变基础生存环境,利用新鲜"血液"创造全新生活。同时,从某种角度来看,下山脱贫亦是一种制度创新,它的意义,结合时下颇受关注的"三农"问题而言,在于带动农业产业化,提高农村人民的生活水平,发展农村经济,推进新农村建设。因此,这是一个很好的反贫困研究的样本。"有学者指出反贫困战略有很多种,只有贫困人口和非贫困人口的福利都增加了,才是最佳反贫困战略。武义县下山脱贫就是这种最佳的反贫困战略",武义县的成功案例为反贫困战略研究提供了一个范例:它既协调了人与自然的关系,又沟通了人与人之间的关系,促进了社会的发展,对全球反贫困事业具有重要的意义。

原以为这样的著作会有许多高深而不易理解的言辞,然而全文以平实的语言向读者展现了不平凡的真实,这或许不仅仅是新九龙山村幸福生活的真实写照:平实,但不平凡;而且还是人类学理论和田野考察的独特魅力之所在。看着书中描绘的新九龙山村,我们仿佛看到历

尽艰辛后终于摆脱贫困的人们那幸福的笑靥;凝视着书页里一张张洋溢着欢欣的脸庞,我们似乎听到他们唱响的绿野赞歌。歌声远扬,飘向世界,让世界知道——九龙山村人民拥有幸福的生活!

阅后果然是一篇文字隽永的短文,给《新九龙山村的幸福生活》一书作序可为之添彩增色。于是,我也兑现承诺,将丁苏安的《绿野赞歌》收为序。2009年10月12日,当地报纸《今日武义》还发表了这篇文章。于是,丁苏安给书作序给我一个深刻的印象:这小姑娘能写。

2010年8月,我为了锻炼她,邀请她参加了"百里漓江研究"课题组,随刘冰清教授、石甜、韦小鹏、谢林轩一路进行了田野考察,初尝田野考察的味道,她写了一篇《静谧的力量——浪石村考察散记》。全文引述如下:

静谧的力量——浪石村考察散记

渡船靠岸之后,映入眼帘的是一条并不平整的南道。提着行李在这条宽度能容下三四个人的道路上行走,一行人同身前一位刚刚卖了黄皮果的挑担大婶侃侃而谈,漫长的路途显得不再单调。当交谈告一段落之时,刻着"浪石村"的石牌也进入了我的视线。它告诉我,这里是浪石。

这里是浪石,它的出现并没有多么的惊世骇俗,反倒是毗邻黄金水道漓江,波澜不惊地繁衍生息。这里是浪石,它没有美轮美奂的高楼,但遗留的明清时期的古建筑令人眼前一亮,继而想要探究其神秘,聆听其传说故事;这里是浪石,它或许没有太多衣着光鲜的民众,然而此地民风淳朴,朴实的村民们努力劳作,让人感受到平淡的刻骨铭心。

2010年8月,我第一次踏进了这个村落。从村头一直往里走,道路的左边是一排古色古香的民居,偶尔可见砖砌的瓦房。透过右手边枝繁叶茂的鳞隙,能够看见零星的江景。眼前烈日下的道路可见几个徒步游的背包客的身影,热情好客的村民们正在用普通话与他们交谈,不远处漓江江面上竹筏突突的马达声萦绕在耳边,这个平实静谧的村落有着悄然苏醒的迹象。

风光:风水宝地,美不胜收

从杨堤漓江渡口行路将近一公里就到达了浪石村。村前江水之中有一片礁石突兀交错,跳跃在碧波绿水之上,好似簇拥的浪花,被称作"浪石",而岸边这个独现青砖黑瓦的村子也因此得名,被叫作"浪石村"。

从景致上来看,漓江到此,似乎进入了神奇妙境。乘竹筏沿江漂流,置身山环水绕之中,只见山山侧列,峰峰相连,两岸群峰形成了两道夹江舒展的天然翠屏,漓江则像一条绿色的绸带在峡谷中飘拂。若到细雨襟激之时,山川笼罩在细密的雨雾中,随着烟波荡漾,若隐若现。幻境天成的奇美令人叹为观止,故有美名曰"浪石烟雨"。

与浪石村隔江相望,神笔峰、笔架山高低错落。沿江的山峦层层叠叠,韵味丛生,如同卧眠的巨人,像是行路疲倦,见幽然江景便驻足休憩,再也不愿离去。在浪石村的身后,绵长的山峦衍生五指山的奇观,犹如巨人之手,傍水拥江地守护着村落。观音山挺拔高耸,与周围的山峰恰如其分地显现了童子拜观音的图景。观音山下,一股清凉的泉水沿着水渠,潺潺地流进村子。此情此景,顿生一种浑然天成的吉祥之感。

依山傍水的浪石村至今存有20余处明清时期的古建筑。行至村庄主街的中段,双目所触及之地,明清时代的古建筑聚集。白墙黑瓦、红木门窗、褪色的油料和斑驳的墙面透射着它们的沧桑,却又因为几乎处处有人居而活力再现。在近处观赏,门框与墙面上镂空的窗梗煞是精细,牡丹、菊花等"花开富贵"的图案亦是生动多姿。一些房屋循着兴致,还能猜测其曾经的归属:如门梁圆形椽柱上有着乾坤八卦的曾为墨香之家,而有乳丁的曾是官宦门第。

浪石村自古以来就保持着重读耕的良好村风。清光绪二年,村人卢荣世获得"文魁"匾牌,曾赴广西宜山为官。光绪年间,该村的卢荣廷一路中举,平步青云,成为名震一时的清末大将军。民国时期,村人卢荣恒则从戎报国,后来成为桂系军平乐支系的实力人物。更有慧眼识能人,将该村的优良习俗以文墨的方式展现给后人。村中一条曲折幽静的巷子口有一虹拱门,拱门之上镶嵌着一幅墨框赤底的石匾,仔细观之可以发现"得其环中"四个大字。据村民介绍,从方位上来看,拱门与牌匾不仅位于浪石村主街的正中央,并且若是隔岸直观,它恰好正对观音山下。"这里是拥有宝的呢!"村民的语气里透着自豪。的确,想不到这样一个僻静的村落里藏着如此深含意境的石雕门牌,此地又怎能不是一块风水宝地呢?

生存:在贫困中努力拼搏

在这个村落里面总会被它努力拼搏的气息所吸引。白日里青壮年大都劳作在外,村中仅剩嬉戏的儿童以及一些老人。平日里,村中劳动力穿梭在田地间,种植稻谷或夏橙等果树,为来年的好收成而忙碌;如八月这样的旅游旺季之时,他们会驾着竹筏去迎接络绎不绝的游客。

浪石村有467户,总人口1710人,有登记承包土地1410亩,水田1110亩。村中家家户户种植粮食,并培育多种水果,如夏橙、黄皮果、沙田柚等。走进村子里的时候,正值黄皮果采摘的时节,精心挑选好果肉丰满、汁液甜美的果实后,一些农妇不辞辛劳地将其挑到村外去销售。而一部分稻谷和玉米也已收割完毕,正晾晒在农家小院或是路旁的空地上。看上去金黄一片,似乎产量不错,身边一户秦姓家庭的主妇却告诉我,其实今年的收成有些不如往年。以她家中的情况为例,去年玉米有一亩的产量,而今年由于自然灾害的影响,收成少了将近三分之一。虽然今年收成不尽如人意,她依旧会在来年的播种季节里在田间种上玉米。"天要下雨,人要吃饭",一句质朴的民间俗语,精辟地说明了浪石村村民的生活态度:好生活来自坚持与努力,辛勤地播种,谁说来年没有好收成!

种田栽果,饱了饥肠,养了家眷之后,浪石村的村民并没有饱食终日,他们也正在开辟新的路径,赶一把旅游的浪潮。尽管该村的农家乐不像其他村落一样初具规模并实现挂牌经营,但一些背包族在徒步游览后想要留宿浪石村,只要同户主商量,得到其同意即可。如此一来,游客们不仅能观赏到宜人的自然风光,感受点滴古朴风情,更有幸体验到纯天然的农家风情:与村民同吃同住,其乐无穷。毋庸置疑的是浪石村村民的热情好客,让人意想不到的是,受近几年来村内旅游业发展的影响,村民的普通话普及率有所提高。"这几年村里旅游发展起来了,来村里的游客比以往多了,村子里面年纪不大的人都会说普通话。"浪石村村民如是说。

不仅如此，全村几乎家家户户都有竹筏，质朴的浪石村村民总是热情诚心地对待每一个游客，越来越多的游客仰慕这股踏实的热忱而来，在现代科技深入普及的今天，部分竹筏经营者已经开始通过网络发布自家的竹筏旅游信息。由于村中未通网络，他们雇佣网络人员或是借助游客之手，在旅游网站上贴上电话、地址等重要信息，让更多的游客想要乘坐竹筏游览漓江的时候能够及时联系到他们。他们会迎来很多二度重游的老朋友，当然更多的游客是经朋友推荐而来，好比今天乘坐了某一竹筏，感觉到舒心，留下竹筏老板的电话后，便会回头向朋友推荐。通过"客传客"的方式，不仅使村中的竹筏经营者与更多人结识，也使得浪石村开始变得广为人知。如今浪石村的主要产业已由农业转为旅游业，这其中经营竹筏也逐渐成为浪石村主要经济收入来源。之前村民们除了种植水果之外，就是以砍柴为生，现在伐树为柴已经被明令禁止，种植的作物也因道路没有修通而难以大批量地向外运输。靠山不能吃山，那么是否能靠水吃水呢？村民寻到了一条新的生计。每逢旅游旺季，浪石村就像处于农忙时节一样，只不过劳作地点不在田间，而是在碧波荡漾的漓江上。小小竹筏在青山绿水之中穿行，撑船者无心观赏风景，只是专注地望着水流掌握方向。殊不知，他们早已置身其中，融为美妙江景不可缺少的一部分。

静谧的力量

且不说这一新式的发展道路给这个村落带来了多大的生存机遇，浪石村透射出的一股韧劲不能不让人折服。比如，之前村里经济条件差，买到的用于修路的水泥质量不好，村民们竟自发地修砌了村中的道路。可以说现在浪石村的主街就是当地村民的"自修路"，它或许不能供大型车辆通过，但它终究能够为村民们平日里的生活提供便利。再如，村中的自来水管断裂、缺乏饮用水的状况日益严重，村民们自引山泉水，并且在无水渠或水渠破坏严重处自行修缮，成功地使观音山下的一洼冷泉水渠流进村子里。

由此可以清晰地看见"穷则思变"的雏形。浪石村村民的力量并不是瞬间迸发的炽热，而是犹如漓江水一般绵延不绝，悠悠地流淌在骨子里，在不断积累中最终成就基业。它不仅是无论条件多么不尽如人意都永不懈怠的坚持，更微妙地表现在利用现有条件改变思路解决问题的变通。涵盖着这种孜孜不倦,浪石村的未来也似乎能够让人想见。终有一天,它静谧的力量会让这个村落水到渠成地化作漓江沿岸一米新生的阳光。

为了鼓励她做田野的积极性,2011年我将此文收入刘冰清等主编的《旅游与景观:旅游高峰论坛2010年卷》之中。

2012年,丁苏安通过研究生考试,进入广西民族大学,成了我的关门女弟子。如何才能使丁苏安成为一名合格的硕士?入学伊始,我决定培养她用"两条腿"走路:一条腿为读经典,即过去我常对学生说的"读万卷书";另一条腿为做田野,即过去我常对学生说的"行万里路"。

先说读经典这条腿。2012年学校发出录取通知后,我就指导丁苏安读经典。所谓"读经典",就是读人类学的经典著作。但过去的经验证明,对于初学者来说,这个经典是很难读的,用学生的话来说是"读不懂""啃不动"。为了使丁苏安能过经典关,提高理论水平,学会写学术论文,我以任务的形式,让丁苏安树立问题意识。于是,我决定让丁苏安在读经典的过程中写西方人类学家列传,一个人一个人地写。要求她写出人物简介,代表作的主要内容,国际人类学界的评价,中国人类学界的评价,以及自己的看法。这样,读经典虽然很痛苦,但目标具体、目的明确,"沼泽地"总是可以走出去的。这样,丁苏安从抱着《结构人类学》哭到一篇一篇地积累,终于写出了10篇西方人类学家列传。与此同时,通过研究和写作西方人类学家列传,逐渐培养和强化了她的理论素养。

天道酬勤。从2012年7月开始,《民族论坛》杂志连发了丁苏安写的9篇西方人类学家列传,给了她极大的鼓励。

再说做田野这一条腿。硕一暑假,我让她参加了刘冰清教授"沅水文化研究"课题组的田野考察。2013年7月,她只身一人进入湖南辰溪县上蒲溪瑶族乡五宝田村,住在农户萧典武的家里,做了一个多月的田野,写出了15万余字的民族志报告《沅水族群岛:五宝田村的文化守望》。2014年4月—5月、6月—7月先后两次到硕士论文田野点:阳朔雪狮岭江畔酒店做了近两个月的田野,完成了5万余字的硕士论文《乡村酒店的文化表达——以阳朔雪狮岭江畔酒店为例》。这篇论文分绪论;田野印象:乡村酒店初体验;人生轨迹:乡村酒店经营者的人生史;文化表达:乡村酒店的中国元素;结语:只有中国的,才是世界的五个部分论述了乡村酒店的中国文化表达,并引述了鲁迅所说:"有地方色彩的,倒容易成为世界的,即为别国所注意,打出世界上去,即于中国之活动有利。"①总结似的评价了乡村酒店:"在阳朔,这里的'地方色彩'无不处处渗透着'中国元素'的影子。在阳朔的乡村酒店,来自世界各地的游客感受到了中国文化的浓郁气息:他们居住在具有中国风格的房间里,品尝甚至学习烹饪中国菜肴。在宁静的阳朔乡村里,乡村酒店展示出了一幅具有中国元素的生活画卷。我们可以说'只有中国的,才是世界的'。"②

从头到尾呈现出了硕士学位论文的规范性和严谨性,后被《遗产旅游与文化中国》收入。

三年的硕士学习初见成效,她也满怀信心地于2015年7月毕业后,被泰国东方大学录取攻读博士学位,进入了一个全英语教学的留学环境,我也十分欣慰。

三

今天写这篇长序,是为《西方人类学家列传》出版而作。

丁苏安写西方人类学家列传,本是学习人类学经典著作的读书笔记,这个过程对她来说是一个痛苦且难忘的过程:从开始的"不知所云",一度抱着整卷《野性的思维》痛哭,到驱散云雾,七彩阳光来到我身边。现在细读起来,虽不免青年学子的稚嫩,但写作笔法却十分流畅、平实。通过这种训练,对她本人来说,正如其在《后记》中所言:

著作里能读到的是思想碰撞,经典之外是西方人类学家们的人格魅力,这也是他们精彩纷呈的画像。

通过撰写列传,我从中收获了知识、收获了坚持,也收获了学术感悟。

逐渐地,我从一开始不了解人类学为何物,到逐渐地对它有了一定的认识:它可能没有模板,不是公式,但却有着自己的范式。

---

① 《鲁迅全集》第13卷,人民文学出版社,2005年版,第81页。
② 向玉成等:《遗产旅游与文化中国》,黑龙江人民出版社,2016年版,第443页。

学习是需要付出的。只有付出了才能获得知识，知识才能转化为智慧、转化为力量。丁苏安所写的《西方人类学家列传》，既是她学习人类学经典的一个小结，也给对人类学有兴趣、想入门尚未入门的读者提供了一个新的阅读路径。

谷雨刚过，窗外还在下雨。俗话说："谷雨前后，种瓜点豆。"说的是谷雨节气到来的时候雨水滋润大地，是播种移苗、埯瓜点豆的最佳时节。丁苏安读硕三年"种瓜点豆"，终于有了收获。衷心希望丁苏安在泰国读博"种瓜点豆"，能有更大更多的收获。如成语所说：百尺竿头，更进一步。

是为序。

徐杰舜
2016 年 4 月 20 日初稿
2016 年 5 月 8 日改定
于武汉江南家园

路易斯·亨利·摩尔根列传

[摘　要] 路易斯·亨利·摩尔根（Lewis Henry Morgan,1818—1881）是美国杰出人类学家,进化论学派的代表人物,被誉为人类学学科的提出者。尽管摩尔根一生的著作并不多,但他的理论都非常重要。《古代社会》是他最重要的著作。他的一系列著作组成一个整体,系统地展示了其学术研究。摩尔根及其研究也引发了国内外学者的热议,不少人类学家给他贴上了"双面标签",但时至今日,摩尔根的研究仍然存在着值得借鉴的部分。

[关键词] 摩尔根；进化论学派；社会进化；古代社会；氏族制度；亲属关系

路易斯·亨利·摩尔根（Lewis Henry Morgan,1818—1881）

作为19世纪美国著名人类学家、社会进化论的提出者,摩尔根为人类学的发展做出了重大的贡献,并对后世产生了深远的影响。莱斯利·怀特曾言道:"摩尔根现在虽然不被人们所承认,并遭到责难、诽谤和嘲笑,但是,终究会有一天,他的伟大将得到充分评价,摩尔根的名字,在他的批评者死后和被人们遗忘之后,还会长期地大放异彩。"[1]的确,摩尔根的社会进化理论受到学术各界的广泛关注,且争议不断。但正如怀特所言,摩尔根的研究有着非常重要的价值,这些闪光点不会随着时代的变迁和人类学理论的发展而消逝。

一、生平及学术历程简介

路易斯·亨利·摩尔根(Lewis Henry Morgan,1818—1881)是美国人类学的奠基人、进化论学派的重要人物。他出生于美国纽约州西部的奥罗拉,成长过程中接受了良好的教育。1840年从高等学校毕业以后,他自行学习法律,并于1842年取得律师资格。

虽然摩尔根终身以律师作为职业,但这并不影响其钟情于人类学。相反,他的律师身份为其研究易洛魁社会提供了非常可贵的便利条件。当时的摩尔根利用闲暇时间参加了"戈迪乌斯绳结"文学社,该社团由少数进步青年组织而成,并以研究神话中的古代社会为主要活动。1843年,该组织更名为"大易洛魁社",成为研究印第安人的学会。在组织活动中,摩尔根协助印第安人解决其自身的问题,为争取易洛魁人的生存权利而奔走。1847年,摩尔根帮助易洛魁塞内卡尔部落维护其土地权利,并在与地产投机公司的官司中取胜。为了表示感谢,塞内卡尔部落鹰氏族认他为养子,将其纳入正式成员之列。这一特殊身份便于摩尔根更深入地调查易洛魁人及其社会。1851年,摩尔根发表了《易洛魁联盟》,他在书中主要描述了印第安人的社会结构、宗教信仰和风俗习惯。这是他第一部以研究印第安人为主题的著作,也是史上第一部以科学的视角来研究印第安人社会的重要著作。

在1851年—1856年之间,由于公务繁忙,摩尔根一度中断其对印第安人社会的研究。在此之后,他重新投入对印第安人社会的调查。摩尔根开始收集并着手研究有关亲属称谓的资料和问题,进而探索印第安人的来源。在1859年—1862年间的每个夏季,摩尔根展开对美国印第安人地区的田野

---

[1] 黄淑聘、龚佩华:《文化人类学理论方法研究》,广东高等教育出版社,1996年版,第287页。

调查，并在此基础上完成了《人类家族的亲属制度》(1870)。在此书中，摩尔根扩大了其研究视野，将目光从印第安人社会转向整个人类史上的原始社会。1862年起，摩尔根前往密歇根州，继续他的学术工作，他对海狸进行了详细的研究，并就此出版了《美洲海狸及其活动》一书。1872年，摩尔根还发表了论文《澳大利亚人的亲属关系：根据劳里默·法森牧师的原始记录》和《本能及其在动物界的作用》。

随后，摩尔根潜心撰写并出版了《古代社会》(1877)。这是摩尔根一生中最重要的一部著作。在这部巨作中，他从社会进化的角度推断了人类社会的发展规律，阐述了人类从蒙昧时代经过野蛮时代到文明时代的发展过程，这在整个人类学，乃至历史学、社会学领域中起到了重要的推动作用。晚年的摩尔根身体状况欠佳，但他仍然坚持其田野调查。1878年，他在科罗拉多和新墨西哥考察和寻访了一部分印第安人的村落。1881年，摩尔根出版了其最后一部作品《美洲土著的房屋和家庭生活》。该书作为《古代社会》的补篇，展现了印第安人在既定制度下的生活方式。

摩尔根自称从事业余的人类学研究，因此他从未在任何高校或研究机构担任教职，但这并不影响他在学术界的声望。作为对学科发展有着杰出贡献的人类学家，摩尔根在美国学术界享有盛誉。1873年，摩尔根获得联合学院的名誉法学博士学位，并于1875年成为美国国家科学学会成员。不仅如此，早在1857年，他就已经成为美国科学促进会的成员，并于1880年担任该学会的主席。1881年12月17日，摩尔根病逝，享年63岁。

从摩尔根的学术历程来看，我们可以发现印第安人社会是其开展田野调查的重点，也是其研究的主线。摩尔根多次对印第安人社会进行考察，熟稔印第安人的社会结构、家庭生活、宗教信仰和风俗习惯等。他所撰写的著作也从追溯印第安人的起源中提炼出进化学说，并由此展开对整个人类社会的发展历程的科学推断。这一研究历程成就了摩尔根的社会进化论，也在人类学的发展史上起到了重要的推动作用。

二、主要著作概述

摩尔根一生的著作并不多，但对于人类学的发展来说却非常重要。他的学术研究以印第安人为主要研究对象，他的著作则透过印第安人社会提炼出进化论的思想。他的四部主要著作串联成一个整体，反映了其研究发展的过程。

接触易洛魁人之后，摩尔根在《美国评论》杂志上发表了《关于易洛魁人的十四封信》，随后，他将信中的内容整理出版，收录于《易洛魁联盟》(1851)一书中。摩尔根将该书分为两个篇章，详细探讨了易洛魁人的生活环境、经济活动、生产工具、房屋、衣服、家庭、习俗、宗教和语言，着重叙述了联盟的组织结构和氏族制度。这部著作在人类学界有着普遍的赞誉：它第一次全面系统地把印第安人的单纯质朴的氏族制度公之于世；不仅如此，在出版了几十年之后，此书仍然被人们认为是世界上关于印第安人的第一部科学著作，且它至今还是人类学的经典代表作、民族志的典范。①

此后，摩尔根展开了对印第安人亲属制度的研究，《人类家庭的血亲和姻亲制度》(1870)一书记录了他在这一阶段的研究成果。此书是摩尔根的第二部重要著作，他在书中系统地阐释了家庭进化理论，推断出人类婚姻形态发展的各个阶段及其形式，说明人类的婚姻形态是从乱婚阶段经过群婚和对偶婚形态，才逐渐发展成为一夫一妻制。然而，摩尔根最初的书写目的并不在于此，而是为了追溯印第安人的来源，但在研究过程中却另辟了一条新的研究途径：初步提出社会进化理论，在探讨原始社会的亲属关系和婚姻制度的基础上，建构人类家族的发展历史，从而展示人类的社会组织原则及其普遍发展规律。

摩尔根所出版的最后一部著作名为《美洲土著的房屋与家庭生活》。这本书原是《古代社会》的第五编"房屋建筑观念的发展"，但由于篇幅问题，便与原书分离，独立成册。因此，该书常被视为《古代社会》的补篇。书中，摩尔根借助印第安人好客的风俗和共产主义的生活来理解其房屋建筑，并通过印第安人的房屋居住体系，及其生产技术的进步来研究其生活方式，从而反映出家庭与社会组织的进化。

《古代社会》(1877)是摩尔根毕生最重要的著作，我们将在下文中对此书进行详细探讨。

《古代社会》②全称《古代社会或人类从蒙昧时代经过野蛮时代到文明时代的发展过程的研究》。全书分为四编，阐述了摩尔根社会进化理论的核心观点，论证了人类从低级阶段走向高级阶段的发展过程。摩尔根从生活资料、政治观念、家族观念和财产观念四个方面，以大量的民族志资料为证

---

① 黄淑聘、龚佩华：《文化人类学理论方法研究》，广东高等教育出版社，1996年版，第31页。
② 摩尔根：《古代社会》，杨东莼等译，商务印书馆，1997年版。

据，重构人类社会顺序相承的文化阶段。他在开篇就提出了其进化论的核心观点，即"人类是从发展阶梯的底层开始迈步，通过经验知识的缓慢积累，才从蒙昧社会上升到文明社会的。"①摩尔根将人类社会划分为蒙昧、野蛮和文明三个阶段，又将蒙昧阶段和野蛮阶段细化为低级、中级和高级三段。同时，他还就全球不同地域范围内发生的人类进化行为做出解释，认为"人类是出于同源，因此具有同一的智力原理、同一的物质形

《古代社会》(1877)

式，所以，在相同文化状况中的人类经验的成果，在一切时代与地域中都是基本相同的"②，"只要他们处于同一社会状态下，他们的进步过程在性质上总是基本相同的，不符合一致性的只有因特殊原因所产生的个别事例而已。"③也就是说，他在一定程度上将人类进化的共同途径归结为人类智力相同和心理一致。

我们已经提到了，摩尔根从四个方面来论述社会进化。在书中，他首先提及了发明与发现，认为这些技术同样在累进过程中得到发展。由于人类以扩大生活资料为基础、以食物作为基本需要，生存技术就在人类社会发展中居于首要地位。他指出，生存的技术都是顺序相承的，且随着生存技术的

---

① 摩尔根：《古代社会》，杨东莼等译，商务印书馆，1997年版，第3页。
② 摩尔根：《古代社会》，杨东莼等译，商务印书馆，1997年版，第556页。
③ 摩尔根：《古代社会》，杨东莼等译，商务印书馆，1997年版，第16页。

叠加和更新，人类在每一个社会阶段所获得的食物资源也就各不相同。根据不同阶段获取每种食物资源所需要的技术，摩尔根列举了五种食物来源。天然食物属于原始的阶段，当时的人类社会没有技术和制度可言，生活资源单一，仅仅依靠大自然所提供的植物果实来维持生计。鱼类食物是最早的人工食物，虽然鱼类在当时天然可取，但是食用鱼类涉及烹饪技术，也牵扯到对火种的使用。同时，正是由于食用鱼类食物，处于蒙昧时期的人们开始摆脱既定的地域限制，沿着当时地球上的水域范围进行大规模的迁徙。后来在各个大陆上所发现的燧石和石器遗物，都可以作为上述观点的例证。随后，人类离开蒙昧阶段转而进入低级野蛮社会，淀粉食物及肉类和乳类食物开始出现。随着种植业和园艺业的出现，人们开始食用淀粉食物；而乳肉食物则伴随着家畜的饲养而产生。摩尔根指出，东西半球生存技术的发展并不同时。由于天然资源的不均等，东半球经历野蛮阶段初期的时间要长于西半球的同一阶段。而到了野蛮社会中期，两个半球所拥有的生存技术类别也开始出现差异：这一时期西半球的美洲土著部落开始种植作物，收获淀粉食物；东半球的欧亚先进部落则开始饲养家畜，获得了肉类和乳类食物。摩尔根最后列举了"通过田野农业而获得无穷的食物"。这一阶段最关键的是金属器具的使用，人们利用畜力补充人力，在原有的种植园艺的基础上，发展出田野农业。因此，人类可食用的食物资源不断增加、范围不断扩大，都归因于生存技术的发展。

在第二编中，摩尔根阐述了政治观念发展。他区分了人类社会在蒙昧阶段和野蛮阶段同在文明时代的制度成分，认为"一切政治形态都可归纳为两种基本方式……这两种方式的基础有根本的区别。"[1]第一种方式以血缘关系为基础，是出现在蒙昧和野蛮阶段的氏族制度，其基本单位是氏族，氏族、胞族、部落和部落联盟顺序相承，接连发展。第二种方式以地域和财产为基础，属于政治社会，是产生于文明阶段的国家。摩尔根运用大量的民族志资料，重点分析了易洛魁人的氏族制度，说明了其从氏族走向部落的政治观念的发展过程。同时他也列举了古希腊和古罗马的政治演变，指出这两个社会的氏族制度的前三个阶段与易洛魁人无异，但在最后一个阶段，它们则从部落过渡到"在一个共同领域内联合诸部落而形成一个氏族社会"[2]的

---

[1] 摩尔根：《古代社会》，杨东莼等译，商务印书馆，1997年版，第6页。
[2] 摩尔根：《古代社会》，杨东莼等译，商务印书馆，1997年版，第65页。

民族。摩尔根一并指出,由于氏族制度与国家的建立基础不同,"在氏族制度的基础上不可能建立一个政治社会或一个国家"①。这一规则在美洲印第安人社会得到了例证,他们的部落联盟中并没有产生动摇社会制度的因素。尽管如此,在古希腊人和古罗马人的社会中,则发生了制度性的改变。经过足够的时间、广泛的经验沉淀以及人民心智水平的发展,他们的民族在瓦解了氏族制度之后,建立起了新的政治体制或国家,从而步入文明社会。

摩尔根在《古代社会》第三编中论述了家族观念的发展。在这一部分中,他通过对婚姻和亲属制度的描述,来阐明人类社会的发展。摩尔根列举了血婚制、伙婚制、偶婚制、父权制和专偶制这五种家族形态,指出"这些家族形态原是一种接着一种顺序相承而产生的,它们综合起来正体现了家族观念的发展。"②在这五种形态中,摩尔根认为血婚制、伙婚制和专偶制是最重要的、能够独立建立对应的亲属制度的,而偶婚制和父权制则只是中间的过渡形态。他还进一步阐述了家族形态发展的动力,指出从第一种形态发展到第二种形态,需要像氏族组织一样系统的制度;而在专偶制的产生过程中,财产的所有权和继承权的出现,以及同居制度的灭亡起到了重要的作用。由于这五种家族形态彼此相连,人类的家族也"从血婚制开始,经过一系列的发展阶段演变到专偶制"③。

《古代社会》的最后一个部分涉及了财产观念的发展。摩尔根归纳了人类的三种财产继承法:第一种继承法出现在蒙昧阶段,其财产继承范围在于同一氏族团体中;第二种继承法属于野蛮社会的财产分配,这种方法将财产交给同一宗族的亲属继承;第三种财产继承法则规定,将死者的财产所有权赋予其子女独享。人类在不同的社会阶段有其相对应的财产观念,从同氏族到同宗,再到子女独立继承的继承法则,也揭示了人类社会的财产从公有转变为私有的过程,而产生政治社会的物质基础恰好就是财产私有化。由此看来,财产观念的发展与人类社会的进化密切相关,这也正是摩尔根所说的"社会的瓦解,即将成为以财富为唯一的最终目的的那个历程的终结,因为这一历程包含着自我消灭的因素。政治上的民主、社会中的博爱、权利的平等和普及的教育,将揭开社会的下一个更高的阶段,经验、理智和知识正

---

① 摩尔根:《古代社会》,杨东莼等译,商务印书馆,1997年版,第117页。
② 摩尔根:《古代社会》,杨东莼等译,商务印书馆,1997年版,第387页。
③ 摩尔根:《古代社会》,杨东莼等译,商务印书馆,1997年版,第491页。

在不断向这个阶段努力。这将是古代氏族的自由、平等和博爱的复活,但却是在更高级形式上的复活。"①

综上所述,摩尔根从描绘印第安人社会到探究人类社会的进化历程,这在其一系列的作品中得到了充分的展示。他最重要的著作《古代社会》涵盖了其社会进化理论的核心,他在书中把人类社会分为蒙昧、野蛮和文明三个顺序相承的发展阶段,从生存技术、政治观念、家族观念和财产观念四个方面给出论述,从而证明人类社会是由低级阶段向高级阶段进化发展的。

在出版之后,《古代社会》得到了褒贬不一的反馈。在美国,《纽约时报》发表了两篇长评,《纽约每日论坛报》将其视为"现代文献可以夸耀的比较民族学中最有价值的研究之一";《北美评论》把它称作"长期以来对美国科学所做的最重要的贡献";在英国,《雅典论坛》的评论家觉得摩尔根对古人类的估计是"轻率的",并且有损于"史前考古学事业"。《星期六评论》的评论员称摩尔根为"搜集家",谴责他无知,不讲逻辑,以错误毒害人,并缺乏"科学精神",还抱怨摩尔根"在希腊字和拼写方面不断出错";人类学家泰勒则认为摩尔根"所建造的理论大厦,比它的事实基础所能承担的要大要重。他的方案很难完全被接受,但是某些部分可以永久成为人类科学的新成分。"②

三、摩尔根的人类学成就及其主要贡献

前文中我们对摩尔根的著作做了简要概述,从著作中可以发现其人类学观点及其主要贡献。摩尔根指出,从古到今,人类社会经历了多个文化阶段的进化发展。他运用大量的民族志资料来论证这一理念。除此之外,摩尔根还对氏族制度、亲属制度和婚姻家庭进行了研究,并借助例证得出重要结论,这些都是他的学术成就。

(一)提出社会进化理论

相较于泰勒的文化进化理论,摩尔根指出人类社会也是进化的。社会进化理论是摩尔根最主要的贡献,也是进化论学派的重要理论支撑。他将人类社会分为三个阶段,并从四个角度来论证其社会进化理论。

---

① 摩尔根:《古代社会》,杨东莼等译,商务印书馆,1997年版,第556页。
② L. A. 怀特:《摩尔根和他的〈古代社会〉》,徐先伟节译,载庄孔韶:《人类学经典导读》,中国人民大学出版社,2008年版,第12页。

摩尔根对原始社会进行分期,指出人类社会经历了蒙昧阶段、野蛮阶段才逐渐发展到文明阶段,且前两个阶段又分为初期、中期和晚期,每一期分别对应同一时代的低级、中级和高级的社会状态。生存技术是摩尔根做出分期的基础,也是他论述人类社会进化的首要例证。"顺序相承的各种生存技术每隔一段长时间就出现一次革新"①,他描绘了生存技术在每一个社会阶段的不同形态,阐述了人类谋生手段的发展过程,指明生存技术是衡量社会进步的标志。

摩尔根进一步从政治观念的角度来论述社会发展。他指出了社会组织和政治社会的基础和存在的时期,认为前者以纯人身关系为基础,存在于蒙昧和野蛮阶段,而后者则是以地域和财产为基础,在这一基础上建立起来的国家产生于文明时代。这实际上也是划分古代社会与现代社会的组织结构的界限。存在于蒙昧和野蛮阶段的社会组织以氏族制度为表现形式,其中氏族是基本单位,氏族、胞族、部落和部落联盟是依次发展的四个阶段。氏族制度无法直接过渡到国家,而一些部落则经由民族发展到国家社会,从而进入文明时代。

家族观念的发展也是人类社会进化的一部分。摩尔根提及了五种家族形态:血婚制家族是若干兄弟和姊妹集体婚配并相互同居的形态;偶婚制家族是由若干兄弟共妻或若干姊妹共夫而形成,这种家族形态仍实行群婚制,其配偶数量并不单一;而偶婚制家族则是专偶制的萌芽形态,它由一男一女婚配建立,但双方并不排斥与配偶之外的人同居,因此这一形态并不稳定;父权制家族是由一夫多妻通婚而建立的特殊形态;专偶制家族则是由一对配偶组成的、独占同居的一夫一妻形态。这五种家族形态是顺序相承、接连发展的。

最后一个部分是财产观念的发展,它"与标志着人类进步的几个文化阶段的社会制度的进步,有着密切的联系"②。伴随着人类社会的发展,三种财产继承法应运而生。一种是同一氏族继承法,死者的财产由同一氏族的成员继承;第二种是同宗继承法,死者的财产将会被分配给同宗亲属;第三种方法则将财产继承权交付到死者子女手中,这种方法在土地私有化后替换了同宗继承法。可以说摩尔根以此论述了财产从公有转变为私有的发展过

---

① 摩尔根:《古代社会》,杨东莼等译,商务印书馆,1997年版,第8页。
② 摩尔根:《古代社会》,杨东莼等译,商务印书馆,1997年版,第533页。

程,而这一转变,也为政治社会的产生、为人类步入文明社会奠定了物质基础。

(二)发现氏族制度

摩尔根在研究易洛魁人社会时,发现了氏族制度。他深入研究这一制度,并在实地调查过程中积累了大量的一手资料。他论证了作为原始社会组织结构而存在的氏族制度,其构成基础是血缘和亲属关系,整个社会组织由氏族、胞族、部落和部落联盟组成:氏族,属于共享同一名称的血缘团体;胞族,是比氏族更高一级的集团,它由若干存在亲属关系的氏族因为共同目的组建而成;部落,由若干胞族组成,旗下分为多个氏族团体,部落内部成员使用同一种方言;部落联盟则是建立在同宗氏族基础上,以及共同语系范围内的一种社会集团。

氏族制度的基本单位是氏族,它建立在血缘关系的基础上,是古代社会结构的细胞。氏族采用特定的法规来规范其成员所享有的权利和必须履行的义务,其基本规则在于氏族内部禁止通婚,它属于氏族成员的义务范畴,也是氏族特色的本质体现。除此之外,氏族组织下的每一种结构都具有其功能、属性或者一般特征。摩尔根还通过举证美洲、欧洲、亚洲和澳大利亚等全球多个地域范围的氏族制度,说明氏族制度在古代社会分布广泛、普遍流行。不仅如此,摩尔根以历史上希腊和罗马存在过的世系制度为例,从财产继承和婚配方式等方面,证明了人类是从母系社会发展到父系社会的。

(三)对亲属制度的研究

上文中我们提到了摩尔根发现父系社会是从母系社会转变而来的,但这并不是摩尔根研究家族的主要贡献,他的成就在于重现了人类社会家族观念的早期形态,并因此分析和推断出其背后的亲属制度。

在对易洛魁社会的研究过程中,摩尔根萌生了对亲属制度的研究兴趣。他发现易洛魁部落的亲属称谓有别于现代美国社会的亲属称谓制度。当时的摩尔根认为,这种特殊的亲属制度也许可以成为追溯易洛魁人和其他印第安人来源问题的例证,却不曾想为人类家庭史的研究开创了新的途径。

摩尔根进一步对多个民族和部落的亲属制度进行研究,并划分了人类家庭形态的五个阶段,说明人类的婚姻形态经历了从杂交、群婚到一夫一妻制的发展过程。在摩尔根的研究中,婚姻形态、家族观念以及亲属制度三者之间相互关联,前两者是亲属制度的基础,而婚姻制度又是家庭形态形成的前提。换句话说,亲属制度是基于婚姻形态而建立的。在此基础上,他提出了两种亲属关系,一种由血缘关系构成,称为血亲;另一种则在婚姻关系的基础上产生,称为姻亲。

摩尔根还把亲属称谓制度分为两种基本形式,以"类别式"和"说明式"命名。他指出,由于多偶婚和单偶婚之间的差异,这两种亲属称谓制度存在根本的区别。类别式亲属称谓制度不论旁系或直系,仅仅将亲属制度分为若干范畴,对属于同一范畴的亲属使用同一称谓;说明式亲属称谓制度则细化各种亲属关系,用基本亲属称谓进行称呼。

总的来说,摩尔根的人类学成就集中在上述几个方面:最为重要的社会进化理论,为人类学家探究人类社会的发展提供了大量实证资料;氏族制度的研究,有助于人类学家探究原始社会的组织结构;而他关于家庭亲属关系的理论,不仅为人类家庭史研究拓展了新的途径,也使得亲属制度的研究变得更加系统化。不可否认,摩尔根的学术贡献在人类学史上具有重要的地位。

四、对摩尔根的评价

作为社会进化论学派的创始人,摩尔根对整个人类学学科的发展有着广泛的影响。一些其他的人类学流派,如传播论学派、美国历史学派、新进化论学派等,一定程度上都是在批判或批判地继承进化论观点的基础上发展起来的。

在学术界,他的研究也引发了国内外学者的广泛热议。一些人类学家给摩尔根及其研究贴上了双面标签,认为尽管他的研究存在缺陷和不同程度的资料不足,摩尔根的基本观点依旧是非常可取且值得借鉴的。而后来发展起来的一些人类学流派,则从多个方面对社会进化论提出了批评。

(一)国际学者的评论

人类学界对摩尔根的争论似乎从未间断,多个学派的人类学家都曾阐述过对摩尔根研究的看法。

美国历史学派人类学家弗朗兹·博厄斯注重事实论证,在治学方面十分强调材料的充足性。因此,他一方面欣赏摩尔根的研究所创下的业绩,另一方面又批评其研究资料不足,在人类进化顺序方面过早下结论。在19世纪末,博厄斯和他的学生对摩尔根的学说进行了强烈的攻击,成为当时美国反对进化论的主要势力。

持新进化论观点的莱斯利·怀特则竭力恢复摩尔根的名誉,他批判了用传播论否定进化论的观点,并基本认同摩尔根的社会进化理论。他的《文化的进化》一书,描绘了从类人猿社会到人类社会的形成,直至铁器时代文化发展的全过程,堪称摩尔根《古代社会》的现代版。①

不仅如此,怀特还以《摩尔根和他的〈古代社会〉》②全面而系统地解读摩尔根的主要研究并给出评价。关于《古代社会》这部著作,怀特指出,"《古代社会》最值得注意的特点之一,是它涉及民族学现象的广度。摩尔根主要关心历史文化,很少利用专门的考古资料。""摩尔根在《古代社会》中一开始就分出两条自成体系的研究途径,一条通过发明和发现,另一条通过原始制度。摩尔根只不过略微考虑到发明和发现,他的兴趣主要在观念的成长。"③他还简要评价了摩尔根的人类学哲学,认为"它是由不同的概念所组成的混合哲学。和所有的学者一样,摩尔根受到各种各样的知识传统的影响,其中有些诸如种族决定文化人类心智的进化,在他的著作中就直接有所反映;但他也提出了一个颇为新颖的见解:重大的文化事件都是前期文化事件的后果,而且它们接着又产生新的文化要素。"④

当然,怀特也指出了摩尔根的进化理论存在过时之嫌。在怀特所在的时代,人类学已经具备能够以行为和态度来表示社会关系的称谓,已经不再用婚姻和世系关系来解释亲属称谓;人类学家也逐渐发现一夫一妻制在文化程度较低的民族中占较大比例,且已经能够断定家族制度是随着人类社会的产生而建立的。同时,怀特还批评了摩尔根在划分人类社会发展阶段时给出的例证。摩尔根将波利尼西亚人和澳大利亚的土著人一并放在蒙昧时代中级阶段,在怀特看来,这一归类并不妥当,实际上,今天没有一个比较称职的研究文化的学人,会把这两种民族的文化放在同一范围内。此外,用易洛魁人社会涵盖印第安人的文化也不合理。

---

① 黄淑聘、龚佩华:《文化人类学理论方法研究》,广东高等教育出版社,1996年版,第287页。
② L.A.怀特:《摩尔根和他的〈古代社会〉》,徐先伟节译,载庄孔韶:《人类学经典导读》,中国人民大学出版社,2008年版,第7页。
③ L.A.怀特:《摩尔根和他的〈古代社会〉》,徐先伟节译,载庄孔韶:《人类学经典导读》,中国人民大学出版社,2008年版,第7页。
④ L.A.怀特:《摩尔根和他的〈古代社会〉》,徐先伟节译,载庄孔韶:《人类学经典导读》,中国人民大学出版社,2008年版,第8页。

但是总的来说,摩尔根的理论实质上是正确的。怀特评价说,"即使摩尔根的社会进化理论,特别是家族进化理论站不住脚,即使摩尔根想用易洛魁文化的模式来硬套美洲土著民族学的事实,即使他相信他的结论之所以是正确的是因为他想不出更好的理论,《古代社会》在民族学理论史上仍然具有极其重大的意义,并且是一部举世闻名的巨著。"[1]尽管从不同的时代来看,摩尔根的研究存在着失误和不合理的因素,但比较其同一时代的人类学家,摩尔根无疑是成功的。

美国人类学家马歇尔·萨林斯也对摩尔根及其研究做出了评价。他从文化理性与实践理性的角度来看待摩尔根,"就像每一个奠基之父一样,摩尔根的思想与后来由它变异而来的那些观点相比,更具普遍性,其自身也包含了几乎每一种后来立场的'萌芽'。这意味着,人们可能会屈从于许多理论性解读,而其中任何一种解读,恰恰因为成为当前争论的宪章,其错误都在于没有充分考虑其本来的普遍性。因而,摩尔根同样也被后来的学者纳入了各种各样的归类:或是说他是一个'唯心论者',因为他强调要昭示最初的'思想萌芽';或认为他是一个'唯物论者',因为他坚持要探索人类生存方式的社会进化过程;甚至他还被看成一个'哲学二元论者',因为他自觉不自觉地领先于这两者。因他间接提到了'心灵的自然逻辑',这又导致某人把他看成'精神论者',而其他人则指责他有'种族主义'倾向,因为他把文化等同于有机体(包括众所周知的以'血统'论述风俗的传承)。"[2]

萨林斯将摩尔根视为坚持实践理性的人类学家。在摩尔根看来,解释客观环境的逻辑属于对文化演变形态的反射,不属于本源创作;它是被动且理性的,而不是象征的。萨林斯指出,摩尔根关于普那路亚婚的论述,恰好反映了这一点。普那路亚婚中的"丈夫"和"兄弟"、"妻子"和"姐妹"不是人们加之于现实世界的象征性的建构产物,而是由存在于世界本身之中的客观差异导致的理性产物。[3] 语言是估价与综合对象现实的象征性的首选手段,但对摩尔根来说,语言的作用只在于表达认知,从自然过渡到文化,仅仅是口述到文字的形式转变。

除了上述的人类学家之外,马克思和恩格斯也曾提及摩尔根及其研究,

---

[1] L. A. 怀特:《摩尔根和他的〈古代社会〉》,徐先伟节译,载庄孔韶:《人类学经典导读》,中国人民大学出版社,2008年版,第10页。
[2] 马歇尔·萨林斯:《文化与实践理性》,赵丙祥译,上海人民出版社,2002年版,第73页。
[3] 马歇尔·萨林斯:《文化与实践理性》,赵丙祥译,上海人民出版社,2002年版,第75页。

他们曾对摩尔根的著作给出很高的评价。马克思阅读了《古代社会》一书，并书写了详细的读书笔记。在笔记中，他就此书补充了材料，添加了批注，并对该书的结构进行改造，最后作为《摩尔根〈古代社会〉一书摘要》而出版。就此看来，尽管他没有留下直接的文字评价，但马克思精心编撰的读书笔记也体现了他对摩尔根及其研究的喜爱。

恩格斯对摩尔根的评价主要体现在《家庭、私有制和国家的起源》[①]一书中。他首先高度对摩尔根的研究给予了很高的赞赏，认为摩尔根"用了只有卡尔·马克思才能用的字眼来谈论这一社会的未来的改造"[②]，重现了马克思的唯物主义史观，在论证人类社会进化的过程中，所得出的结论在很大程度上与马克思相似。他认为，摩尔根"是第一个具有专门知识而想给人类的史前史建立一个确定的系统的人；他所提出的分期法，在没有大量增加的资料认为需要改变以前，无疑依旧是有效的"[③]，且其最大的贡献在于"在主要特点上发现和恢复了我们成文历史的这种史前的基础，并且在北美印第安人的血族团体中找到了一把解开古代希腊、罗马和德意志历史上那些极为重要而至今尚未解决的哑谜的钥匙。"[④]

事实上，恩格斯的《家庭、私有制和国家的起源》一书是在摩尔根《古代社会》的基础上撰写而成的。尽管他将摩尔根的这部作品视为"划时代的少数著作之一"，但由于时代的变迁，原书中的大量资料都需要补充。然而这并不影响摩尔根原有理论的发挥。恩格斯指出，"新搜集的资料，不论在什么地方，都没有导致必须用其他的原理来代替他的基本观点。他给原始历史研究所建立的系统，在基本的要点上，迄今仍是有效的。甚至可以说，愈是有人力图隐瞒摩尔根是这一伟大进步的奠基者，他所建立的这个系统就愈将获得大家的公认。"[⑤]恩格斯就摩尔根对亲属制度和母系制度的追溯做出了评价，他认为摩尔根从亲属制度出发，恢复了与它相应的家庭形式，其

[①] 恩格斯：《家庭、私有制和国家的起源》，载《马克思恩格斯选集（第四卷）》，人民出版社，1972年版，第15页。
[②] 恩格斯：《家庭、私有制和国家的起源》，载《马克思恩格斯选集（第四卷）》，人民出版社，1972年版，第15页。
[③] 恩格斯：《家庭、私有制和国家的起源》，载《马克思恩格斯选集（第四卷）》，人民出版社，1972年版，第17页。
[④] 恩格斯：《家庭、私有制和国家的起源》，载《马克思恩格斯选集（第四卷）》，人民出版社，1972年版，第2页。
[⑤] 恩格斯：《家庭、私有制和国家的起源》，载《马克思恩格斯选集（第四卷）》，人民出版社，1972年版，第16页。

家庭亲属观念也因此开辟了一条新的研究途径及进一步窥探人类史前史的可能。

与多数人类学家一样,恩格斯也发现了摩尔根的研究欠缺时代性,且并不彻底。他曾在著作中提及,"当摩尔根写他的著作的时候,我们关于群婚的知识还是非常有限的。仅略略知道一点那种组织为级别的澳大利亚人的群婚,此外就是摩尔根早在1871年发表了他所得到的关于夏威夷普那路亚家庭的材料。……自从我们了解了群婚的一系列其他形式以后,现在才知道摩尔根在这里走得太远了。不过,他仍然很幸运,在他的普那路亚家庭中碰到了最高的、典型的群婚形式,亦即可以用来最容易地说明向更高式过渡的那种形式。"①"对于在文明时期发展起来的社会制度进行历史的考察,是超出了他的著作的范围的。所以,他只是非常简单地论述了一下一夫一妻制在这一时期的命运。他也认为一夫一妻制家庭的进一步发展是一种进步,是一种向两性权利完全平等的接近,而这一目标他并不认为已经达到了。"②由此可知,尽管恩格斯对摩尔根的研究给出了很高的评价,但他并不是完全认同其所有观点,仍是给摩尔根及其著作贴上了"双面标签"。

除了上述人类学家之外,后来所发展起来的多个人类学流派也对摩尔根的社会进化论做出了评价,这些批评者的意见主要集中在以下几个方面:

首先,批评者们认为,人类历史不受任何规律的支配,文化和社会的进化有顺序,以及可以划分阶段的说法都是不能被接受的。

其次,则是关于单线进化的争论。摩尔根关于人类社会阶梯从发展阶梯的底层开始迈步,通过共同途径进化的思想,这种观点被批评者称为单线进化。他们否定进化阶段的序列,认为根本无进化规律可言,说是靠臆测构拟的历史,先定下框框,然后找一些文化现象放进去。

再次,是关于氏族制度的理论。批评的意见主要包括两个方面:认为氏族制度不是普遍存在的;反对母系氏族制先于父系氏族制的论断。批评者们找到一些部落,因为生存环境的影响或者受外来文明的冲击,没有形成氏族,但是这也不能推翻历史上存在过的氏族制度是国家产生以前社会制度的基本特征的结论。对于人类历史上是否母系氏族制早于父系氏族制,一

---

① 恩格斯:《家庭、私有制和国家的起源》,载《马克思恩格斯选集(第四卷)》,人民出版社,1972年版,第38页。
② 恩格斯:《家庭、私有制和国家的起源》,载《马克思恩格斯选集(第四卷)》,人民出版社,1972年版,第79页。

直是人类学领域的一个重要的课题。为此,很多人类学家提出不同的主张,试图推翻摩尔根的论断。①

最后,涉及与家庭相关的问题。包括以下四个方面:第一,关于群婚制是否存在的问题。群婚的假说建立在进化论的基础上,而这种进化论日益受到挑战。第二,血缘婚姻和血缘家庭是否存在的问题。这一问题与群婚制是否存在的问题密切相关,如果群婚制不曾存在,则血缘婚姻和血缘家庭自然不存在。第三,关于母系社会是否存在的问题。因此,母系制不是文化史上的一种普遍现象,它是适应特定物质条件的一种特殊社会形式。第四,有些学者尽管承认母系社会一定范围的存在,但否认它与父系社会有相继关系。

经过对以上四个方面的重新研究,摩尔根创立的全部家庭婚姻关系进化的模式大部分内容被推翻,只剩下对偶家庭和一夫一妻制家庭两个发展阶段显得可靠。还有就是摩尔根的蒙昧期、野蛮期和文明期对人类历史的三分法是否正确的问题。按照童恩正的看法,摩尔根的上述分期法是机械唯物主义和技术决定论的产物,因为它把不同的生产工艺的使用作为划分历史时期的标准,忽视了其他因素(宗教、道德、婚姻形式等)。

(二)国内学者的评论

国内的人类学家同样从摩尔根的著作《古代社会》与其中的理论研究展开,对全面解读摩尔根提出了很好的看法。

在《"裂缝间的桥"解读摩尔根〈古代社会〉》②一书中,王铭铭对《古代社会》进行了解读,并对摩尔根的学术研究做出了评论。他评价了摩尔根的研究方法,认为摩尔根注重理论研究并没有什么对错可言,因为就连那些完全相信"从土著人的观点出发"的人类学家,也没有放弃对实证资料理论意义的追求。但王铭铭对摩尔根研究目标的支持,不代表他认同其研究理论。摩尔根的研究反映了与现代人类学相反的人文思想。他的研究并没有太多的社会达尔文主义的色彩,却带有明显的西方中心主义历史论的痕迹,这一历史论深刻地影响着摩尔根寻求现代西方与印第安人社会之间的文化平

---

① 黄淑聘、龚佩华:《文化人类学理论方法研究》,广东高等教育出版社,1996年版,第48~51页。
② 王铭铭:《"裂缝间的桥"解读摩尔根〈古代社会〉》,山东人民出版社,2004年版。

衡。他所运用的研究理论不能很好地搭建他与研究对象所在社会之间的"桥梁",没有帮助他逐步趋近印第安人生活的本相、文化的形式和整体的利益,反而加剧了现代西方社会与印第安人社会之间的差异。王铭铭还指出,在使用民族志资料时,摩尔根常常望文生义,匆忙地把材料纳入自己的假想史中加以猜测,经常就手边的材料得出错误的臆断。例如,他对中国的姓氏就解释得很离谱。当然,这与摩尔根所处的时代有关,尽管他在当时掌握了许多第一手资料,然而没有进一步的民族志资料的发现,摩尔根无法仔细辨析各种研究材料,而只能依靠推断来得出结论。

在解读其著作的过程中,王铭铭发现了存在于摩尔根研究中的一些矛盾。首先,摩尔根想要得出的结论与他所掌握的民族志资料之间并不平衡。换句话说,他所期望的宏大理论需要在大量的研究材料中产生,但他所做的研究却无法满足理论的实践需求。其次,摩尔根花费大量时间去研究美洲土著民族文化,他与这些民族的交往时间,比起现代人类学所要求的只能算是短暂的。也就是说,他的田野调查时间并不充足。同时,摩尔根还存在一种自相矛盾的人文价值观。"氏族共产主义"是他在研究印第安人的房屋和家庭生活的过程中得出的结论,此后摩尔根一再重申美洲土著无论是在家庭生活方面,还是在财产权方面,都具有"共产主义"的浓厚因素。这很容易让人产生摩尔根向往"氏族共产主义"之情的理念。然而,摩尔根在《古代社会》一书中所运用的进步史的框架,又给我们一个相反的结论,那就是在他的眼中,以古希腊、古罗马为代表的政治社会是人类史上的最重大的发明创造;政治社会替代氏族社会不仅是人类文化进化的必然,而且也是值得歌颂的。

王铭铭还指出,摩尔根会因为搭建他的理论框架,而舍弃了观察本身蕴涵着的某些重大学术发现。比如,摩尔根可能是第一个发现"好客习俗"的田野人类学家。在他的论著中,他对这种广泛流行于"野蛮社会"的习俗做了精当而丰富的描述。为了将这种习俗当成是"氏族共产主义"的组成部分来研究,摩尔根舍弃了对它的内在意义的解释,而只是强调大家户公共储备的食物,可能还有村社公共储备的食物,维持了村里的好客之风,这是这种习俗之所以存在的必不可少的条件。[①] 此外,摩尔根的社会进化不仅兼备欧洲中心主义与"他者中心主义"性格,同时还兼具"唯物主义"与"唯心主义"

[①] 王铭铭:《"裂缝间的桥"解读摩尔根〈古代社会〉》,山东人民出版社,2004年版,第116页。

的特点:他有时强调技术进步推进文化进步,有时强调所有的进步来自上帝的安排。

这一系列矛盾,对于本身矛盾的摩尔根来说,是不可避免的,当他处在两种文明的裂缝中时,这种处境开始就给他带来了不可逾越的鸿沟。摩尔根作为一个"资产阶级革命的产儿",受资产阶级革命的束缚,欧洲中心的、近代主义的、资产阶级革命的等所有一切被宣扬为"思想解放"的力量,在他进行研究时,成为支配他思想的框框。王铭铭也指出,"摩尔根的观察本来是包容着一系列不同的可能性的。但是,摩尔根在造就一个人类学时代的同时,也为时代所造就。流行于欧美知识分子中的'存在链条'的观念,让他在看到不同的存在方式时以为发现了这一链条的某一环节。'好客习俗'与'氏族共产主义'正是这么一个环节。那个时代的摩尔根,因受时代的限制,而不可能有充分的想象力来使自己脱身于'存在链条'的制约之外,像从这个链条中解放出来的莫斯和列维-斯特劳斯那样,在文化差异的比较中见证人共同存在的基础。"①

当然,王铭铭对摩尔根及其研究也存在着欣赏之情。他认为,摩尔根"走过一条与他同时代的人类学家不同的道路。"②19世纪的人类学家大多属于"摇椅上的学者",研究工作依据的是传教士、探险家、商人、殖民地官员对"原始社会"习俗的描述。而摩尔根则是从扎实的田野调查、民族志工作入手,以《古代社会》中的社会哲学为收尾。王铭铭指出,经验研究到概括性的哲学论证的道路,也是摩尔根思想不断发展、不断进步的历程的反映。他从一个隐晦的进化论者,变成了一个坚定信仰"进步"观念的思想家。在指出印第安人对于欧洲历史的重构的重要意义之时,摩尔根延伸了欧洲启蒙运动中生发出来的"进步"和"文明"概念,并将这些概念框定的那个"比较方法"套在了这些"资料"身上,从而使他成为"进步思想家"。在社会进化理论中,最重要的就是对人类社会发展的文化分段。这在王铭铭看来,是时间概念的体现:摩尔根的时间概念蕴含在"阶段性"之中。从时间的阶段性来看,摩尔根也是进步的,因为他将仍然被中国皇帝和部分士绅当作"奇技淫巧"的发明和发现者,当作历史进步的动力来看待,并认定这些东西是

---

① 王铭铭:《"裂缝间的桥"解读摩尔根〈古代社会〉》,山东人民出版社,2004年版,第117页。
② 王铭铭:《"裂缝间的桥"解读摩尔根〈古代社会〉》,山东人民出版社,2004年版,第34页。

人类历史时间阶段性的标志。①

的确,摩尔根的研究具有进步性。黄淑聘和龚佩华指出,摩尔根的社会进化论是全面的,他从多个方面来考虑社会进化,把社会的进步与生活生产的发展相联系,认为只有物质生产的发展才是社会发展的基础;同时还把社会关系和生活、生产资料的发展相联系,指出财产所有制的发展与物质资料生产的进步并进,同时与社会制度的进步密切相关。

除此之外,黄淑聘和龚佩华主要对摩尔根的亲属制度研究、其学术研究的哲学基本问题做出了评价。

摩尔根对亲属制度的发现有着重要的意义。然而,随着这一制度的不断发展,人们在新的资料基础上提出了与摩尔根相异的意见。这些分歧集中在亲属制度的定义及其与社会文化其他方面的联系、亲属制度的发展顺序、亲属制度的分类三大问题上。对此,黄淑聘和龚佩华认为,摩尔根的亲属制度基本观点是正确的;但他忽视了对亲属间日常行为模式的研究,因此,必须补充说明亲属称谓也同时反映亲属之间的行为态度。②

从社会哲学的角度来看,由于摩尔根肯于深入实践、科学分析材料,因此,他的研究能够反映客观实际,提出社会进化的正确观点,并用这种观点阐述原始社会的发展过程,在主要方面做出了唯物主义的结论。然而,摩尔根的唯物主义观点是不彻底的:他讲究人类同源,并将人类进化的共同途径归结为心理一致和智力相同。③ 同时,黄淑聘和龚佩华还指出,从观念发展来谈论社会进化,是摩尔根唯物主义不彻底的又一表现。这样看来,马克思在其人类学笔记中重新编排摩尔根《古代社会》的结构,是很有必要的,他的社会进化从生产技术和家庭形式的发展变化到私有制、阶级和国家的产生。在黄淑聘和龚佩华看来,这样的编排充分表达了物质生活资料的生产和人类自身的生产作为历史发展的决定因素,以及生产力决定生产关系,经济基础决定上层建筑等观点,是彻底的历史唯物主义。④

(三)我的认识

摩尔根将毕生都献给了人类学,他的学术研究对整个人类学界的发展

---

① 王铭铭:《"裂缝间的桥"解读摩尔根〈古代社会〉》,山东人民出版社,2004年版,第35页。
② 黄淑聘、龚佩华:《文化人类学理论方法研究》,广东高等教育出版社,1996年版,第38页。
③ 黄淑聘、龚佩华:《文化人类学理论方法研究》,广东高等教育出版社,1996年版,第35页。
④ 黄淑聘、龚佩华:《文化人类学理论方法研究》,广东高等教育出版社,1996年版,第40页。

非常重要。他从社会进化的角度来审视人类的发展，其社会进化理论是全面而广泛的。他对原始社会进行分期，将人类社会分为蒙昧、野蛮、文明三个阶段，并从生存技术、政治观念、家庭观念、财产观念等多个方面阐述了人类社会从低级走向高级的发展历程。摩尔根的社会进化理论在人类学界也有着深远的影响，他的理论为诸多人类学家的研究奠定了基础。诸如博厄斯、怀特等学者的学术思想，都是在批判或者批判式继承社会进化论的基础上发展起来的。

当然，摩尔根的研究有着非常明显的时代缺陷。摩尔根所处的时代，大致是文化人类学刚刚起步的时期。尽管经过漫长的古代社会的发展，当时他所研究的一些理念，例如亲属关系、氏族制度、财产观念等，都处于现代社会的初始阶段。因此，他的研究内容仅停留在他所触及的时代范围内。而进入文明社会之后，政治制度、家族体系、财产分配，都有了新的发展。随着民族志材料的增多，不少人类学家也提出了与摩尔根不同的观点。这并不能成为界定摩尔根研究正确与否的依据。相反，正如我们上文所提到的，摩尔根的研究可以堪称是最"追根溯源"的。尽管从现在来看，他的研究会因材料不足而有失偏颇，或因某一理念的发展而漏洞百出，但其社会进化论的基本观点是正确的。在今后的研究中，我们可以学习恩格斯在《家庭、私有制和国家的起源》中的研究方式，即在摩尔根原有理论的基础上，增加新观点和材料，批判地继承摩尔根的学说，从而对社会进化论做出更深刻的解读。

参考文献：

[1]摩尔根：《古代社会》，杨东莼等译，商务印书馆，1997年版。

[2]黄淑娉、龚佩华：《文化人类学理论方法研究》，广东高等教育出版社，1996年版。

[3]夏建忠：《文化人类学理论学派——文化研究的历史》，中国人民大学出版社，1997年版。

[4]庄孔韶：《人类学经典导读》，中国人民大学出版社，2008年版。

[5]马歇尔·萨林斯：《文化与实践理性》，赵丙祥译，上海人民出版社，2002年版。

[6]马克思、恩格斯:《马克思恩格斯选集(第四卷)》,人民出版社,1972年版。

[7]王铭铭:《"裂缝间的桥"解读摩尔根〈古代社会〉》,山东人民出版社,2004年版。

(原载《民族论坛》2012年第10期)

爱德华·伯内特·泰勒列传

[摘　要] 爱德华·伯内特·泰勒（Edward Burnett Tylor, 1832—1917）是英国人类学家，文化进化论的提出者，也是英国文化人类学的奠基人。泰勒出版的著作并不多，《原始文化》是他最具代表性的作品。泰勒定义了文化，提出了文化进化理论，并创造了文化研究的方法。人类学界对泰勒及其研究的讨论并不热络，但一些入目书籍中必定会有所提及。学界对于他的评价主要集中在其文化进化论和著作方面。

[关键词] 泰勒；进化论；文化；文化遗留；万物有灵

19世纪70年代，英国人类学家爱德华·伯内特·泰勒深入发展了人类进化论的理念。他从文化的角度来解读人类进化，从而提出了文化进化理论。他的进化理论为文化人类学的发展做出了重要的贡献。泰勒给文化下了经典性的定义，这一定义对文化进行了分类，将其细化到人类行为和社会生活的各个方面，从而拓展了人类学文化研究的范围。而他所运用的文化研究方法对后来人类学家进行田野调查工作，以及分析整合民族志资料，都起到了积极地指导作用。因此，就算学界很少有人类学家对其研究展开大规模的讨论，泰勒的文化进化论仍然在人类学界占有一席之地。

一、生平简介

爱德华·伯内特·泰勒（Edward Burnett Tylor, 1832—1917），是英国文化人类学的奠基人、古典进化论的主要代表人物。他出生于富有的工厂主家庭，早年就读于英国教友会的园林学校，15岁时离校。他一直在公谊会的学校读书，一直没有进入大学学习，后来由于疾病出国休养。

1855年泰勒在古巴的哈瓦那偶然结识了英国的考古学家和人种学家克里斯蒂，从此产生了对人类学研究的兴趣。1856年，他们一起赴墨西哥，考察托尔特克文化遗址。在克氏指导下，泰勒掌握了考古学和人类学实地调查的大量知识，并激发对学问的巨大兴趣。泰勒返回英国后就开始系统地研究民族学文献资料并曾多次外出旅行，收集人类学资料进行研究。1858

爱德华·伯内特·泰勒(Edward Burnett Tylor, 1832—1917)

年，泰勒出版了他的第一本著作《阿纳瓦克人，或古代与现代的墨西哥和墨西哥人》，此书是关于他6个月墨西哥旅行的趣闻轶事。

随后在1865年，泰勒的第一本专业人类学著作《人类早期历史和文明发展研究》（又译为《人类古代史研究》）问世。在书中，泰勒表达了人类文化从野蛮时代到现代文明不断进步的思想，指出各民族生活和文化上的差别是由于他们各自的发展水平不同而造成的。

1871年，泰勒出版了《原始文化》，这本书是他一生中最重要的著作，它的出版，奠定了泰勒权威人类学家的地位。在此书中，泰勒透彻和系统地阐述了他的基本思想，即以大量的人类学资料为依据的经典进化论的思想。他主要关注的是宗教信仰的发展，通过对这种发展的研究指出全人类的思想是基本相同的,这部著作包含了精神文化、技术和物质文化的发展问题。1888年,泰勒向"英国人类学协会"提交了一篇论文《论研究制度发展的方法:对婚姻和继承法的应用》,这篇论文非常重要,代表了泰勒对家庭领域的观点与研究方法。在这篇论文中,泰勒运用了统计分析方法,正因如此,后来的人类学家甚至认为泰勒对文化人类学的贡献不是《原始文化》,而是这篇论文。

泰勒是第一个在科学意义上为"文化"下定义的人,从而为文化人类学的研究对象与范围勾勒了基本轮廓。在《原始文化》的开篇。他开宗明义地指出:"文化或文明,就其广泛的民族学意义来讲,是一复合整体,包括知识、信仰、艺术、道德、法律、习俗,以及作为一个社会成员的人所习得的其他一切能力和习惯。"这个定义有很大影响,虽然后人对它褒贬不一,但都不敢忽视它的经典性,研究文化的学者几乎都要引用这一定义。

泰勒还是一个反种族主义论者,虽然他也使用了当时被广泛使用的"高等种族"和"低等种族"的说法,但他并不是种族主义者。他坚决否认种族与文化发展之间的联系,指出:"我们应该而且也有可能打消关于人种遗传变化的考虑,而承认人类在本质上是一样的,虽然是处在不同的文化阶段上。"

泰勒的一生并未系统地受过高等教育,但却成为英国学术界和专业人类学的一位领袖,也是第一个在大学讲堂上教授人类学的人类学家。他也因此获得了很多荣誉。1871年,泰勒被选为英国皇家学会的会员;1875年获牛津大学名誉法学博士学位。1880年,在他的影响下,牛津大学建立了民族学博物馆,他成为第一任馆长;1892年任英国人类学会会长;1896年他在牛津大学建立了第一个人类学教研室,泰勒也就成为英国的第一位人类学教授,并一直担任到1909年退休;1912年他被封为爵士。

二、主要著作概述

泰勒的第一部人类学著作《阿纳瓦克人,或古代与现代的墨西哥和墨西哥人》出版于1861年,此书以泰勒在墨西哥的游历经历为来源,是一部旅行的见闻讲解。尽管年代久远,泰勒的描述大部分都是以现代而非古代的墨西哥为范本,诸如糖料种植园、纺织厂、龙舌兰酒专卖店、庄园等。泰勒提及了旅途中见到的几个考古学遗址。他在新犁的田间地头寻找陶瓷碎片,并且将墨西哥的人造物品与欧洲的新发现进行了对比。同时他还描述了墨西哥的政治动荡和贫穷,并表达了他的个人观点。这些内容展现了泰勒见多识广、善于观察且具有个人标识的研究视野。

1865年,泰勒出版了《人类早期历史和文明发展研究》(又译为《人类古代史研究》)。这是他的第一部人类学著作,书中涵盖的内容为泰勒毕生的研究做出了极其重要的铺垫。在此书中,泰勒提及了他所致力探讨的人类学主题,即文化进化理论。他从传教士的记述、探险家的航海日记、古代的文本,以及民族志的报告中寻找人类文化的相似之处,并勾画出了神话的解释、梦的先天基本原理、交感巫术的逻辑等现象,它们是泰勒即将深入研究的部分议题。除此之外,他的研究还包括对记录人类社会进化的早期方法论的思考。

泰勒一生所出版的著作并不多,但却有着颇具闪光点的作品。《原始文化》(1871)就是他最具代表性的著作。《原始文化》一书出版于1871年,是泰勒最为重要的代表作,也是一部文化人类学名著。这本书共十九个章节,它涵盖了泰勒文化进化理论的基本思想,一同展示了泰勒的文化观点与宗教观念。在书中,泰勒主要以文化和宗教为核心,从四个方面进行系统阐述:他界定了文化的概念,运用"文化的遗留"观念来研究原始社会人类习俗的发展,剖析了神话发展的一般原理、来源和意义,创造万物有灵论来展示人类宗教信仰的发展。

《原始文化》(The Origins of Cultures,1871)

全书的布局非常有条理。在阐述过程中,泰勒也运用了大量民族资料进行说明,而通过全球不同地域范围的例证,泰勒也能够推断出某一些信仰或者理念是否存在普遍性。尽管此书体现了人类社会文化进化的理念,泰勒主要还是以原始文化作为主要研究对象。然而,他也对比了原始文化与文明社会文化在某些理念上的不同看法,诸如神话或灵魂信仰等。从中,泰勒指出了原始文化在整个人类文明史上的地位,以及民族志学者研究原始文化的意义。

(一)界定"文化"概念与提出文化进化

泰勒在《原始文化》的开篇中指出人类学是"关于文化的科学",而"文化,或文明,就其广泛的民族学意义来说,是包括全部的知识、信仰、艺术、道德法律、风俗,以及作为社会成员的人所掌握和接受的任何其他的才能和习惯的复合体。"[①]这是泰勒给"文化"下的定义。"文化"一词几乎囊括了人类社会行为的各个方面,要对这样一个范围宏大的概念展开研究,并不是一件容易的事。从泰勒的文化定义中,我们可以看出他企图寻求文化研究中的拆分点。他主张采用分类的手法将文化细化,通过剖析文化现象的各个方面,从而达到对"文化"整体的研究。泰勒经典的"文化"定义具有深远的影响,后来在研究中提及文化的人类学学者几乎都要引用这一定义。

除了对文化现象加以分类之外,泰勒还主张在文化研究中采用普遍适用的原理。他提出了文化研究中的两个原则,第一,各个文化现象以及形成文化现象的各种原因都存在相同性,这样一来,相似的文化现象可以归因于相同的文化原因。换句话说,在文化的共同性的前提下,大部分具有共同意义的文化现象都具有类似的原因。泰勒认为,文化的相似性和一致性主要来自两个方面,即人的本性相似,以及社会环境的相似。在处于统一文化水平的两个社会中,文化共同性的这两个决定因素尤为明显。

然而,泰勒也指出,尽管文化存在惊人的相似性,但两个类似的文化现象绝非是等同的,并且某些文化现象的相似也存在着偶然性,因此,检验民族志资料的真实性也就非常有必要。原始文化的研究缺乏现代的统计数据,面对来源于旅行家或传教士的材料,民族志学者需要根据情况做出判断。泰勒认为,"不同地区和不同时代所发生的极为接近的巧合事件正是不

---

① 泰勒:《原始文化》,连树声译,上海译文出版社,1992年版,第1页。

同地区文化发展中的相似性必然会产生的结果"①,即两个产生于不同的时代且出现在相距遥远地区的相似的文化现象,它们的相似性更为真实。这一方法得到民族志学者的普遍使用。泰勒还提及了两种需要避免的研究倾向,一种是"只见树木不见森林",另一种是"只见森林不见树木"。这两个提法表明了泰勒治学的严谨性,他要求民族志学者能够以全面的、多角度的视野去观察文化现象,在重视文化整体的同时,不能忽视各个文化现象的作用。

文化研究的第二个原则在于"文化的各种不同阶段,可以认为是发展或进化的不同阶段,而其中的每一个阶段都是前一个阶段的产物,并对将来的历史进程起着相当大的作用。"②这里就要涉及泰勒的另一个重要观点,即文化进化理论。泰勒对人类社会进行分期,以寻求文化发展的测定标准。他的文化发展理念依照阶段性展开,人类文化放入社会序列中,从人类最原始的阶段到最文明的部族,将分为依次发展的各个阶段来进行研究。

他提出了文化发展的两种理论,一种是进化论,另一种是与之相斥的退化论。毫无疑问,这两种理论是根本对立的。然而,从某种意义上来说,两种理论是相互承认或以对方为基点的。理解进化论承认退化论,就要明确以哪种社会阶段的文化为标杆。假设将高级文化作为文化发展的最初态势,那么蒙昧阶段的文化就是其退化的结果。但是,另一种看起来类似的状况则不是文化退化的表现。泰勒指出,流落到蒙昧人中间的文明人,其文化下降到蒙昧阶段,这一现象只是文化混合或依附的中间状态。而在退化论中,进化则可能作为文化运动刺激物而存在。

当然,泰勒认为,在两种文化发展态势中,进化论是主要的,退化论是次要的。从蒙昧部落到文明民族,泰勒以生存技术、知识、道德、宗教等作为衡量文化程度的分类标准,从历史资料和传统因素中,寻找文化发展的依据。比如,他列举了苏拉威西的竹屋结构的案例。为了防止竹屋倒塌,当地人设想采用添加房屋支柱的方式来加固建筑。但是他们仅仅使用弯曲的树干作为支柱,并没有设想到强直的树干除了能够加固竹屋之外,还能保持房屋的垂直状态。显然,苏拉威西人的建筑技术只是进行得不够彻底的发明,而不是高级文化中建筑技术的残余,即它是处于进化状态的文化。泰勒还指出

---

① 泰勒:《原始文化》,连树声译,上海译文出版社,1992年版,第10页。
② 泰勒:《原始文化》,连树声译,上海译文出版社,1992年版,第1页。

"在某一个地方出现了无论哪一种技术,在这个地方很难说明这种技术是从何处传来的,特别是假如这是关于某一当地产品的技术,那么,很明显,这一技术的出现就证明,它是当地人的发明"①,这也是文化进化的体现。

文化是进化的,它的阶段性发展与人类社会的进程基本吻合。这是泰勒一贯坚持的文化发展理念。

(二)关于文化遗留的研究

泰勒将遗留(survival)视为探求人类文化实际进程的证据,从较低级阶段转移到较高级阶段的仪式、习俗、观点,这些都可以称作文化遗留。它们属于旧事物的遗产,是"单纯的历史事实的标志"②。这样看来文化遗留在新的文化发展态势中似乎不存在根基,但他们保留了鉴别旧习俗起源的因素,并以新的形势来适应新的环境,因而能够在文化发展过程中保留下来,继续占有一定的文化地位。

尽管如此,在时代转换中,文化遗留的作用和意义也发生了变化,"单纯地保留古代习俗,只是从旧时代到变化了的新时代过渡的一部分。对于古代来说曾经是严肃的事情,对于近代来说则可能已经变为娱乐。"③泰勒通过儿童游戏来证明这一观点,认为祖先的重要信仰可能在儿童故事中得以保存。许多儿童游戏仅仅体现了对许多重要事件的模仿,比如爱斯基摩人儿童使用小弓射靶子、制造雪屋,澳大利亚儿童将飞去来器和标枪作为玩具等。这类游戏通常也是对它所模仿的工作的展示。我们可以发现,在高级的文化发展阶段中,一些部落在文化发展初级阶段所使用的工具或兵器,将会在儿童游戏中以玩具的形式保存下来。当然,在儿童游戏中,这些工具和兵器的使用方式并没有太大的改变,只不过包裹了模仿和娱乐的外衣,不再具有实际的功用和性质。

泰勒还列举了其他的娱乐形式来说明旧习俗在新的文化态势中的存在。比如,从性质上来看,猜拳和计算点数属于同一类型的游戏,但它们却隔着地域差异而分别存在于东西方社会中。泰勒认为,"这样一种特殊的游戏几乎不可能在欧洲或亚洲被人们发明两次,但是,设想是中国人从西方学

---

① 泰勒:《原始文化》,连树声译,上海译文出版社,1992年版,第67页。
② 泰勒:《原始文化》,连树声译,上海译文出版社,1992年版,第76页。
③ 泰勒:《原始文化》,连树声译,上海译文出版社,1992年版,第16页。

到了这种游戏,或者设想它是欧洲人从中国借来的聪颖杰出的发明,几乎都是不可能的"①,它们只是未开化部落所使用的观察计数技术的遗存。同样的,赌博游戏也是如此,它与蒙昧社会中的占卦术相关,"郑重地采用就是发生在开心地采用之前,则赌博就可能原则上看作是遗留,或者特别是看作适当的邪法的遗留,开心的占卜可以变成郑重其事的赌博。"②在语言发展中,文化遗留也是有迹可循的。古代俗语和谚语就属于从时代中保存下来的传统语言使用方法。因年代久远,他们的本意可能会发生改变或变得模糊,一种不容忽视的假说指出,"假如某种古老的诗或俗语在一个地方具有高超的意义并归属于哲学或宗教,而在另一些地方则处在儿童俗语的水平,那么在这种情况下,就有某种根据认为重大的意义是较为原始的,而玩笑的意义则是古风的简单遗留。"③

然而,不存在意义的传统习俗并不等同于遗留。文化意义是相对而言的,某些习俗在其产生阶段有着实际的意义和作用,但是随着时间的推移,在新的文化发展环境中,旧习俗的原初意义发生了改变或丧失。为了说明文化意义与文化遗留的关系,泰勒列举了文明社会中三种典型的习俗,即打喷嚏时的祝词、房屋奠基使的人祭仪式和反对拯救溺水者的偏见。尽管在文明社会中,这三种习俗以古代文化遗留的形式得以保存,然而它们所蕴涵的意义却并不能用文化社会的观点来加以理解。

那么,研究文化遗留的意义是什么? 除了上述的习俗之外,泰勒还对魔法、巫术和占卦的文化现象进行了研究。他指出,这一系列文化遗留中大多涵盖了文明人称之为迷信的事物。这使得我们对习俗和信仰的起源提出质疑,而对遗留的研究则有助于推断历史发展的过程。除此之外,泰勒表示,"从古老的或衰亡的文化中所得出的结论,不应当只是适用于文化发展的过去阶段"④,现代文化与未开化社会的文化之间存在着直接而密切的联系,而文化遗留就是连接蒙昧社会习俗和现代文化生活的纽带,因此,明确地了解文化遗留的性质和意义是民族学研究中的一个重要方面。

---

① 泰勒:《原始文化》,连树声译,上海译文出版社,1992年版,第79页。
② 泰勒:《原始文化》,连树声译,上海译文出版社,1992年版,第87页。
③ 泰勒:《原始文化》,连树声译,上海译文出版社,1992年版,第90页。
④ 泰勒:《原始文化》,连树声译,上海译文出版社,1992年版,第166页。

（三）关于对神话的剖析

我们知道，人类对于眼前发生的事件，都有追根溯源的渴望，这种求知欲和好奇心并不只出现于人类文化发展的高级阶段，而是一种本能，它在最低级的文化社会中就已经存在。这种本能是人类思维的萌芽，人类的思维常常会依照对周边事物的观察经验而产生一系列的想象，神话的虚构也就由此而来。

在《原始文化》中，泰勒希望通过特定的事件来探究人类思想历史的发展，神话故事就成了很好的选择。它诞生于原始部落，在人类文化史上以独立艺术的形式存在并发展。因此，泰勒将神话作为人类思想历史和发展规律的依据，对神话进行研究，并进一步比较原初部族与文明社会的神话，从而探究其中类似的特定事件之间的关系。我们认为，泰勒从以下几个方面对神话进行研究：

1. 神话的保存与发展

我们在文明时代依然能够接触到神话，而它又是蒙昧时代的产物，这就意味着神话经历了人类文化发展的各种时期，并且还有可能传播到不同地域的社会中。民族志学家以此来追溯神话形成时期发生的事件。泰勒也指出，"研究古典神话的价值，不在于神话本身的内容，而在于其样式，或者说，主要在于为其形成时代的思想提供文物鉴定似的证据"[1]。他从儿童故事和传说中追溯神话创造和发展的过程。

在研究过程中，泰勒提及了神话的真实与虚构成分之间的关系。人们在孩童时期倾听了许多的寓言或传说，然而，一旦真正接触世界，他们会发现神话故事中所介绍的世界与他们所感知的世界完全不同。泰勒指出，这一现象源于人们没有辨明神话故事中的事实与虚构，而是将其中的谬误与真理等同起来。

我们之前提到神话是人们在经验基础上的想象，它的真实性又应该如何去解读呢？泰勒认为，在怀疑和信仰之间存在想象的思维空间。尽管神话故事力求体现社会现实，但是它们并不完全是对现实事件的准确表达。它们可能反映了社会的一角，但对于现实来说，神话存在着失真的可能。然而，人们很难将神话的真实与虚构剥离开来。泰勒也提出，一些研究只是深

---

[1] 泰勒：《原始文化》，连树声译，上海译文出版社，1992年版，第275页。

化了构造神话的过程。但这样的研究毕竟脱离了原有思想的启发,并经过遥远的类推,将原有的思想加以延伸。他指出,只要将得到承认的智力发展过程当作是虚拟的成长物,每一个人都拥有构造神话的能力。当然,这种虚构的本领并不适用于所有情况,大量虚构的思维不利于进行社会来源的研究。

在人类文化发展过程中,神话如何得以保存?泰勒认为,怪异现象的学说与神话之间存在联系。他提及了蒙昧人与文明人对于奇迹和怪异现象的不同看法。在他看来,蒙昧社会的人们"既不承认常规,也不承认例外"①。原初社会的人们认为怪异的神话情节和超自然的行为,是具有原始意义且令人惊奇的现象;但他们却认为奇迹是违反常理和自然规律的。而文明人则认为,蒙昧社会的传说只是虚构的事件。这些反应推动了文化的保存,因为在人类文化发展的不同阶段,神话的可靠性和可能性都有着不同的标准,它们就在这样的变化中毫无触动地保留了下来。

泰勒进一步指出,宗教在保存神话的过程中也发挥了一定的作用。泰勒把宗教比喻成一座桥梁,神话沿着发展的路径从低级文化阶段过渡到高级文化阶段。如此,来源于经验证据的神话能够摆脱超自然力量的束缚,并因此保存下来。文明时代的人们也就能够依照神话所固有的原则来追溯原初社会人类的智力状况。

对于神话的发展,泰勒的主要研究目的在于从人类各民族神话的重要阶段中,比较低级神话与高级神话之间的关系。不仅如此,他还明确了其神话发展研究的三个论点,第一,"神话发生在全人类于遥远的世纪里所经历过的蒙昧时期;它在现代那些几乎没有离开原始条件的非文明部落中仍然无甚变化。"第二,"文明之最高的和最近的阶段,部分地保留着神话的真正的原则,而部分地发展了神话所继承的那些祖先传说形式中的神话创作的结果。"第三,"这个文明阶段不仅仅是以迁就的态度,而且是以尊敬的态度继续保存了它。"②泰勒认为这些是神话研究中极为重要的几个方面。在神话的一般研究中,它们是不可忽视的重要主题。

2. 神话与历史

许多民族志学者渴望将神话转变为历史。他们认为,既然神话中存在

---

① 泰勒:《原始文化》,连树声译,上海译文出版社,1992年版,第364页。
② 泰勒:《原始文化》,连树声译,上海译文出版社,1992年版,第284页。

事实与虚构的碰撞,那么这种虚构的传说就有能够成为历史的基础。这种做法欠缺合理性,因为并不是所有的神话都保留了历史真实性的内核。他们很有可能将神话不仅变为了普通事实,使其失去了解释的意味,同时也曲解了本应该得到充实的历史。

泰勒认为,以神话重建历史的弊端,不在于研究者对神话的解释不够到位,而是"神话仅靠推测来解释的可行性,如今已被看得一文不值"①。在文明社会中,人们在理解中科学地检测真相,当神话所记录的事物超出惯常思维时,他们理所当然地会产生质疑,认为以往的真相不符合他们的检验标准。然而,被曲解的神话不等于丧失了意义,它们存有其受到传讲时代的人类思维、社会信仰与习惯的痕迹。历史学家能够透过它们发掘各民族历史的素材,从而重建历史的真面目,因而神话在历史事实中占有一席之地。

人类文化发展的各个阶段都有将神话转述成历史的普遍现象。蒙昧社会的人们就已经知晓借助过去的事件来还原历史的结果。但是被还原的历史中依然存在着事件真相与幻想之间的混淆。泰勒把这种历史称为"哲学神话","这种理论性解释在哲学精神上无可指摘,只有做进一步观察,才能证明它们谬误。"②由此我们可以知道,哲学神话来自于人们把神话故事中的可能性转述为确定性,即它是虚拟神话转变为真实存在的伪历史。

3. 神话与万物有灵论

泰勒对自然神话的分类进行研究,从而说明不同阶段、不同地区的神话的解释原则和意义。在现代文明中,研究者可以采用抽象的专有术语来阐释自然规律。而原初社会的人们则需要借助感官上生动的形象来理解自然现象。因此,神话的解释就在于"把世界的客观现实和变动列入听众能够具体感受到的那种个人生活范围。"③这样一来,复杂的自然规律就在神话中变得浅显易懂,神话也就具有了传递信息、理解世界的意义。

泰勒认为神话与万物有灵论之间存在着一定的关系。在研究自然神话的过程中,他发现一切自然事物,无论天地、星辰、风雨雷电或是地壳运动,都能够成为神话解说的对象。"日常经验的事实变为神话的最初和主要的原因,是对万物有灵的信仰,而这种信仰达到了把自然拟人化的最高点。当人

---

① 泰勒:《原始文化》,连树声译,上海译文出版社,1992年版,第281页。
② 泰勒:《原始文化》,连树声译,上海译文出版社,1992年版,第364页。
③ 泰勒:《原始文化》,连树声译,上海译文出版社,1992年版,第317页。

在其周围世界的最细微的详情中看到个人生活和意志的表现时,人类智慧的这种绝非偶然或非假设的活动,跟原始的智力状态是不断地联系着的。"[1]在原始文化中,一切物体都被人格化,成为神话的载体。

为了更加明确地说明神话中所蕴含的万物有灵观念,他借助了人类思维方式的发展进行证明。想象在儿童思维中更容易被接受,人们在孩童时代都会借助想象来解释周围存在和发生的一切事物。而处于人类社会初期的蒙昧人,他们的思维就是儿童思维状态的再现。不管动植物还是无生命的物体,他们都将其拟人化,并通过冲动的习惯形式和形式上确定的法规表现出来。泰勒将这种方式称作"类比",它指的是人们根据类似的生活现象来解释自然的形式,是对神话中的万物有灵论的广泛概括。

(四)对万物有灵论的研究

万物有灵论是泰勒最为主要的宗教观念。在他看来,神灵信仰就是宗教的起源。在《原始文化》一书中,他采用七个章节来阐述万物有灵论。这一观念的原意指的是一切存在物和自然现象中存在的一种神秘属性,即神灵。泰勒则以宗教意义来界定万物有灵论,认为"万物有灵论"指的是把无生命事物赋予生命和意识的倾向,它是一种思维方式,其最根本的特点就在于人把生命或生命的属性赋予无生命的对象。他运用这一观点来说明原始部族中盛行的对灵魂和神灵的普遍信仰。

泰勒指出,万物有灵论包括两个主要信条。一个是灵魂哲学,包括世间存在的各种生物的灵魂,它们在肉体离去之后仍旧能够继续存在。这种存在表现为灵魂迁移和来世生活两个方面。他认为在灵魂存在学说中"不死的灵魂"的说法属于一种误导,灵魂不是不死,而是在死后继续生存。另一个信条指的是精灵哲学,即具有强大威力的精灵能够影响人类的现世和未来。由于人的行为会引起神灵情绪的波动,这也就不可避免地形成了人类对神灵的崇拜。

在泰勒看来,人与动物那种精神意义上的绝对区别在原始部族中并不存在,兽类、鸟类的吼叫如人的语言一样,而且动物的行为是可以通过人的思想去加以指导的,每种动物都有它自己的精灵。原始思维中神灵无处不在,而且灵魂在人死时离开肉体还继续活着。植物也有灵魂,例如,树有树

---

[1] 泰勒:《原始文化》,连树声译,上海译文出版社,1992年版,第285页。

神。原始思维是一种被神化了的形象思维,万物有灵论是原始思维最重要的特征。研究表明,原始思维与儿童思维有着明显的相似,儿童思维体现了万物有灵论的特征,即赋予无生命事物以生命和意识。

万物有灵论的理论习惯上被分成两大教义,各自都形成了一个连贯的学说。一是涉及一些个别生灵的灵魂,这些灵魂能在个体死亡后或躯体死亡后继续存在。二是涉及其他一些上升到神性系列的神灵,神灵能影响或控制物质世界的各种事件,人的现世和来世的生活,它们掌握了与人交往的过程,并从人的行为中感到愉快或不愉快,而这种信仰的存在导致敬畏和赎罪的活动。对灵魂的信仰和来世信仰,无不都是以某种方式去控制各种神性及神灵,这些信念在实践上表现为各种崇拜活动。

泰勒认为原始人的智力并不比高度文明化了的人的智力低下,在原始文化和高度发展的文化之间有许多相似的地方,甚至前者有着更充分、更生动、更有意思的形式,因此从高度发展的文化观点出发,未必能理解原始人的思想。我认为我们对原始人所知道的很有限,加之现代文明带给我们的先入之见,因此理解原始人是困难的。在探讨和认识原始民族,研究原始文化和原始思维时,有时意义很盲目,一种新的理论其目的仅仅在于试图去恢复历史的本来面貌,而这一目的很难达到。

我们在上文中已经提到,泰勒是以宗教来定义万物有灵论。这里就不得不谈谈万物有灵论与宗教的关系。经由人对神灵的崇拜,泰勒提及了以万物有灵论来研究宗教的两大主要原则:"第一,在这里把宗教的教义和仪式看作是由人类智慧不依赖自然力或上天启示所建立的宗教体系的组成部分,换言之,即看作是自然宗教的进一步的发展阶段;第二,我们将考察蒙昧人和文明民族宗教中相似的概念和仪式之间的联系。"①泰勒指出,道德因素是宗教中的一个极其重要的部分。在万物有灵论中,道德哲学与神灵信仰能够形成结合,但这种结合的密切或强有力的特性仅仅存在于高级文化阶段;在低级文化中,这种结合还处于萌芽阶段。而他的研究则致力于循迹万物有灵论从原始文化社会向高级文化阶段发展的一般特征。他从整体观念上来研究宗教与万物有灵论,而不是以某个宗教内部的不同教义之间的关系为出发点。

在研究过程中,泰勒将宗教仪式与万物有灵论加以结合。他借用招魂

---

① 泰勒:《原始文化》,连树声译,上海译文出版社,1992年版,第415页。

仪式来分析生命之源学说。蒙昧人把生命的机能看作是灵魂的作用,并以灵魂的离去来诠释肉体与精神状态。在疾病等特定的情况下,灵魂与肉体暂时分离。此时肉体并没有呈死亡状态,可以展开招魂仪式来召唤脱离肉体的灵魂。若灵魂回归,则肉体的精神状态恢复;倘若灵魂不愿意回归,那么肉体将呈死亡状态。而肉体死亡之后的灵魂存在则涉及了殉葬仪式,它是为了死人的利益而以人或物陪葬的习俗。这种仪式中的殉葬品是为了灵魂在未来社会的生活而准备的,它借助埋葬贡品或牺牲而打发灵魂去另一个世界。"这种仪式在最低级的文化阶段上表现得并不过分突出,但是在蒙昧人的进一步发展中兴起,在野蛮时期大力发展起来,而后继续存在或退化为遗风。"①这种意识的存在非常普遍,泰勒也提到,殉葬仪式在原始社会时期就广为流行,现代社会中一些地区依然保留了这一习俗。可见,万物有灵论在宗教仪式中得到了一定体现。

《原始文化》从文化起源与发展的角度,掀开了当时文化人类学研究的新篇章。谈及研究原始文化的意义,泰勒指出,"原始文化的研究已经使得人们能够进一步地考察原始文明与现代文明的关系,鼓励人们在研究的过程中认识到两者关系所具有的实践重要性。"②从研究中可以看到,原初社会的文化在人类文化的发展中具有一定的地位,低级社会的文化知识会通过实践转入高级阶段,并在现代文明中得到人们不同程度的接受。因此,在人类学的文化研究中,原始文化是不容忽视的一部分。

三、泰勒的人类学成就与贡献

泰勒是古典进化论学派的代表人物之一,他对进化论学派的发展有着不可替代的作用,在人类学界他被赋予"人类学之父"的盛名,是人类学派的经典作家。他提出了文化进化理论,给文化下了经典性的定义,同时还在研究方法上对人类学的发展做出了贡献。

(一)提出文化进化论

在人类学史上,泰勒首度指出文化是进化的。他在进行了大量的民族志资料的比较研究之后发现文化是进化的,技艺、工具以致各种文化现象都

---

① 泰勒:《原始文化》,连树声译,上海译文出版社,1992年版,第444页。
② 泰勒:《原始文化》,连树声译,上海译文出版社,1992年版,第864页。

有其发展的历史,他指出,"成系列的事实总是按其特有的发展顺序一个挨一个地排列着,它们不会倒过来,按反方向排列。……是从低级上升到高级而不是从高级降低到低级",《原始文化》一书更具体地把人类文化的进步分为蒙昧、野蛮和文明三个阶段。他认为文化发展是按阶段进化的,人类社会的制度一如其所居的地球,也是层次分明的,遵循着由低级向高级,由简单到复杂的发展过程,都逃脱不了人类文化进步的三个阶段。

文化进化论认为,人类的思维过程表现出普遍的相似性和一致性,因此人类社会中的文化有着一致的发展渠道,这种渠道在人类社会中表现出文化发展的进步特征。这一理念包含了三重意义。第一,文化进化论承认人类的本质是一致的,文化之间的差异并不完全来自于人种的遗传变化。泰勒指出,"研究的各个方面将表明,可以把文化的各个阶段加以比较,而不必考虑采用同样工具、遵守同样习惯和相信同样神话的各个部落在身体构造和肤色及发色上有多大的区别。"①造成文化特性相似的原因有两种,一种来源于文化特性在各个社会之间的传递,另一种则来源于结构相似的人脑在各自独立的社会中同时发生的文明。再次,泰勒的均变论使他得以重构一个特定的过程,从而导致某种特定的信仰、道德或一整套文化知识。此外,文化特性相似的社会,可能拥有类似的文化发展过程。在泰勒看来,人类的本质和发展是具有同质性的,这种本质与发展在文化进化过程中是相互关联的。通过对不同社会的文化比较,他认为人类文化的相似性不仅体现在神话、亲属关系等文化现象中,同时也在文化技术方面表现得尤为明显。这种相似,更能够反映出不同社会的文化具有相似的发展阶段。

(二)给"文化"概念下定义

泰勒是第一个全面而明确地为"文化"下定义的人。他所说的文化包括了任何社会的全部生活方式,全部生活方式通常包括两部分,即精神生活方式和物质生活方式,前者包含有信仰结构、价值结构和规范结构;后者则包括人们衣、食、住、行、娱乐、工作等日常生活的实际方式。泰勒试图采用分类的方法来解读文化,并"将自然科学的方法运用于文化现象的研究,主张把文化列出细目,犹如博物学家的动植物纲目一样,分门别类,诸如艺术、信仰、习俗等,要弄清楚它们的地理分布、传播影响、历史范围及相互之间的关

---

① 泰勒:《原始文化》,连树声译,上海译文出版社,1992年版,第7页。

系,一个民族的全部生活细目就代表着我们称之为民族文化的整体。"①从中我们可以看出,泰勒所阐述的文化是一个广义的概念。

泰勒的文化定义有着深远的影响,它至今还被人类学界普遍接受。不仅如此,这一概念也受到后来人类学家的广泛引用,可以说此后人类学家的文化研究,都在其基础上进行定义。如20世纪30年代英国人类学家马凌诺夫斯基便在其名作《文化论》中继承并发展了泰勒的思想,认为"文化是指那一群传统的器物、货品、技术、思想、习惯及价值而言的,这概念包含着及调节着一切社会科学。我们亦将见,社会组织除非视作文化的一部分,实是无法了解的。"他还进一步把文化分为物质的和精神的,即所谓"已改造的环境和已变更的人类有机体"两种主要成分。随后50年代美国人类学家克鲁伯通过对从泰勒提出文化定义的1871年—1951年的80年间文化概念的历史演进的梳理发现,虽然后来的人类学家、社会学家、民族学家、心理学家等给"文化"下了多达164个定义,但他们只是从历史性、规范性、心理性、结构性、遗传性角度作描述或定义,均未突破泰勒把"文化"看成是一个复杂整体的范式。他们仅仅是对泰勒这一文化概念范式进行简单的修修补补,并没有导致其发生革命性的、实质性的变化。②

泰勒给文化下的这个经典性的定义似乎还起到了一种作用,它使人类学界内部关于什么才是文化人类学的研究对象或基本问题的无休止的争论停止了。因为他们普遍承认了泰勒的文化概念范式的科学性,而不需要从第一原理出发为这一概念进行辩护。这样他们就可以静下心来,沿着泰勒所开辟的道路去从事那些更精确、更深奥、更费心力的研究。在古典进化论发展尚未成熟的时期,文化人类学尚处初创阶段时,文化人类学科内部曾存在进化论与退化论的争辩。主张退化论的学者认为,人类文化的早期是一种"半文明的状态",后来,人类向两个方向发展,一个方向朝现代文明人也就是西方人发展,另一个方向朝野蛮人即非西方人发展,进而得出当代一些民族的文化落后是退化的结论。而主张进化论的学者在生物进化论和社会进化论,尤其是达尔文进化论的影响下则认为人类虽处于不同的文化阶段,但本质是同一的,并得出人类社会历史的变化进步是基本的,世界上的所有

---

① 黄淑聘、龚佩华:《文化人类学理论方法研究》,广东高等教育出版社,1996年版,第26页。
② 张琳琳、董亚伟:《古典进化论学派研究范式的形成——对〈原始文化〉的另一种解读》,载《曲靖师范学院学报》,2008年第5期,第77页。

民族及其社会文化都会经历一个逐步的、自然的、向前发展的过程。进化论学者获得了最后的胜利,从而形成了西方人类学界第一个学术共同体,即古典进化论学派。

这一文化人类学流派之所以能在学派竞争中生存下来,是因为这个学术共同体的研究范式有一个鲜明特征:主张用比较研究的方法探寻人类社会的起源和发展历程,认为人类文化与各种动物进化一样,经过较长时间也会产生变化,由较低级的文化阶段逐渐发展到较高级的文化阶段,全世界所有的文化都需经历这种由简单到复杂、由低级到高级的进化过程。古典进化论又称"单线进化论",因为这一学派认为所有的文化都会经历一些特定的发展阶段,由"蒙昧"直线性发展到"文明"时代。而泰勒就是古典进化论的创始人之一,从其"文化"定义中所发展起来的"文化科学"被认为是一座不朽的里程碑,它在运用丰富的民族志资料进行跨文化比较中奠定了文化研究的基础。

(三)在研究方法上的突破

泰勒强调"人类学的当务之急是加强人类学的方法,并将其系统化。"他的重要贡献是:泰勒的人类学研究方法。泰勒采用的研究方法主要有三种,即比较法、残存法和统计法。在下文中,我们将分别加以介绍。

1.对比较法的应用

比较法又称类比法,简单地说,比较法就是比较同类现象和事物,这种方法在18世纪的生物学、地质学和语言学中都被广泛地应用。泰勒在人类学研究中借鉴了这种方法,在前人已采用的比较研究方法的基础上,利用民族志资料,进行跨文化研究,用比较法对各种文化特征进行分类,研究文化的起源和发展,判定文化发展的高低。借鉴的理由在于,他认为遍及世界各地的人类文化存在着相似性;各种文化现象在不同的社会之间,只是在细节上有所差异而已。"甚至在把蒙昧部落同文明民族进行比较的时候,各种不同民族在发展过程中即使有所不同,其区别也难以看出,有时甚至完全一样"。

泰勒主张,比较法的主要做法应当是把文化分为若干组成部分,并对这些部分分类,从那些发展程度或地理位置不同的地区和国家收集相同的信仰、行为和器物,然后进行分类后,每一类别内的资料即可显示出进化轨迹。例如,在研究武器时,我们可以分成标枪、狼牙棒、投石器、弓箭、火枪、土炮,以及现代化武器等,从而一目了然地看出武器是怎样一步步地发展的。

2. 发明并运用残存法

泰勒在《原始文化》一书中提及了"文化遗留"这一概念,这里的"遗留"指的就是"残存"。运用文化遗留来研究文化现象就称之为"文化残存法",即滞留于现存文化中的那些旧的文化现象。泰勒不仅创造了这个术语,还给这个概念以明确的说明:"残存"是仪式、习俗、观念等,它们被习惯势力从它们所属于的社会阶段带入到一个新的社会阶段,于是成为这个新文化由之进化而来的较古老文化的证据和实例。这样,分析研究这些残存物,就可以追溯发展的历史。因此,"残存法"也就是分析研究残存物的方法。这种方法归根结底来源于自然科学。

泰勒将文明社会所具有的古怪的、非功能性的习俗与信仰看成是远古人类的残存物。他指出,"现实中残存着无意义的习惯,它们在当时曾经具有实用意义,至少为了礼仪性的目的而曾经为人们遵守,但当它被移植到新的社会后,由于完全丧失了其原先的意义,于是就成了无聊的旧习。可是根据这种或那种习惯的原来所拥有的,但在今天已经丧失了的意义,我们能够解释用其他方法所不能洞察其意的,一直被认为是完全不可思议的诸习惯。"泰勒甚至认为,残存物是文明进步全过程的路标,它充满着意义,其象征性可以被译解。

3. 对统计法的应用

在文化人类学界,泰勒是第一个主张采用统计法来进行研究的人,在《论研究制度的方法:对婚姻和继承法的应用》中,他从三四百个社会单位中取样,对从夫家居、继承、亲从子称、产翁习俗、外婚制与交表亲婚之间的"黏附"现象进行统计分析。在该文的最后,他写道:"统计学调查是人类学的未来所在"。可以说,泰勒是现代统计学跨文化研究的先驱。他引入了统计学方法研究文化现象的相互关系,在统计的基础上进行比较。他用相关文化要素比较的方法,说明几种文化要素的关系,称之为"黏合"或"相关"。某一种习俗的"相关",从而说明哪些民族有同样的习俗,有哪些习俗与它相伴随,或与它相排斥。

四、关于泰勒的人类学评价

泰勒毕生的研究,就是通过文化科学来倡导进化论,从而提出"文化进化"的认识。泰勒以分期的形式对文化展开研究,但他终究没有明确地划分出进化的阶段。因此,相较于同样持有进化论观念的摩尔根,人类学界对泰勒及其研究的讨论并不热络。尽管如此,在对人类学发展史的研究过程中,国内外的一些人类学家必定会提及泰勒,并对其做出简评。

(一)国际学者的评价

一些人类学家就泰勒的进化论提出了看法。日本人类学家黑田信一郎认为,泰勒在利用丰富的民族志资料进行历史文化比较的过程中,创造了探索文化的基础。他对泰勒的文化进化理念进行了剖析。泰勒以定义概念的形式指出,文化是探索人的思维和行为法则的主题。不仅如此,在人类社会发展过程中,文化的普及来自于一个单一的原因所构成的行为,即文化发展具有相同的原因。在泰勒看来,各种程度的文化都可以被看作是文化进化或发展的不同阶段。黑田信一郎指出,以进化论的立场来倡导文化科学,成就了泰勒文化研究的地位:在同时代的进化论者当中,唯独泰勒的"文化科学"能以其不朽的功绩而闪烁着光芒。

黑田进一步评价了进化论研究。他比较了泰勒与摩尔根的进化论学说,认为二者不仅分析的领域不同,在理论上也存在着相当差异,但是对于触动进化论者的灵感,却神奇般的一致。在黑田看来,这种灵感来自于一种信念,即必须建立一门独立的学科来研究文化和社会的发展。除此之外,黑田信一郎还高度肯定了文化进化论的功绩,他指出,文化进化论使得人们获得了更为准确的知识,同时它也削弱了民族中心主义的观点,使得持有这一观点的社会群体从更广阔的高度来审视自己的位置,且正是因为文化进化论,身处于文化发展高级阶段的社会,才能够承认近代习俗和制度实际上源于蒙昧文化。[1]

美国人类学家杰里·穆尔也评价了泰勒及其研究。提到泰勒的文化进化论,穆尔认为,泰勒的"自然法则"是西方科学领域的准则,他的进化论体现了一种不均衡的决定论。人类的历史是由进步而不是由退化构成的,是经过了由简单到复杂的转化,走过了从野性到文明的轨迹。在泰勒看来,进步在人类社会的任何一个阶段都不曾止步,一些看起来像是倒退的文明,只不过是逐渐从一种无意识的趋向转变成为一种有意识的文化现象。

---

[1] 黑田信一郎:《文化进化论》,载《文化人类学的十五种理论》,凌部恒雄主编,中国社科院日本研究所社会文化室译,国际文化出版公司,1988年版,第10~11页。

穆尔还简单列举了泰勒的文化科学对后世人类学研究的影响。他指出,泰勒的所有贡献之中,他关于文化这个概念的界定是最为不朽的。他的文化概念破除了西方思想的种族论调,通过对于社会生活中一般性规则的描述,给人类生活的比较性研究提供了新的方向。不仅如此,泰勒还形塑了人类学作为一个调查研究领域的发展。他提出了研究者在田野调查过程中可能需要询问的一些问题,影响了一大批学者;他的比较研究方法,先是被很多学者争相效仿,继而又遭到博厄斯及其他美国文化人类学家的猛烈攻击;然而,他关于宗教起源的观点指引了诸如博厄斯等其他人将宗教作为一个系统性的知识来研究,他关于万物有灵的观点仍是对宗教比较研究的一大贡献。①

(二)国内学者的评价

国内学者主要通过著作分析来阐述对泰勒及其研究的看法。在《原始文化》中译本序言②中,刘魁立就泰勒及其研究提出了他个人的看法。他指出,泰勒以进化论为理论基础,对原始民族的诸多文化现象,以及人类文化的发展阶段和过程,进行考察、分析和研究,在民族学、宗教学等学科做出重要贡献,同时也开创了文化学学科的先河。

刘魁立评价说,一个学科的独立存在,要求它有自己特定的研究对象、特定的基本问题、特定的体系和构成、特定的研究原则和方法。《原始文化》一直被文化学史的研究者们视为这一学科的开山之作,原因在于泰勒勾勒了文化学的基本轮廓,提出自己关于文化学的对象、原则和方法等的明确的见解。泰勒不仅定义了"文化",还确定了"文化学"的研究对象。他在《原始文化》一书中,对人类的精神文化现象,特别是宗教信仰等问题,进行了详细深入的独创性的研究,并且阐述了关于文化发展阶段和脉络的见解。

他进一步指出,泰勒大量地运用了民族学已经取得的资料和成就,并且对许多重要问题,提出了新的见解。田野调查这种充满生机的学术实践活动,不仅为他的著作增添了极为丰富的、科学性很强的资料依据,同时这种方法的运用,也使他的许多论述有较强的生命力和切实的说服力。泰勒把

---

① 杰里.D.穆尔:《人类学家的文化见解》(中译本),商务印书馆,2009年版,第23~25页。
② 刘魁立:《中译本序言》,载泰勒:《原始文化》,连树声译,上海译文出版社,1992年版,第1~10页。

比较研究法作为自己的研究方法之一,广泛地加以运用。在对文化现象的发展进行历史研究时,泰勒还广泛地运用由他自己创立的"文化遗留"研究法。

对于泰勒的文化遗留观念,刘魁立认为,这种文化遗留物研究,在某种程度上被其创始人泰勒夸大了。文化学家不仅要研究文化现象当中继承的因素对它的本质有深刻的了解,同时也应该对新生的因素和这些因素的特点、原因、功能等进行深入探索,这也是他无可推诿的重要天职。

刘魁立还就"万物有灵论"提出了看法。泰勒在《原始文化》一书中,把极为丰富的民族学资料运用到宗教史的研究当中,这在建立科学的宗教理论的历史进程中是不可磨灭的功绩。他对万物有灵观进行了十分详细而精微的考察,体系完整、思路开阔、分析精深,是本书最精彩的部分之一。然而由于他特别地热衷于这一问题的研究,所以在一些场合便把万物有灵观认作是大量原始文化现象赖以发生、发展的认识基础了。

除此之外,他还论述了泰勒在文化发展论中透露的缺陷。刘魁立指出,泰勒把文化现象的发展,仅仅归结为文化现象内部因素由简至繁的演进,数量的减少和增加。他不仅没有看到文化现象发展过程中的质变,也极少关心文化现象内部诸多因素间的有机联系和彼此制约。不仅如此,泰勒在自己的研究中,没能揭示历史条件对于文化发展的作用关系,更没有阐明人的物质生产和社会存在对于精神文化所具有的巨大作用。

当然,刘魁立认为,过分地指责泰勒是不公正的。从整体来看,泰勒和他的研究是伟大且具有影响力的。泰勒的《原始文化》作为一部探索文化发展规律的理论著作,它的成就同样是多方面的。他首次在英国建立文化科学的学科体系的基本轮廓,积极倡导文化进化论,因此被后世推崇为文化学的奠基人。他在宗教学领域,开始真正意义的科学研究,涤荡陈见,创立新说,因此他的《原始文化》被宗教研究家们视为宗教学的经典论著之一。在民族学领域、神话学领域创立了所谓"人类学派",至今影响犹在。同样,泰勒的学说在人类学界也颇具影响力。他的学说刚一出世,就引起了学术界的极大轰动。他的《原始文化》很快就被译成多种文字,在国外出版。在英国,在这部书出版的当年,泰勒即被选为英国皇家学会会员。这足以证明泰勒及其学说在人类学史上的地位。

(三) 我的认识

泰勒所处的时代接近人类学产生和发展的初期,他的研究继承了前期启蒙思想家和社会哲学家的进步概念,通过对民族志资料的比较研究,提出了文化进化的理念。泰勒的文化定义说明了文化包含人类行为和社会生活的各个方面,他的研究证明了各种文化要素按照一定的顺序发展,并在人类神话进化阶段中占有自己的位置。这一理念为人类学的文化研究指明了新的方向。同时,泰勒的学说对后来的人类学研究产生了一定的影响,比如他所创立的三种研究方法就在人类学研究者的田野调查过程中得到了广泛的应用。

当然,泰勒的研究也有一定的不足之处。首先,泰勒的进化论将文化的发展变化归因于人类心理的一致性,这显然忽视了客观因素的决定作用。文化是一种在超有机体的时间上持续的事物,它有自己的组织原则和运动规律,并不能单纯地以生物或个人心理来解释和断定它的发展变化。其次,泰勒没有考虑到人类所生存的环境对文化发展的影响。我们知道,越是简单的早期人类,受环境的影响就越直接。由于文化生存环境的不同,人类各民族的文化进化的路线也就不一样。因此,与摩尔根类似,泰勒的进化论学说同样属于单线进化。

参考文献:

[1] 泰勒:《原始文化》,连树声译,上海译文出版社,1992年版。

[2] 黄淑聘、龚佩华:《文化人类学理论方法研究》,广东高等教育出版社,1996年版。

[3] 夏建忠:《文化人类学理论学派——文化研究的历史》,中国人民大学出版社,1997年版。

[4] 张琳琳、董亚伟:《古典进化论学派研究范式的形成——对〈原始文化〉的另一种解读》,载《曲靖师范学院学报》,2008年第5期。

[5] 凌部恒雄:《文化人类学的十五种理论》,中国社科院日本研究所社会文化室译,国际文化出版公司,1988年版。

[6] 杰里.D.穆尔:《人类学家的文化见解》(中译本),商务印书馆,2009年版。

(原载《民族论坛》2012年第12期)

詹姆斯·乔治·弗雷泽列传

[摘　要]詹姆斯·乔治·弗雷泽（James George Frazer，1854—1941）是英国人类学家，晚期进化论学派学者。弗雷泽一生著作众多，其中《金枝》是他的代表作。他沿用了比较研究方法，以人类思想发展的三个阶段作为其进化理论的主要观点，同时他的研究还涉及了婚姻、家庭、亲属制度以及图腾崇拜的起源。这些都是他人类学的成就。在人类学界，弗雷泽具有广泛的影响，他的研究也引发了国内外学者的热议。

[关键词]弗雷泽；金枝；灵魂观念；巫术；宗教

弗雷泽是一个拥有广博学识的人类学家。马林诺夫斯基曾说："他（弗雷泽）的知识博大宽宏。他能与凯尔文勋爵、C. 麦克斯韦尔和 J. J. 汤普森讨论物理学；他对生物学和自然科学的其他分支知之甚多；他的诗文体现出艾迪生和兰姆的笔调。他用希腊文读荷马史诗，用拉丁文读奥维得和维吉尔的诗歌，用阿拉姆语读《圣经》。"①同时，他也是一个时代的象征。尽管弗雷泽的进化理论直到 19 世纪末才开始流传于世，但这并不影响弗雷泽成为古典进化论学派的代表人物。他钟情于探索原始社会的文化，进而着手研究原始人的信仰、习俗和实践活动，并运用进化论的观点来诠释人类思想的发展历程。他的学术理论、研究方法至今仍然值得学习和借鉴。

一、生平简介②

詹姆斯·乔治·弗雷泽（James George Frazer，1854—1941）是英国著名人类学家。1854 年，弗雷泽出生于英国西北部的格拉斯哥，15 岁的时候进入格拉斯哥大学学习，五年后转入剑桥大学。从 1879 年起，弗雷泽成为剑桥大学三一学院的研究员。他在剑桥大学工作了很长一段时间，直到 1907 年受

---

① 马林诺夫斯基：《科学的文化理论》，黄剑波等译，张海洋校，中央民族大学出版社，1999 年版，第 150~151 页。
② 有关弗雷泽生平的材料参考以下书籍汇编：夏建忠：《文化人类学理论学派——文化研究的历史》，中国人民大学出版社，1997 年版；刘魁立：《中译本序》，载弗雷泽：《金枝》，徐育新、王培基、张泽石译，大众出版社，1998 年版，第 13~16 页。

聘成为利物浦大学社会人类学教授。此后，他又回到剑桥大学任教，直至逝世。

弗雷泽原先的专业是古典文学，且他在这一领域也有过不少作品。1871年，英国人类学创始人爱德华·泰勒出版了《原始文化》一书。在阅读此书之后，弗雷泽深受启发。19世纪80年代，他开始对人类学产生兴趣，从此走进了人类学这一学科。泰勒对他的研究影响深远，弗雷泽的毕生都沿用泰勒的比较研究作为其主要学术手法。

詹姆斯·乔治·弗雷泽（James George Frazer，1854—1941）

弗雷泽是一位多产的学者，其一生的著作众多。他在1887年出版了第一部民族学著作《图腾制》，多年后，他重新将这一议题纳入其研究范围，并在1910年出版了《图腾制与族外婚》（四卷本）。1890年，弗雷泽出版了重要著作《金枝》，并在此后很长一段时间里，对这部著作进行了修订和出版。除此之外，他还陆续出版了其他一些著作：1905年出版了《王权的早期历史》；1913年—1924年间，出版了《永生信仰和死人崇拜》（三卷集）；1918年—1919年间，出版了《〈旧约〉中的民俗》（三卷集）；1926年出版了《自然崇拜》（两卷集）；1930年出版了《火的起源神话》；1933年—1934年间，80多岁高龄的弗雷泽还撰写了《原始宗教中对死者的恐惧》（两卷集）。

弗雷泽之所以能创下丰厚的学术成果，源自于他的不懈的努力。作为一个学者，弗雷泽非常勤奋，据说他每天都会在牛津大学图书馆里工作十二小时，且这样的研究习惯长期坚持，风雨无阻，绝少间断。他的勤奋所得也为他在学术界获得了广泛的声誉。1914年弗雷泽受封为爵士，且自1920年起，他成为皇家学会会员和英国科学院院士。同时，他还是法国科学院、普鲁士科学院、荷兰科学院的院士，被巴黎大学、斯特拉斯堡大学、牛津大学、格拉斯哥大学、剑桥大学、杜尔干大学、曼彻斯特大学等多所大学授予名誉教授。

当然，弗雷泽良好的公众形象也要归功于其夫人的活动。弗雷泽本人并不喜好参与公众活动，而其夫人就担负了他所有的日常事务管理。她帮助弗雷泽安排其作品翻译，管理公众来信并打点弗雷泽与其他学者的关系。她的帮助，不仅使得弗雷泽与学术圈内的交流更为顺畅，也使得弗雷泽能够更专注地投入其热爱的学术事业。

纵观弗雷泽的学术历程，我们可以得知，这位伟大的人类学家受到泰勒及其著作的启发而走进人类学。弗雷泽一生勤奋刻苦，著作丰富。其众多的学术研究成果外加其生活伴侣的配合，为他赢得了许多荣誉和声望。

二、主要著作概述

在上文中，我们已经介绍了弗雷泽丰富的学术著作成果。其中，他将大部分的精力投入《金枝》一书的写作过程当中。

《金枝》一书是弗雷泽毕生最重要的著作。从题目上来看，这本书似乎是一部文学作品，然而书中的内容反映出它确实是一部严肃的人类学著作，是弗雷泽研究原始信仰和宗教活动的重要成果。弗雷泽在此书的资料收集和撰写工作中投入了大量精力，且他在编辑出版此书的过程中不断地对其宗教观点进行修正，力求清晰而准确地表达出原始人类的宗教信仰。这部著作先后共有四个不同的版本：1890年第一版《金枝》（两卷集）问世，副标题为《宗教的比较研究》，此时，弗雷泽将巫术归为宗教领域；1900年推出了第二版《金枝》（十二卷），副标题改为《巫术与宗教的研究》；随后，经过十余年的增补与修订，他在1911年—1915年间推出了《金枝》第三版（十二卷集）；于1922年出版的第四版《金枝》（一卷集）则又与第三版相隔近十年时间。[①] 这些增补再版的事实，足以感受到弗雷泽对这部著作的重视。

---

① 刘魁立：《中译本序》，载弗雷泽：《金枝》，徐育新、汪培基、张泽石译，大众出版社，1998年版，第1~25页。

这部著作的题名"金枝"实际上来源于古罗马神话。在罗马附近的内米湖畔,在阿里奇亚的丛林中,有一座森林女神狄安娜的神庙。按照习惯,这座神庙的祭司向来是由一名逃亡的奴隶来担任的。这名逃亡的奴隶一经担任祭司,便不再受到追究。不仅如此,他还有一个十分显赫的"森林之王"的头衔。然而他过的绝不是什么养尊处优的生活,他时刻守卫着在神庙左近长着的一株高大繁茂的圣树。他手持利刃,无日无夜、时刻警觉地看守着这棵树,深恐有人走近它,因为其他任何一个逃亡的奴隶只要能够折取这棵树上的一节树枝,就可以获得同这位祭司进行决斗的权利。而如果在决斗中又能杀死这位祭司,他就可以取而代之,从此成为新的祭司和"森林之王",也过起名声显赫却令人胆战心惊的生活。①

弗雷泽留意了罗马的这一古老的地方习俗,对这一神话进行了全面而深入的探讨和分析。他从神话中提炼出了三个疑问:首先,为何神话的主角能够兼具祭司与神王的头衔? 其次,外来的陌生人为何必须杀死神王才能继任? 最后,在与神王交手之前,为何必须折取金枝? 这三个疑问是本书的主要议题,也是弗雷泽深入探讨"神圣王权"观念的重要部分。

(一)集于一身的双重头衔

原始人对于世间万物有着独特的思维方式,我们必须对此有所了解。弗雷泽认为"交感巫术"就是原始人看待世间万物的逻辑来源。他将巫术思想原则分为"相似律"和"接触律"②,它们也分别对应交感巫术的两种类型,即"顺势巫术(模拟巫术)"和"接触巫术"③。前者建立在同类相生的联想基础上,将相似的事物视为一类;后者则将有过接触的事物看作是相互关联的事物。这样看来,在原始人的逻辑思维中,世间万物,包括自我、他者、动物、植物,甚至风雨雷电、山川河流、日月星辰等无生命的宇宙万物之间,都处于相互联系的网络之中。

在原始人看来,没有任何事物是能够独立存在的。在"同类相生"的原则下,原始人常常以破坏其敌人的偶像来消灭敌人。他们认为敌人与其偶像之间是相互联系的,毁坏其偶像就能使敌人得到伤害。因此,他们制作了

---

① 弗雷泽:《金枝》,徐育新、王培基、张泽石译,大众出版社,1998年版,第1~2页。
② 弗雷泽:《金枝》,徐育新、王培基、张泽石译,大众出版社,1998年版,第19页。
③ 弗雷泽:《金枝》,徐育新、王培基、张泽石译,大众出版社,1998年版,第21页。

模拟敌人形象的物体，并将其破坏，使其敌人得到毁灭。当然，顺势或模拟巫术也会被用来实现良好的愿望。比如，原始人用布包裹石块来模拟婴儿诞生，以求得孕妇顺利生产；让医生在病人面前装出疼痛难忍的样子，来解除病人的病痛；某些部落在仪式中模拟动物偶像，从而求取食物，等等。在顺势巫术中，相似的事物相互关联，"果必同因"。而接触巫术则认为，相互接触过的事物之间，不论是否相互远离，都将保留长此以往的联系，因此，对其中一方进行的举动，其反应也同样会出现在另一方身上。原始人相信，脱离肉体的某些身体部位，如头发、指甲、牙齿，甚至从母体脱落的胎盘等，都与其本身依附的肉体之间存在联系，因此，在此类身体部位上发生的任何事，都将作用于与其相关联的肉体。比如，被敲掉的牙齿上有蚂蚁爬过，那么原本拥有这颗牙齿的人就会遭受口腔疾病之苦；一个人的脐带或胞衣如果得到妥善的处理或保存，那么此人将一生与好运结交。除此之外，由于相信留在武器上的体液与身体中的体液保持者相同的感觉，原始人还认为受伤者和导致其受伤的物体之间存在着某种联系。同时，除了与其本体相联系的食物之外，接触巫术还能通过人们所留下的印迹得到发挥，诸如沙滩上的脚印等。弗雷泽采用详细的民族志资料，借以说明原始人所倡导的"人"与"物"之间彼此联系、相互作用的观念。

《金枝》（1890年）

弗雷泽将人类思想分为三个进化发展的阶段,即巫术、宗教和科学。在巫术阶段,人们认定自然界的一切事物发展都是有其规律的,它是不可避免且不受神灵干预的,巫师的操作必须在顺应相关自然规律的情况下才能得以发挥。

这样看来,巫术与科学的基本概念是一致的,两者在认识世界的观念上都给予了对规律的肯定,它们认定,自然界中事物的演变与发展完全是由规律决定的,而人们可以通过预测和推算规律来发挥自己的作用。在这一过程中,人们会对相互关联的事物做出联想。弗雷泽认为,这是一种极为基本的人类思维活动,且其本身是优越的,它还产生两种不同的思维结果:合理的联想,形成了科学;错误的联想,则产生了巫术。换句话说,在弗雷泽看来,"巫术所认为的规律纯粹是事物规律呈现于人的头脑、经过不正确的类比、延伸而得出的;科学所提出的规律乃是对自然界现象本身耐心准确观察后得出来的"①。换句话说,两者对于规律有着不同的认识。

在巫术阶段,人们渴求用自己的力量来驾驭自然力量的念想破灭,于是原始人开始希望能够通过伟大神灵的能力来实现这一愿望,此时,巫术思想就逐渐被宗教所取代。弗雷泽所理解的宗教,是指"对被认为能够指导和控制自然与人生进程的超人力量的迎合或抚慰"②。原始人不仅信仰超人力量,同时,因对其赋予一定的渴望,原始人还要取悦神灵,并在神灵发怒时采取一定的行动平息其怒火。弗雷泽指出,尽管在原始人的宗教思想中,信仰必定是排在首位的,但是若没有针对信仰采取一定的行动,那么它将成为神学而不是宗教。因此,弗雷泽的宗教观念包含理论和实践两个部分。

相较于巫术与科学的联系,宗教与巫术之间存在着较为明显的差异。两者对统治世界的力量是否具备人格和意识有着不同的看法。弗雷泽指出,宗教认定规律是可以操纵的,宗教中的神灵均是具有意识和人格的行为者,他们具有改变和塑造自然的能力。人们依照这些神灵的喜好来将其劝服,使得事态朝着人们所希望的方向发展。然而,巫术则相信具有人格的事物从属于非人格力量,人们用这种力量强迫或压制神灵,使其按照规定的原则进行。

巫师是非人格力量的操作者。他们除了因个人利益而展示巫术之外,

---

① 弗雷泽:《金枝》,徐育新、王培基、张泽石译,大众出版社,1998年版,第998页。
② 弗雷泽:《金枝》,徐育新、王培基、张泽石译,大众出版社,1998年版,第77页。

通常还为了某个社会的共同利益而施行巫术。在此类称之为"公众巫术"的仪式当中,巫师不仅是巫术执行者,同时还身为公务人员。如果巫师所在的整个社会的利益都依赖于他的巫术,那么巫师在此社会中必然会拥有较高的声望和地位,甚至有可能成为其所在社会的首领或国王。

为什么原始人愿意将权利交付于巫师?我们在上文中已经提到,原始人相信世间万物的彼此联系和相互作用。他们理想中权力的拥有者,就是能够操纵事物的这一特性、使之发挥最大作用的人,而熟谙交感机制和各种规律的巫师恰好就是这一群体。他们凭借知识和能力赢得了治国安邦的权利和责任,并逐渐成为神圣的国王。

然而,巫术毕竟是对自然规律错误的联想,它渴望凭借人类自身的能力来获得操纵和改变。弗雷泽指出,巫术的谬误使之逐渐被宗教所取代,祭司也开始拥有巫师的权利和职责。在这一过程中,原始人对于世界本质的看法发生改变,他们的信仰观念也产生了变化:他们摒弃了直接操纵自然的念想,逐渐从控制自然向臣服于自然转变。

具有双重头衔的"人神",其权力也将受到反向的制衡。以巫师为例,他们拥有可使天降甘霖、阳光普照、万物生长的能力。若是其能力得到正常发挥,人们得到了想要的结果,那么这就是巫师的功劳;若是其能力没有得到发挥或者出现了相反的结果,如干旱、死亡等,则是巫师的罪恶。原始人认为后者的原因在于巫师的玩忽职守和固执己见,他们将因此而获得相应的惩罚。因此,正如古罗马神话中狄安娜的祭司"森林之王",拥有国王头衔的巫师或祭司并不高枕无忧。

(二)杀死神王的理由

无论是在巫术阶段还是宗教时期,王位总是充满着危险。原始人设立了一系列的禁忌来保证神王的安全,使之能为人民庇佑。这些禁忌又是如何起作用的呢?这里就牵扯到了未开化民族的灵魂观念。弗雷泽指出,在原始人的观念中,一个物体能够有生命迹象并且活动自如,其动力来自于这一生命体中的灵魂。原始人认为存在于体内的灵魂并不恒定,它会暂时或永恒地脱离肉体。他们将睡眠看作是灵魂暂时离体的状态,把死亡视为灵魂永恒离体的状态。[①] 为了保证离体的灵魂能够回归并继续存在于体内,原

---

① 弗雷泽:《金枝》,徐育新、王培基、张泽石译,大众出版社,1998年版,第273页。

始人采用禁忌来进行规范。比如,在未开化的民族中,叫醒熟睡中的人是危险的行为,因为此时此人的灵魂不在体内,一旦被叫醒,灵魂来不及回归,他就会遭受疾病之苦;改变熟睡的人的位置或面容也是受到禁止的,原始人认为这会导致无法找到并返回肉体的灵魂长期脱离在外,那么此人的生命就会受到威胁。[1]这样看来,保证灵魂的安全在原始人的信仰中占据着非常重要的位置。除了设立禁忌之外,转移灵魂也能够使之得到保存。在弗雷泽看来,未开化的民族相信灵魂具有可转移的特性,它们能够寄住到另外一个躯体内,这个躯体可以是动物、植物,甚至无生命的物体。

原始人如此努力地保存灵魂,其原因在于他们对神灵给予了一定的期望。我们在上文中已经提到,从巫术阶段到宗教阶段,原始人的思维方式发生了转变。他们不再企图以自身的力量来控制自然,而是转向了对自然的臣服。由此,原始人将所期许的增殖和丰产的愿望寄予在神灵身上,他们对神灵的祈求和献祭,都是基于保证收成并逐年增长的心愿。除了祈求之外,人们还向神灵献祭,以保证丰产。比如,原始社会的猎人会把某种动物献给森林之王,他们将这种动物视为能够获得更多猎物的媒介。因此,人们在神王身上投入了一种增殖丰产的期许。而神王的神圣力量恰好在于让万物生长、代代延续、生生不息。

我们之前已经提到了,为了灵魂的安全,神王会受到许多禁忌的束缚。至于为什么是神王,弗雷泽认为,原始人将整个社会的生命安全与其所信仰的神灵或化身为神的生命联系在一起。然而,随着时间的推移,具有生命力的神王也会变老、衰弱和死亡,一旦神王的能力衰退,人类的生命甚至整个自然界都会陷入危机之中。作为他的崇拜者,原始人希望能够采取相应的措施来应对这一状况。

既然神王的逝去是不可避免的生命现象,原始人认为,若以人为的方式夺取神王的性命,他的能力就会得到保存。因此,他们会在神灵自然死亡或能力衰退之前将其杀死,这样一来,神王的灵魂没有自然消逝,人类的生命安全不再受到威胁。这一点在弗雷泽所提及的很多资料中都能够看出。弗雷泽指出,将灵力减退的神王杀死,而不是让其死于老病,那么"他的崇拜者就能,第一,在他的灵魂逃走时肯定会抓到并将它转给适当的继承者;第二,在他自然精力衰减之前将他处死,他们就能保证世界不会因人神的衰退而

---

[1] 弗雷泽:《金枝》,徐育新、王培基、张泽石译,大众出版社,1998年版,第277页。

衰退。所以，杀掉人神并在其灵魂的壮年期将它转交给一个精力充沛的继承者，这样做，每个目的都达到了，一切灾难都消除了"①。杀死神王之后，原始人将会寻找更有活力的躯体来寄放神王的灵魂。他们相信，将神王的灵魂转移到其他躯体内，可以保存神王原有的能力，如此，人类以及整个自然界的生命也获得了保障。弗雷泽认为这一习俗同样适用于解释内米神话中"森林之王"之死。神话中规定，强壮的人必须杀死原先的王者才能获取王位。这样的继承方式，不仅延续了"森林之王"精力充沛的生命，同时也保证了一旦为王者能力下降，则会有更强的继承者来将其取代。这也就解释了为何要人为处死神王。

(三) 折取金枝

在原始人的思维中，不少事物都具有二元对立的特质，它们不但神圣，同时也充满了危险。槲寄生就是具备这种性质的植物。对于原始人来说，它既是能使神王丧生的工具，也是人们的灵魂寄托。弗雷泽认为前者在神话中表现得尤为明显，他列举了北欧的巴尔德尔神话来加以说明。巴尔德尔是一名善良聪慧、深受爱戴的神王。某一天，他在梦中预见了其死亡的征兆。诸神为了保护他的安全，让世间万物，诸如火和水、铁和一切金属、石块、土壤、疾病、毒药、各种植物、一切走兽、鸟雀和爬行的动物等，都发誓不得加害于巴尔德尔。如此一来，诸神认为巴尔德尔已经不可侵犯，他们向巴尔德尔投射任何物品，这些物品都不能伤害到他。然而，名叫洛基的神灵却从众神口中得知，尽管神的武器和诸多物品都发誓不会杀死巴尔德尔，但是他们遗漏了槲寄生这种植物。由于它长得很小，神灵并没有让它发誓。于是，洛基找到了槲寄生树，将其带到众神面前，交给站在外围、眼睛失明的神灵霍德尔。依照洛基所指的方向，霍德尔将槲寄生树投向巴尔德尔，巴尔德尔被击中，不幸死去。② 在这则神话中，槲寄生就作为致命武器出现了。

槲寄生的灵魂寄托物的特性，与原始社会的灵魂转移观念有着莫大的关系。弗雷泽指出，在选择生命寄托物时，原始人对此物的空间位置有着特殊的要求。在原始人眼中，神王既不能触底又不能见天，一旦触及天地，他们的能力，无论是其毁灭性的力量还是神性中美好的东西，都将会流失，这

---

① 弗雷泽:《金枝》,徐育新、王培基、张泽石译,大众出版社,1998年版,第395页。
② 弗雷泽:《金枝》,徐育新、王培基、张泽石译,大众出版社,1998年版,第855~856页。

必将会威胁到人类以及整个世界的安全。因而原始人认为,神王只能存在于天地之间。从某种意义上来说,槲寄生恰好符合原始人对生命寄托物的要求:它依附于橡树而生长,既不及天也不触地,悬挂于天地之间,是原始人眼中能够远离灾害的生物。

弗雷泽在印度神话中发现了同类的现象。印度神灵因陀罗向魔鬼哪魔西发誓说:既不在白天杀他,也不在夜晚杀他;既不用棍棒杀他,也不用弓箭杀他;既不用手掌杀他,也不用拳头杀他;既不用湿的东西杀他,也不用干的东西杀他。可他在黎明的昏暗中将海水泡沫洒在妖魔身上而将他杀死。[1]与槲寄生一样,这则神话中的海水泡沫正好处于天空与大地之间,是原始人用来寄托生命的物品。

那么,为什么在遭到槲寄生的投射时,寄托在槲寄生中的生命将会丧失呢?弗雷泽认为,在原始人看来,当某一物体将其生命寄托于另一个物体时,两者之间就形成了不可分割的联系。若后者被毁,前者也会随之消亡。比如,橡树之神将生命寄托在槲寄生之上,那么只要槲寄生安然无恙,树神本身也就不会受到伤害。这样就不难理解为何必须折下槲寄生,才能杀死神王。除此之外弗雷泽还推测,继承者必须以槲寄生作为武器才能杀死神王。

总的来说,弗雷泽在《金枝》一书的开篇提出了三个问题,随后他运用大量的民族志材料加以解释。罗杨在解读《金枝》时曾总结指出:"弗雷泽通篇的叙述给人最强烈的印象即是,神王的命运和权威一定要与自然世界相通联,他的生命节律与自然的节律相一致并且呼应,他是自我社会与外部世界的'通道',正是外部世界源源不断地为他注入生命的力量,他才能将这种力量又传导和灌输到社会内部,使万物丰产,而且更重要的是'增殖'。"[2]这恰恰点出了弗雷泽所探讨的原始思维观念,即世间万物相互关联,它们都依照一定的规律而发展变化。在原始人的思维观念中,巫师凭借其自身的知识和能力来掌握和操纵规律;而祭司则通过其所信仰的神灵来发挥其能力。原始人的灵魂观念认为,灵魂能够转移到躯体之外。此时,寄于体外的灵魂才是生命的本质。这一规则同样适用于神王。原始人类非常重视神王的灵

---

[1] 弗雷泽:《金枝》,徐育新、王培基、张泽石译,大众出版社,1998年版,第983页。
[2] 罗杨:《读〈金枝〉》,载王铭铭主编:《中国人类学评论(第9辑)》,世界图书出版公司,2009年版,第256页。

魂,他们为其挑选最不具危害性的寄托物,且在神王的能力下降时,他们甚至不惜杀死神王的躯体,转移神灵,从而保证人类的安全,并继续发挥神王增殖丰产的能力。

弗雷泽还在认识原始人的思维方式上做出了提醒。他指出,"我们是在被魔法封锁了的境域内行走的,要注意别把横在前进道路上的或回旋在我们头上透过阴暗向我们叽叽喳喳的一切朦胧的形象误认为真实可靠的东西。我们决不可能做到完全符合原始人的观点,用他们的眼光看事物,我们的心也按激动他们的那种情绪而跳动。因此,我们有关原始人及其习惯的一切理论都必然是很难准确的,我们最多只能期望合理程度内的可能而已"①。也就是说,除了理解之外,我们还必须正确对待原始文化。

三、主要成就与贡献

弗雷泽的研究具有几个比较突出的成就。从研究手法上来看,他沿用了前人的比较研究方法;对人类思想发展阶段的剖析,是他最具进化论特点的研究;除此之外,他的研究还涉及了对婚姻家庭、亲属制度的讨论,以及关于图腾崇拜起源的推测。不仅如此,弗雷泽的研究在人类学界还颇具声望,不少人类学家的研究都受到其思想的启发和影响。

(一)沿用比较分析方法

弗雷泽之所以踏入人类学界,是因为他受到了爱德华·泰勒的影响。在研究过程中,弗雷泽继承了泰勒的比较研究法。阅读其著作,我们不难发现,弗雷泽通常会大量运用民族志资料,在这些民族志证据中实现科学的直感,向我们提供了巫术、宗教、亲属关系和图腾制度的事实和真相。比如在《金枝》一书中,他就在原始民族的习俗当中寻找与神话情节契合的部分。在此过程中,他运用世界各地的民族志资料进行跨文化研究,从而在不同文化中寻求具有相同特征的文化,在比较中研究文化的特性。

(二)提出人类思想进化发展的三个阶段

弗雷泽将人类思想的发展分为巫术、宗教和科学三个阶段。这是最能体现弗雷泽进化观的理论。巫术阶段视为人类学思想发展的初期阶段。在

---

① 弗雷泽:《金枝》,徐育新、王培基、张泽石译,大众出版社,1998年版,第995页。

此阶段,巫术观念占统治地位,尚未有精灵和神灵的观念,人们认为,只要遵循一定的仪式和程序,就可以控制超自然,主宰自然,获得一切。关于巫术,弗雷泽将其分为顺势巫术和接触巫术两类,他们分别由相似律和接触律延伸而来。前者根据"同类相生"的相似理念而建立;后者则根据事物的解除关系而建立。然而弗雷泽将巫术视为对事物关系错误的联想,在这种思维方式下,熟悉交感机制的巫师相信能够凭借自己的力量来操纵自然界的既定秩序,从而克服艰难险阻,为自身谋求福利。随着时间的推移,巫术的缺陷愈加明显,它开始被宗教所取代。在宗教阶段,神灵具有超人力量,人们开始借助神灵来祈求安全和丰产。因此,宗教把世间万物的更替解释为本质像人,而能力无限超过人的神的意志、神的情感或愿望所规定的。然而,这样解释又令人不能满意,因为它假定自然界的活动,其演变更迭,不是取决于永恒不变的客观规律,而是在一定程度上变易无常的。这一错误观念,使得宗教逐渐被科学所取代。

弗雷泽进一步阐述了巫术、宗教和科学三者之间的异同。他认为科学与巫术的共同之处在于两者都相信一切事物都有其内在规律。然而,巫术所假定的事物规律与科学以之为基础的那种事物规律之间,存在着很大的差异。巫术所认为的规律纯粹是事物规律呈现于人的头脑,经过不正确的类比、延伸而得出的;科学所提出的规律乃是对自然界现象本身耐心准确观察后得出来的,其内容更为丰富翔实,方法更为健全。而宗教则认为规律是可变的,且只有有意识和具有人格的神灵才能成为统治世界的力量。为了进一步说明三者之间的关系,弗雷泽分别用黑、红、白三种不同颜色的纺线来类比人类思想的三个阶段,指出人类思想的发展建立在这三种纺线交织的网络中。

(三)关于图腾崇拜起源的研究

弗雷泽关于图腾崇拜起源的理论是他在著述他的巨著《金枝》的过程中创立的,也是他总结这一时期许多学者研究原始部落的万物有灵观念的结果。这一假设实际上是威尔金理论的变体。弗雷泽注意到世界各部落中普遍存在灵魂转移的观念,即人的灵魂有时可以出现在体外和附入到某种动物、植物或无生命物体中。据弗雷泽的意见,这种观念的残迹可以在俄罗斯关于长生不老的卡谢伊的传说中找到,传说卡谢伊的灵魂附在鸭蛋上,而鸭蛋的灵魂又附在鸭身上等。在澳大利亚人的信仰中,人的灵魂可以出现在石质或木质的丘林噶上。弗雷泽由此得出结论，图腾制度似乎是原始人试图保证自己安全，保全自己生命的制度。因为，虽然一个人的灵魂保存在一个动物身上，但究竟保存在哪一个动物身上，人们是不清楚的，所以，为了保全附在动物身上的灵魂，便对该种动物实行禁忌。

（四）对婚姻、家庭和亲属制度的探讨

弗雷泽在这一方面的研究主要体现在其《图腾制和族外婚》一书中。他认为无论原始人还是文明人，都有配偶陪伴需求，也有生育需求。所有这些需求都要通过婚姻制度的整合和实施才能得以满足。这是对婚姻和家庭的一种定义，也是对婚姻和家庭起源问题的回答。自从文化发端之始，家庭就一直是使人类众多基本需求得以满足的制度。这是一种主要基于生育需求的制度，但也与食物的生产、分配和消费直接相关。这是使文化得以延续，使传统得以由老辈传给幼辈的制度。习俗、秩序和权威都体现在家庭里。人类及其艺术和工艺，更复杂制度的各个方面的进化，都要参照诸如亲属如何产生于家庭纽带，氏族关系如何发展，单个家户如何整合成地缘群体等问题来考察。弗雷泽也接受摩尔根关于原始杂婚和婚姻进化的理论，他相信人类曾长期地实行随意的结偶婚媾，他假设在某一个进化阶段或时刻发生了一些事情，让人们认识到最好防止某种形式的婚媾。为说明这一点，弗雷泽做了两个假定。第一条是出于某种原因，某个原始部落中的智者得出了乱伦和杂婚有害的结论。弗雷泽放弃了原始人能想象乱伦会有任何有害后果的可能性。他甚至认为科学难以证明生物学上的乱伦有害。因此，他得另找原因。弗雷泽于是假设一种迷信的存在，认为乱伦有害于自然的丰产性。这一信仰后来演变成部落的法则。关于这一点，弗雷泽指出，这一想法无疑首先形成于几个比凡人更有睿智和实际能力的人的脑海。他们又通过权威和影响说服族人将其付诸实践。因此，弗雷泽对婚姻的发展做出了如下的推论：首先，存在一个原始杂婚时期；其次，基于迷信而产生对乱伦的嫌恶；再次，为消除这种迷信恐惧，社会组织设计出一种极为复杂的、分成半偶族、氏族和婚级的制度；最后，这些都被原始立法者动议实施。

（五）弗雷泽的研究所产生的影响

这一部分不属于成就，但是对于弗雷泽的学术贡献来说非常重要，他的研究视角、理论、研究方法对当时以及后世人类学家产生了重大的影响。据

马林诺夫斯基列举,20世纪40年代之前的民族志实地调查一直处在弗雷泽建议的影响之下,如由A.C.哈登与W.H.R.里弗斯,C.G.塞利格曼和C.S.迈尔斯合作率领的剑桥探险队对托雷斯海峡的著名考察;朱诺德、罗斯科、史贤斯、戴尔、托戴伊和拉特雷在非洲的调查,等等,都是在弗雷泽的精神指引下开展的。法国社会学年刊在主导和居高临下的人物杜尔干领导下,由雨伯特和莫斯、列维布·留尔、布格勒和范·杰内普所实现的最初和最后的贡献,如果离开弗雷泽的激励和成就则不可思议。在德国,冯特、索恩瓦尔德、普利乌斯及其他许多人的成就,也是基于弗雷泽的贡献。在英国,像韦斯特马克和克劳利、G.默里以及J.哈里森、S.哈特兰和A.朗格等作家,都从弗雷泽那儿得到提示。牛津大学马雷特的光辉睿智形象,是弗雷泽理论在一个更为精致入微却较少原创和综合层面上的投影。除此之外,弗雷泽还曾经影响过A.弗朗斯、伯格森、汤恩比和O.斯宾格勒等人物。

与其他任何作者相比,弗雷泽不仅使民族志证据更为现成,而且更多地激励了历史学和心理学、哲学和伦理学领域的先锋思想家。

四、对弗雷泽的评价

作为一名人类学家,弗雷泽具有丰富的著作以及鲜明的学术成就,同时他在学术界还颇具影响。对此,国内外学者会有怎样的评价?在这里我们列举一二。

(一)国际学者的评价

在《詹姆斯·乔治·弗雷泽爵士:传记评价》一文中,马林诺斯基对弗雷泽及其人类学研究做出了较为全面而广泛的分析。

马林诺斯基认为,弗雷泽的性格影响着其人类学研究,悖论的格调充斥在他的个性、教学活动和学术著作之中。弗雷泽的个性矛盾而反复,他无法容忍个人冲突,也对学术争论没有丝毫的兴趣。他的理论观点和一般偏见的狭隘和执拗的程度,与其开阔的视野和广泛的兴趣之间并不平衡;他在研究过程中不断修正个人观点,力求避免理论与事实证据相冲突。弗雷泽糟糕的说服能力与其出色的启发和转化他人的能力形成强烈的对比:在教学方面,他的临场授课表现并不出色,甚至于乏味,且他完全避开学术争论和公开讨论,使其无法在辩论中呈现观点清晰、逻辑明确的论说;然而其文字成就却颇为显著,他的文章带有鲜明的观点,不仅在人类学界有着创造性的影响,同时还激励了其他相关学科的先锋思想家。

马林诺斯基进一步指出,解释弗雷泽悖论的关键在于认识到他的心智乃是优点与缺陷的特殊结合。他不是一位辩论家,甚至或许不是一位长于分析的思想者。而在另一方面,他又被赋予两种伟大的品质:一是艺术家创造自己的有形世界的能力;二是真正的科学家对于有关与无谓、根本与次生的直觉辨别力。一方面,弗雷泽的风格魅力来源于第一种品质:将一系列枯燥的民族志证据重塑为戏剧性叙述的能力;为遥远的异邦和异文化创造影像的能力。读了弗雷泽对某一文化的描述后再身临其境,我们就能最充分地赏识这些文化。另一方面,弗雷泽的经验性感觉来源于他的科学秉性。这使他注意搜求民族志文献,从中提取的证据经常把他原先的设想吞噬净尽,却向我们提供了巫术和宗教、亲属关系和图腾制度的事实和真相。这些处于相关场景中的真实景象活灵活现,伴随着人类的欲望、信念和利益而栩栩如生。可见弗雷泽确实具有罕见才能,他能将粗略积累的广博知识构筑成令人叹为观止、其中蕴含许多理论的证据大厦。这些理论后来被别的学者整理成文。在古典进化和比较学派的多数作品中,冗长乏味的民族志资料足以令我们窒息而死。然而就马林诺夫斯基看来,经过弗雷泽的整形,这些理论却使《金枝》生动活泼,《图腾制和族外婚》有趣有益,并使《旧约中的民俗》成为一部人类学的传奇。①

马林诺斯基还谈及了弗雷泽在人类学界的影响力,在他看来,弗雷泽是人类学一个时代的代表,这个时代随着他的去世而结束。综观他所有直接的理论贡献,可以说他是一名对"原始人"感兴趣的进化论者,不论这是指广义的人类,还是指当代"野蛮人"的特殊信仰、习俗和实践。他用比较方法进行研究,收集和检验从世界各地、处在所有发展水平上和所有文化中的证据。比较方法与进化方式的结合就意味着特定的普遍假设:人在本质上相似;他们从原始水平经过各个进化阶段而逐步发展;通过基于对可比资料广泛考察的归纳,就可以发现他们行动和思维的共同尺度。在此,遗存的概念对于进化论者非常重要。它是理解变换之中的延续的钥匙,同时也是连接各个进化阶段的环节。在某一阶段显得强烈和流行的某种信仰,到了下一个更高的阶段就变成了一种迷信。群婚或杂婚的实践不复存在后很久,婚

---

① 马林诺夫斯基:《科学的文化理论》,黄剑波等译,张海洋校,中央民族大学出版社,1999年版,第155页。

姻和亲属形态仍可固化在称谓里作为语言用法而留存。沿着不同的发展阶段逐步追溯,我们就看到了最原始的阶段,即人类制度、风俗和观念的"起源"。

在马林诺夫斯基看来,弗雷泽从未发展出对进化原理的任何完整理论阐述。在他的著作中,我们不能找到对诸如"起源""阶段""遗存"等概念的任何精确定义,也没有任何图式能让我们估量他曾经如何想象进化的过程或"进步"的驱动力。然而,只要阅读其著作中的详细介绍,就能看出他研究中采用的所有这些概念和不断使用的进化和比较的理解图式。

不仅如此,马林诺夫斯基还认为,弗雷泽深深沉迷于对人类信仰和实践的心理学解释。他解释巫术是观念联想的结果。他对图腾起源提出的三个连续假说,即对"灵魂外在""巫术诱致生育"和"动物转世投胎"的信奉,基本是受到个体心理学的影响。因此,若了解他对待禁忌、图腾制度,乃至对待巫术、宗教和科学的方式,则能看出弗雷泽在阐明其理论时几乎很少意识到社会心理学问题的存在。弗雷泽本人对心理分析怀有深刻敌意,而行为主义又从来没有进入他的话语体系。[①]

马林诺夫斯基肯定了弗雷泽在作品中展现出了大量的才能。首先,《金枝》就是一部有关原始人与自然的关系、早期政治组织、禁忌和其他法律规则等问题的百科全书。书中,弗雷泽所使用的民族志资料不仅包含其重点探讨的主线问题,同时也照顾到了各个理论分支。如此,这部著作也就显得更为丰满,且蕴含和揭示出比理论阐释更为全面和可靠的内容。其次,弗雷泽在《图腾制和族外婚》中表现出的艺术才能,以及他在民族志证据中实现真正综合的科学直感体现得淋漓尽致。弗雷泽将图腾信仰和仪式置于各个部落的社会和政治组织的场景之内,为读者展示了原始社会的经济和社会组织、法的观念和普通信仰,甚至军事活动和仪式性生活等的轮廓。由于它对一系列部落文化都做出了比任何著作都更易读、更吸引人和更完整的描述,马林诺夫斯基将《图腾制与族外婚》一书视为人类学入门的最佳读物。而与此书相比,马氏认为,三卷集的《〈旧约〉中的民俗》和弗雷泽后来关于永生的著作,在前后关系的处理上相形见绌。即使这样,弗雷泽的艺术才能和他对整体和综合的偏爱也使得他的作品赏心悦目并富有教益。当然,马氏

[①] 马林诺夫斯基:《科学的文化理论》,黄剑波等译,张海洋校,中央民族大学出版社,1999年版,第157页。

还特别提及了弗雷泽《心灵的任务》而在后来以"魔鬼的辩护者"为题再版的书籍。它的主要论点在于巫术和宗教信仰与人类的一些基本制度的关系。书中,弗雷泽逐一列举政府、私有财产、婚姻和对人命的崇敬为例,说明"迷信"在多么久远之前就促进着这些制度的建立和发展。他处理的是道德观念而不是科学观念。对善与恶、迷信和理性知识的区分占据了论证的大部分篇幅。马氏认为,从某种意义上来看,这部著作可以算得上是弗雷泽对人类进化理论的最有雄心和最富创意的贡献。①

除此之外,马林诺夫斯基还致力于就弗雷泽提出的具体理论做出了批评性质的分析,他的理念颠覆了弗雷泽原有的论述,并从某种意义上对其论述进行重塑。他首先指出了弗雷泽在论证巫术和原始法理上的矛盾。弗雷泽认为,巫术来源于原始人的一种基本观念。这种观念属于对交感机制的反映,且它分为相似律和接触律两种自然法则。马氏认为,在现代人类学的知识之光下,这一巫术理论不能自圆其说。原始人的世界观理论已经意识到自然过程的科学法则,弗雷泽在《金枝》的结尾也提到了这一点。而在《金枝》开篇,弗雷泽在原始自然观和原始行为的基础上谈论巫术的特点。这就使得弗雷泽的论证产生了矛盾。实际上,弗雷泽所证实的既不是其站不住脚的联动原理误用这一巫术理论,也不是三种思维方式的发展理念,而是科学、巫术、宗教一直控制人类行为的不同状态这一可靠而正确的观点。马氏指出,弗雷泽已经表明它们是共存而又有实质、形式、功能差异,而真正的问题在于如何确定它们对人类社会的作用以及它们的心理、社会和实用的基础。

进一步地,马林诺夫斯基依照弗雷泽整理材料的直觉,而不是依照他明确陈述的观点,运用弗雷泽的证据和其中所包含的原理梗概,形成一个关于知识、巫术和宗教的理论。他的一个推论指出不同进化阶段和不同气候之中的人都拥有基于经验和常理的知识。甚至原始人最简单的技术,如火的制取、器具和居所,都意味着关于材料的知识和准备及使用材料的程序,它们的合理性因其有效性而存在。因此,马林诺夫斯基认为,知识在人类与环境的关系中起着主导作用。知识是原始人得以生存的主要依靠,离开知识或对知识的严格遵守,文化难以幸存。马氏指出,知识是文化发展的支柱。社会的、专门的知识和对技术的掌握,也是领导权和声望的基础。知道如何

---

① 马林诺夫斯基:《科学的文化理论》,黄剑波等译,张海洋校,中央民族大学出版社,1999年版,第159~161页。

组织群队并指导它从事狩猎、旅行、转移营地和远途贸易探险的人,就是天然的领导者。如同我们所知,早期政治的难题不能只靠诉诸巫术、宗教,或任何其他"迷信"来解决,还必须考虑人的知识、人的实用利益,并将这些组织成集体的操作。①

而巫术则在人类要行动而知识又没有效用的条件下出现,比如原始人不能操纵天气。经验告诉他,他不能用手去创造阳光、风雨、冷热,无论他如何不懈地思考或观察这些现象。于是,他们使用巫术来获得改变。同样的,面对疾病,原始人只掌握了人体健康最基本的知识。而在其知识体系之外,巫术的理论给出的解释能起作用,因为它们能将不可抗拒的生命现象转换成人类意志的操控。如此,强烈憎恨疾病又渴望奇迹的愿望使人类相信巫术能够采取有效措施,帮助人体抗御疾病。因而,巫术具有实用和社会的双重特性。马林诺夫斯基从中指出,构成巫术的心理学基础的不是观念联动,不是同类相生,也不是持续接触,而是对目的和结果的假定和确认。他列举巫术作为心理动力在社会、农业乃至战争中所发挥的作用:在社会方面,巫术作为领袖的精神对应,有助于通过纪律和秩序的引入来整合行动着的群体。在农业中,巫师能成为领袖,主要还不是因为他激发了迷信的敬意,而是他给劳作者的担保:只要遵从他的禁忌和法令,他的巫术就能在他们努力的实际结果之外,再加给他们一份超自然的收益。而战争巫术以必胜的信念激励战士,使他们的勇气更为有效,并使他们以更饱满的热情追随其领袖。②

其次,宗教与巫术之间也并不像弗雷泽所陈述的那样,它们的差异或许并不是源自人类对整体宇宙在本质上不同的态度。马氏指出,两者的区别表现在对象的不同:宗教与人类生存的终极问题相关,而巫术则通常围绕专门、具体和细节的问题;宗教关注的是死亡和永生。它以一种综合抽象的行为崇拜自然力,把人的自我调节转交给上苍的统治。此外,巫术、宗教和科学的区别还表现在对象、精神过程的类型、社会组织,以及它们的实际功能上。各自都有自己的明晰区分形式:巫术表现为仪式、行为和咒语的某种结合,它不是通过观察和经验向人展现,而是基于神话般的奇迹;宗教采取的

---

① 马林诺夫斯基:《科学的文化理论》,黄剑波等译,张海洋校,中央民族大学出版社,1999年版,第164页。
② 马林诺夫斯基:《科学的文化理论》,黄剑波等译,张海洋校,中央民族大学出版社,1999年版,第165页。

形式则是公开或私下的仪式、祈祷、牺牲和圣礼;科学则体现为技术,基于观察并包含在理论概念和后来的知识体系中。由此,马氏认为,进化作为信仰或活动的一种类型向另一种完全不同类型的转变是不可接受的,必须把巫术、宗教和科学作为人类社会中、组织化的崇拜和行为中,以及人类心理中的能动力来考察。①

马林诺夫斯基赞同弗雷泽关于人类文化基于生物性要求的理念,他补充说明,在通过文化手段满足基本的生物需求中,人又把新的因素加之于自己的行为,亦即发展出新的需求。原始人必须在知识的引导下,调动和组织工具、人工制品和食物生产活动。由此,对于原始科学的需求,必然出现于文化的初级阶段。人类行动必须由确信成功的信念引导,这个信念越强,努力的组织和实施就越有效。因此巫术作为满足这一标准化乐观主义需求的活动类型,对于人类行为的有效性就必不可少。而一旦人类发展出建立知识和预测系统的需求,他必然会去探寻人类的起源、命运,以及生命、死亡和宇宙的问题。因而,作为人类建立系统和组织知识的需求的直接结果,宗教的需求也就会出现。科学、宗教和巫术的起源既不存在于某个单一观念、群体信仰和特殊迷信中;也不存在于个体或群体的某个具体动作中。所谓起源,我们指的是各种原初或持久的条件,它们决定文化既定反应的发生。这些受制于科学决定论的条件也确定了动作、设置、习俗和制度的本质。所谓确立的基本生物性对组织化活动的需求,我们指的是食物的找寻或生产、配偶和婚姻的组织、房屋的修建、服饰、基本工具和狩猎武器的制作等。至于说到文化中的教育、经济、法律和政府等方面,作为集体和协作活动不可缺少的因素,这些组织形式和活动类型是被加之于原始人的。这样一来,也就能够理解科学、巫术和宗教是如何在人类社会中发挥作用了。马林诺夫斯基也提出了他以探寻起源来分析文化现象的理念。他指出,这不仅涉及人类的生物特性,同时也与人类和环境的关系相关联。②

(二)国内学者的评价

在《文化人类学理论流派》中,夏建忠从进化论的角度提出了他对弗雷

---

① 马林诺夫斯基:《科学的文化理论》,黄剑波等译,张海洋校,中央民族大学出版社,1999年版,第166页。
② 马林诺夫斯基:《科学的文化理论》,黄剑波等译,张海洋校,中央民族大学出版社,1999年版,第167~168页。

泽的看法。他比较了弗雷泽与泰勒的进化论观点,指出两者对人类思想发展理论的不同理论。尽管泰勒划分了巫术、宗教和科学三者之间的区别,并认为在文明社会中,科学在思想方式上占据统治地位,但他并不否认三者在人类文化的某一阶段能够同时存在。而弗雷泽则将巫术、宗教和科学进行排序,认为人类的思想就是依照这样的顺序进化发展的。①

黄淑聘和龚佩华在《文化人类学理论方法研究》一书中也提及了弗雷泽关于人类智力的三个阶段的理论,并概括了每一个阶段的人类思想,他们归纳说:巫术给予对因果过程的规律性的歪曲概念,企图用技术动作控制其结果;宗教用祈祷方式要求神灵的帮助;科学使人类回到经过改正的因果原则上来。除此之外,黄淑聘和龚佩华也发现了弗雷泽研究的不足之处,他们认为,尽管弗雷泽沿用了泰勒的比较研究法,但无论是在理论或是研究方法上,弗雷泽都没有推进前人的研究。弗雷泽在《金枝》一书中将人类原始社会的文化现象与生产实践和社会生活割裂开来,而仅仅把它们视为人类纯理性活动的产物。②

在《金枝》的中译本译序③中,刘魁立对弗雷泽及其著作做出了较为详尽的评价。他认为,尽管弗雷泽的研究涉猎广泛,但是他的主要观点和研究方法仍然没有超越泰勒等人类学研究前辈,即他的研究并没有在前人的基础上更进一步。刘魁立指出,泰勒在其《原始文化》《人类学》中尚且能够从精神文化、物质文化、社会关系等不同方面去探讨和认识原始民族。弗雷泽却把自己的注意力仅仅集中于原始宗教、巫术、仪式、原始人的心理等方面。对于物质文化和原始社会的经济关系等,几乎全无涉猎。这就使他在寻找宗教源头的过程中,将自己圈限在原始人个体的主观活动的半空中,脚跟始终不能稳健地站在人类社会实践活动的坚实而广阔的土地上。他不仅没有克服反而更加加深了泰勒等学者人类学派理论家的严重错误,原始人的诸多文化现象单纯归结为人类纯理性活动的产物。

刘魁立对比了泰勒、罗伯逊-史密斯与弗雷泽的研究,指出早期人类学家已经对宗教起源问题做出探讨,并得出具有深远意义的结论。泰勒认为,

---

① 夏建忠:《文化人类学理论学派——文化研究的历史》,中国人民大学出版社,1997年版,第49页。
② 黄淑聘、龚佩华:《文化人类学理论方法研究》,广东高等教育出版社,1996年版,第42页。
③ 刘魁立:《中译本序》,载弗雷泽:《金枝》,徐育新、汪培基、张泽石译,大众出版社,1998年版。

宗教的起源在于原始人的万物有灵观。罗伯逊－史密斯认为仪式活动奠定了宗教的基础。罗伯逊－史密斯的论点，否定了泰勒仅仅把原始人的思维作为观察问题的出发点的做法，他把原始人类的社会集体活动看得更为重要。但应该说，他也有一个严重的局限，就是他同样把人类对于客观世界的实践活动搁置在一边了。弗雷泽没有站在这两位先行者的任何一方，而是提出了第三种观点。然而遗憾的是，他并没有克服泰勒和罗伯逊－史密斯的最根本的局限和缺点。弗雷泽虽然提出宗教的起源在巫术，但是他又在巫术和宗教之间，从本质上划了一道鸿沟。然而在现实当中这种本质上的鸿沟是并不存在的。刘魁立指出，即使是弗雷泽本人在叙述里也不总能随心所欲地划清巫术和宗教的界限。

　　刘魁立还提及了弗雷泽的学说在时代中所发生的变化。他认为，随着时代的前进和科学的发展，弗雷泽的许多观点和结论已被历史淘汰了。由于他的世界观和历史观基本是唯心主义的和形而上学的，所以在许多问题上他没有也不可能站在当时时代发展的前沿。除此之外，他还指出，弗雷泽关于许多问题的结论，好像都是因果颠倒。比如，在弗雷泽看来，祭司的职能与帝王的权力的结合，仅仅起源于一种信仰、一种观念，即信某个人的灵魂的健康与否，直接影响着自然界和社会的兴衰，因此为了社会的利益，便要针对这位重要人物采取种种巫术手段，时日既久，巫师或祭司便发展成为帝王。弗雷泽通过他所选择的实例和他从一定的角度所作的解释，使这一似是而非的结论具有了令人信服的表象。但在刘魁立看来，在这一过程中起主导作用的不是巫术信仰，而是来自于世俗社会的因素，如财产分配等。

　　除此之外，刘魁立还指出，弗雷泽在陈述过程中，常常出现变换观点的现象，甚至有时就一个问题同时做出几个彼此矛盾而不相容的答案来。比如，有关篝火仪式的两种理论"太阳说"和"净化说"正是其观点多变的反映。弗雷泽一方面认为篝火仪式起源于太阳崇拜；另一方面又指出原始人对火的崇拜首先出于把它看成是一种可以净化一切的伟大自然力。[①]

（三）我的认识

　　随着时代的发展，我们不难看出存在于弗雷泽研究中的缺陷。首先，在

[①] 刘魁立：《中译本序》，载弗雷泽：《金枝》，徐育新、王培基、张泽石译，北京：大众出版社，1998年，1–25页。

解释人类社会文化现象的时候,弗雷泽只考虑文化现象的发展顺序,而不考虑文化现象的其他联系和规律,为了充实自己的发展顺序,在没有全面和充分地考察各民族社会文化状况的情况下把它们放在它们发展中的某一阶段,从而成为别人攻击的把柄。其次,弗雷泽的进化观表现出了非常明显的"欧洲中心主义"。他在著作中把欧洲的文化当作人类社会文化发展的最高阶段,而把其他民族的文化冠以原始、落后的帽子,因而不免有欧洲中心主义的思想;最后,弗雷泽把人类社会文化发展阶段的一致性和在不同的时代和不同的地点出现相同文化现象的原因归为人类心理的一致性,这显然是忽视了生产、生产力和生产关系、地理和生态环境等客观因素的作用。

然而,弗雷泽的研究也存在值得我们借鉴的地方。他的著作不但具有文学色彩,同时也不失作为民族志所具备的基本内容。弗雷泽以杰出风格和启发性艺术才能展现和提供给我们的材料,是我们能够长期学习和借鉴的基础。对那些从民族志材料中汲取灵感和间接证据的学者,它的用途可能会更大。弗雷泽终其一生苦心孤诣地献身于科学真理,献身于理解原始和文明的人性,这使他的著作在本质上可靠和真实,这也使他的著作常常具有超越性,在许多最根本的观点上超越他直接的理论思考。

参考文献:

[1]马林诺夫斯基:《科学的文化理论》,黄剑波等译,张海洋校,中央民族大学出版社,1999年版。

[2]刘魁立:《中译本序》,载弗雷泽:《金枝》,徐育新、王培基、张泽石译,大众出版社,1998年版。

[3]弗雷泽:《金枝》,徐育新、王培基、张泽石译,北大众出版社,1998年版。

[4]罗杨:《读〈金枝〉》,载王铭铭主编:《中国人类学评论(第9辑)》,世界图书出版公司,2009年版。

[5]夏建忠:《文化人类学理论学派——文化研究的历史》,中国人民大学出版社,1997年版。

[6]黄淑聘、龚佩华:《文化人类学理论方法研究》,广东高等教育出版社,1996年版。

(原载《民族论坛》2013年第2期)

马塞尔·莫斯列传

[摘 要]马塞尔·莫斯(Marcel Mauss,1872—1950)是法国著名的人类学家。凭借其渊博的学识和非凡的能力,他为法国人类学做出了重要的贡献。莫斯擅长与其他学者合作,但也拥有其独立作品。《巫术的一般理论》和《礼物》是其代表著作,在两部作品中,莫斯分别强调了整体社会事实和提出了社会交换理论。莫斯的研究引起了国内外学者的关注,他们在评价其学说的基础上给出了各自的论述。

[关键词]莫斯;礼物;社会交换;整体社会事实

马塞尔·莫斯是法国年鉴学派继涂尔干之后的又一领军人物。他是一位胸襟宽广的人类学家。在法国年鉴学派遭到重创的时期,莫斯挺身而出:他花费大量心血整理和出版亡友的遗作;通过近十二年的努力来重塑《社会学年鉴》一刊在法国学术界中的地位;开展大规模的民族志调查,并在法国的大学中普遍设立民族学研究所,等等。在莫斯的努力下,法国社会人类学得到了重整。而莫斯所做的这一切,则是不惜搁置个人研究为代价倾力完成的。

马塞尔·莫斯(Marcel Mauss,1872—1950)

身为学者,莫斯还拥有渊博的学识和超群的能力。他擅长使用文献资料,尽管他的作品中大多采用前人所获得的成果,但莫斯并不是一位异想天开或眼界狭窄的学者。相反,他将这些资料加以整合,并利用它们来验证其观点。埃文斯－普理查德曾经评价道:"利用足够翔实的文献资料,莫斯没有离开他在巴黎的寓所就实现了这一目标。他潜心钻研民族志资料以及一切可供利用的语言学素材;但是,他之所以能够成功,则完全因为他同时也是社会学方法的大师。莫斯就像一位深入乡野的人类学家那样工作,以训练有素的心智,投入到那些原始民族的社会生活中去。他不仅观察他们的生活,同时也经历了他们的生活。正因为如此,我们社会人类学家,也都把莫斯视同我们当中的一员。"①从这些方面来看,他是一个相当成功的书斋式学者。

一、生平简介②

马塞尔·莫斯(Marcel Mauss,1872—1950)是法国著名的人类学家,现代人类学理论的重要奠基者。他渊博的民族学知识以及卓越的洞察能力,使得他在人类学研究的多个领域中做出了开创性的贡献,是20世纪人类学史上的一个关键人物。以下仅对莫斯的求学经历以及走进人类学后的学术生涯做一个简要的介绍。

1872年,莫斯出生在法国一个正统的犹太家庭。高中毕业之后,莫斯就前往波尔多大学,潜心研读法律和宗教社会学。1895年,他通过了法国大学哲学教师资格考试,并因此获得教师头衔。随后,他任职于法国高等学术研究院。工作期间,在印度学者列维和印度学者梅耶的指导下,莫斯开始从事古代印度宗教史以及语言学方面的研究。1896年,他发表了第一篇学术论文《宗教之刑罚权的起源》。从1901年起,莫斯开始担任"未开化民族宗教历史部"主席一职,直到1939年才退休。1902年,莫斯赴英国牛津大学进修。在一年的学习过程中,他重点加强了在民族志和博物馆学方面的造诣,并提升了自己的语言能力。

谈及莫斯,不能不提及杰出的法国民族学家埃米尔·涂尔干。莫斯是涂尔干的外甥,也是后者最得力的学生。在大学期间,莫斯便师从涂尔干,而他与人类学结缘也主要是受到后者的影响。1898年,莫斯协助涂尔干创

---

① 埃文斯-普理查德:《〈礼物〉英译本导言》,载马塞尔·莫斯:《礼物》,汲喆译,上海人民出版社,2006年版,第220页。
② 有关莫斯的生平的材料参考以下书籍汇编:黄淑聘、龚佩华:《文化人类学理论方法研究》,广东高等教育出版社,1996年版;夏建忠:《文化人类学理论学派——文化研究的历史》,中国人民大学出版社,1997年版;以及埃文斯-普理查德:《〈礼物〉英译本导言》,载马塞尔·莫斯:《礼物》,汲喆译,上海人民出版社,2006年版。

办了刊物《社会学年鉴》,并主要负责编辑和研究宗教方面的内容,他也由此转向了比较社会人类学研究。1904年,他与法国文化人类学家列维-布留尔、赫尔兹一道创办了法国社会党机关刊物。第一次世界大战期间,由于语言能力卓越,莫斯在军中参谋部担任翻译官。然而,涂尔干所培养的大部分青年学者均在一战中丧生,涂尔干本人也于1917年离世,这给莫斯带来了沉重的打击。在停笔了数年之后,莫斯于1920年再次投身于学术活动。1925年,莫斯续办了停刊十年的《社会学年鉴》。在此过程中,他放弃个人研究,整理和出版了涂尔干等人的遗稿。1926年,莫斯与列维-布留尔等创立了巴黎大学民族研究所,这里也成为法国人类学家的学术基地。在他的努力下,民族学研究所在大学中普遍设立,大规模的民族学调查也得以开展。从中,莫斯也直接或间接地培养了二战后法国主要的人类学家。1931年,莫斯迎来了属于自己的荣誉:他成为法兰西学院院士,并担任学院民族学讲座教授。毋庸置疑,在涂尔干去世之后,莫斯实际上已经成为法国社会学派的领军人物。1950年,莫斯在巴黎去世。

作为一个学者,莫斯学识渊博。他接受了广泛的教育,具有很高的语言修养,掌握了英语、德语、俄语等现代欧洲语言,以及希腊语、拉丁语、梵语和希伯来语。而他的研究也不仅限于民族学,还包括社会学、宗教史学、比较宗教学和印度哲学等。这些能力,帮助他在研究中充分利用各种文献材料。

二、主要著作概述

对于博学多才的莫斯来说,他的作品涉及面也非常广泛,涵盖经济人类学、文化生态学、宗教历史以及社会组织等领域。他是一个多产的作者,除了已出版的著作之外,还撰写了多篇评论和不同主题的文章,如《澳大利亚巫术的起源》《自我的观念》《吠陀古经文献》《布尔什维克主义》。[①] 莫斯还擅于同其他学者合作。《献祭的性质与功能》(1899)就是他和昂利·于贝尔共同写作的一本书,书中通过对献祭的分析来对形式和本质做出探讨;他与涂尔干合写了《原初分类》(1963),通过对澳大利亚、北美和中国古代社会的探讨,指出社会分类是人类原初分类系统的基础。除此之外,莫斯个人还出版了许多著作,如《巫术的一般理论》(1902)、《早期的几种分类形式》

---

① 杰里.D.穆尔:《人类学家的文化见解》,欧阳敏、邹乔、王晶晶译,商务印书馆,2009年版,第137页。

(1903)、《关于爱斯基摩社会季节性变化的研究》(1910)、《礼物》(1925)等。其中《巫术的一般理论》(1902)和《礼物》(1925)是最能反映莫斯的学术观点的著作。

(一)《巫术的一般理论》概述

《巫术的一般理论》是莫斯早期的作品之一,最先出版于1902年,涵盖了莫斯关于宗教人类学的关键理论,是其单独完成的一部重要作品。莫斯指出,巫术是整体性的,个别的巫术行为和巫术形式不能被当成所有巫术来看待。书中,他对巫术的神秘性和社会性做出了解读,看似对巫术要素及其积极作用的力量的解剖,实则完成了对"巫术是什么"的探究。

那么,巫术的定义是什么?为了回答这个问题,莫斯将巫术与其他相似的文化特征进行了区别,比如法律行为、技艺和宗教仪式。莫斯指出,巫术和巫术仪式都来源于传统的事实,两者都属于在整个共同体下进行运作的、可重复的行为。这是区分巫术与法律行为和技艺的主要因素。除此之外,后两者与巫术也存在着其他的差异。法律行为所建立的仅仅是人与人之间的合约关系,其本身并不是具有特殊效力的仪式行为;而技艺和巫术不仅在与事物的合作程度上并不一致,同时两者的评判标准也各不相同。

《巫术的一般理论》(1902)

在给出"巫术"定义之前,莫斯重点探讨了巫术与宗教之间的差别。通过分析具有宗教性质的仪式,以及纯巫术性质的仪式,莫斯发现了巫术与宗教所不同的两个极端,即宗教仪式以祭祀为主,而巫术则以邪咒为特征。他认为这是巫术与宗教之间的正式差别。此外,莫斯还找到一些更为直观的现象来区分巫术仪式与宗教仪式。比如,两种仪式的操作者往往不同,同一个实施者并不具备同时执行两种仪式的能力;又如,两者的实施地点也存在着很大差别。巫术仪式通常不在教堂或家祠实行,而是选取偏僻幽深的地方实行。宗教仪式是公开的,而巫术仪式却要秘密进行。在莫斯看来,宗教仪式是正式的,它具有预测性和训诫性;而巫术仪式,则是未经批准且反常的,并同时还缺乏一定的预测性。

由此,在经过多重对比分析之后,莫斯初步把握了巫术的特征,从而给巫术概念做出了一个较为恰当的定义:跟任何有组织的教派无关的仪式都是巫术仪式——它是私人性的、隐秘的、神秘的,与受禁的仪式相近。①

随后,莫斯将巫术分为三个基本要素加以研究,它们分别是巫师、行动和表征。莫斯首先归纳出了巫术实施者的特性。他指出,作为巫术的执行者,巫师需要具备一些特性,这些特性通常表现在他们所处的一种异于常人的状态。巫师并不来源于个人的职业选择,而是群体选择和大众舆论所造就的结果。具有巫师身份的人往往具有一些明显的特性,这些特性将他们与普通人群区分开来。比如具有某些身体特质的人;或者是因为特殊的社会地位而容易激起某些社会态度的人,如女性被认为更容易成为巫师,因此她们也常常被排除在宗教活动之外。某些群体特征,如职业也与巫术有一定的关联。莫斯列举指出,医生、理发师、铁匠、牧羊人、演员和挖墓者都会被视为巫师。而一些特殊身份也使得巫师在人群中被识别出来,比如具有巫师特性的首领、具有王权的巫师,以及某些存在从事巫术活动嫌疑的祭司。除此之外,地域群体所属也是划分巫师的一大特性。一个群体往往将其中的外来者视为巫师。

至此,莫斯给出了关于巫师身份的说明,他总结了巫师身份的来源、他的力量强度,以及他的职业特性,指出"是大众舆论造就了巫师,并创造了他所拥有的力量。是大众舆论使他懂得了一切并且可以胜任一切。……社会不会总是授予每位巫师以无限的力量,或者是相同的力量。绝大部分情况是,即使是在紧密编织在一起的社会单元里,巫师们拥有的力量也各不相同。巫师的职业不仅仅是一个专业化的职业,而且职业本身也有它自身专业化的特点和功能。"②

巫术的第二个要素则以仪式作为操作过程。巫术仪式,对时间、地点、器物的要求很严格。巫术仪式也可以分成积极仪式和消极仪式两种。在积

---

① 马塞尔·莫斯:《巫术的一般理论》,杨渝东、梁永佳、赵丙祥译,广西师范大学出版社,2007年版,第33页。

② 马塞尔·莫斯:《巫术的一般理论》,杨渝东、梁永佳、赵丙祥译,广西师范大学出版社,2007年版,第52页。

极仪式中,要操演的象征数量往往是有限的,咒语、发誓、请愿、祈祷、唱赞美诗、感叹和简单表白;在消极仪式中,巫术也与宗教有着共同之处,如要求巫师及其他参与仪式的人禁欲等。

莫斯从抽象非个体、具体非抽象和个体向各方面来看待巫术的表征。抽象的非个体表征包含了巫术的三个法则,即接触法则、相似法则和对立法则。这三条规则相互关联,属于一个概念的三个方面,而其中与之相关的巫术概念体现了巫术的抽象非个体特征。在巫术中,一些事物被赋予了某种性质,使之被认为是具有巫术特性的。这种表征是最典型的具体的非个体表征。例如,在仪式中创造出来的护身符,脱离仪式后被认为仍然具有巫术效力,因而能够被单独使用。这其中同样包含着精灵观念,他们以死者的灵魂和魔鬼的形式在巫术中存在。

在对巫术三要素做出一般性观察之后,莫斯认为,巫术是一个整体,巫师、仪式和表征则是包含在巫术当中的三个部分。他指出,"巫师是巫术仪式中的行动者……要成为一个合格的巫师,必须实施巫术……对于表征,可以说它们在仪式之外无立锥之地……它们只具有实践的意义,就巫术而言它们几乎完全是通过行动表现出来的。"[1]尽管它在总体社会事实中处于社会之外,巫术仍然具有集体特征。

在确定巫术集体性后,莫斯进而探究具有积极作用的集体力量,从而解释巫术的整体及其组成部分。他首先关注信仰,随后分析巫术的仪式效应。

这部分研究透射出莫斯的整体性研究。他将巫术视为一个整体,认为它能够成为人们的信仰。人们对巫术的整体信仰高于对巫术的各个组成部分的信仰,这是因为作为整体的巫术往往更为真实。而对于这个整体,人们只能做出完全相信或者全部不信两种信仰表达。

在巫术执行过程中,往往会存在弄虚作假的行为。这些行为为什么会出现?莫斯认为这不仅仅是欺骗问题,还涉及一定的社会因素。"巫师之所以伪装,是因为人们要求他伪装,是因为人们请他出来并央求他采取行动。他并非一个自由的行动者。他被迫扮演成一个符合传统的要求或者满足其主顾之期望的角色。乍看上去,巫师似乎是在夸耀他本人的自由意志的威

---

[1] 马塞尔·莫斯:《巫术的一般理论》,杨渝东、梁永佳、赵丙祥译,广西师范大学出版社,2007年版,第105页。

力,但是在大多数情况下,他无可避免地受到公共信仰的左右。"①由此,莫斯指出巫师的信仰和大众的信任无非是一枚硬币的两面。大众的信任是作为基础而存在的,失去大众信任的巫师同时也失去了继续伪装的可能。而信仰则昭示着同一个群体中的人对于巫术持有同一种态度,并因此发展成为相同的情感状态、意志活动以及思维过程。这种集体信仰表达了群体中的一致情感和普遍意志,也就是巫术信仰中的集体表象。

为了探究巫术是否完全依赖于这类仅因为被人普遍接受就不再遭怀疑的观念,莫斯对仪式效应做出表述,从而证明巫术表征中的三个信仰观念无法解释巫术信仰。巫师和理论家通常采用感应的规则、品性的观念和鬼的观念来分析巫术信仰。而在莫斯看来,感应规则不是巫术的所有规则,不能说明巫术的全部;巫术品性本身也解释不了对巫术的事实信仰;而鬼怪信仰理论则更适用于鬼怪出现的仪式。仪式的效应既不是来自感应法则,也不是来自巫术本身,更不是来自巫术所援引的鬼魅。巫术是一个综合的观念,它是一种力量,巫师、仪式和表象的力量只不过都是这种力量观念的不同表述而已。

随后,莫斯导入了"玛纳"的观念。玛纳是一个蕴涵层次多样的词语,就其属性来看,它既可以是存在于物体内部而不是物体本身的一种性质,也可以是被操纵亦可独立的一种物质,同时还可以是一种精神力量。莫斯归纳指出,玛纳既神秘又孤立,它"首先是某一种效应,亦即一种在一定距离之外和在感应事物之间发挥着功效的效应。它也是一种气氛,不可估量、富于沟通性并自行扩散。玛纳还是种环境,或者更准确地说,它像本质上就是玛纳的环境那样在发挥着功能。它是一种内在的、特殊的世界,其中发生的每件事情似乎都只包括了玛纳。"②玛纳的释义有助于揭示巫术的基本特征。而且,从玛纳在巫术中的作用,也能够对巫术的仪轨有所了解:提供了必要的场域概念,使巫术力量具有合法性,同时还触动了巫术中的普遍信仰。尽管玛纳产生于美拉尼西亚社会,但在其他社会如印度、闪族、印第安民族中普遍存在,这使得莫斯认为,在每一个地方都包含着巫术力量的观念。

《巫术的一般理论》是表达莫斯整体观念的经典之作。他将巫术视为一

---

① 马塞尔·莫斯:《巫术的一般理论》,杨渝东、梁永佳、赵丙祥译,广西师范大学出版社,2007年版,第114页。
② 马塞尔·莫斯:《巫术的一般理论》,杨渝东、梁永佳、赵丙祥译,广西师范大学出版社,2007年版,第132页。

种集体现象来加以研究：巫师、仪式和表征三种基本要素构成了巫术这一概念，且巫术信仰中也包含着全部相信或全不相信的整体特征，而玛纳则是集体力量的一种表现形式。除此之外，在社会现象中，巫术有别于其他相似的文化特征。从莫斯的分析中，我们可以更好地体会巫术的性质：巫术的神秘性通过玛纳展现出来，而就其社会性来看，它是一种不同于宗教、科学和技术的集体现象，这也就是巫术的本质所在。

（二）解读《礼物》

《礼物》又被译为《赠予论》，是莫斯最重要的一部作品。在书中，莫斯向读者呈现了非市场经济社会中交换与契约的经济现象。他描述了原始社会交换中的三个基本特点，即赠予、接受和回礼，由此，莫斯提出了他的疑问：在被赠予者接受对方的礼物之后，为什么必须做出回礼？通过对这个问题的分析，莫斯旨在深究这类经济现象背后的社会意义。他认为，看似自愿、无偿的礼物馈赠背后，却存在着强制性和利益性，这种馈赠制度能够长期地发挥作用，建构社会的人性基石，与整个社会的经济、道德、法律都存在着关联。

《礼物》（1925）

1. 社会整体的交换与契约

莫斯首先指出了原初社会交换的性质，即它是整体性的社会活动。在非市场经济社会中，交换并不是通过个体来完成的，而是在集体之间进行的。氏族、部落和家庭成为交换的双方，他们之间互设义务、互相交换，并互定契约。其次，他们的交换内容不仅限于经济物资，还涉及各种社会事物，如礼节、宴会、仪式、军事、妇女、儿童、舞蹈、节日和集市。从莫斯文中所举出的例子来看，一些群体还有可能为了社会地位而交换。换句话说，交换还可以是非物质的、精神方面的。除此之外，尽管交换中包含着严格的义务，但是这些义务都是以自愿的形式实现的。

莫斯以"总体呈献体系"来展示整体性的社会交换。在总体呈现中，礼物馈赠成为互惠体系的一部分，赠予者与受赠者在这个体系中的荣誉和精神得到了充分的展现。莫斯以夸富宴的形式来做出进一步的论述。他列举了西北美洲印第安人中特林基特人与海达人的夸富宴,随后重点指出,在这些以夸富宴为形式而展开的社会交换行为中,竞争与对抗原则贯穿始终。人们会因此而展开争斗,为了力图显示过人的财富,他们会不惜代价将贵重物品毁坏殆尽。这种呈献多在首领中展开,但却由其所在的整个社会来承担,因此称为"总体呈献"。"这种呈献使首领处在一种极其突出的竞技状态。它在本质上是重利而奢侈的,人们聚在一起观看贵族间的争斗,也是为了要确定他们的等级,这一等级将关乎整个氏族的最终收益。"①在保留"夸富宴"的名称的同时,莫斯进一步将这种交换形式称为"竞技式总体呈献",以彰显其充满地位竞争和财富炫耀的特质。

在莫斯看来,总体呈献是多样的,它体现了宗教、经济、社会形态和法律等多个方面,"这些现象并不只是几项单纯的议题,也不仅是一些制度的要素,不仅是复杂的制度,甚至也不仅是可以划分出宗教、法律、经济等的制度体系。它们是'总体',是我们所试图描述其功能的各种社会体系的全部。"②莫斯对作为总体呈现体系的一部分的夸富宴做出分析。他首先指出夸富宴是具有一定宗教特性的,参与夸富宴的成员不仅限于显示财富实力、展现慷慨大方的性格特点,同时也是为了献祭神灵;其次,它还具有经济特性,在夸富宴中进行的礼物交换数额庞大,这些物品的实际价值和意义,及其参与交换的原因和后果都难以估量;再次,它是一种社会形态学现象,夸富宴营造了一种特殊的交换气氛,使得参与交换的人们既互相沟通也互相竞争;此外,夸富宴还具有一定的契约性质,除了被赠予他人之外,参与交换的物品也有因此而收获回礼的特性。而这种特殊的法律契约性质也成了莫斯的关注焦点。他认为,在交换与契约背后蕴涵着深刻的社会意义,所谓自愿的礼物馈赠也有着其社会支撑。回礼使得礼物馈赠双方的持久性联系成为可能,一旦这种联系被打破,交换和契约也就不复存在。

2. 礼物之灵

莫斯指出,总体呈献体系包含三个义务,分别是赠予、接受和回赠。在夸富宴中,他们都非常明确地体现了出来。给予的义务是夸富宴的本质。在所有社会中,赠予的压力普遍存在,除了节庆之外,人们也不得不与他们

---

① 马塞尔·莫斯:《礼物》,汲喆译,上海人民出版社,2006年版,第8页。
② 马塞尔·莫斯:《礼物》,汲喆译,上海人民出版社,2006年版,第205页。

的朋友一起分享所得之物。这一礼节往往与社会地位相关联,一旦违反,则会导致社会地位的丧失。接受的义务具有一定的约束力,交换总是在群体之间完成,拒绝接受礼物或拒绝参加夸富宴将被视为脱离群体的表现。一旦接受了,人们就自动形成契约关系,不仅接受享用礼物的权利,同时也接受了一种挑战。至于回报,在莫斯看来,"回报的义务是夸富宴的根本"[1]。夸富宴总是要高息偿还的,甚至所有的礼物都要有高额的回报,有尊严的回报是一种强制性的义务。在大多数社会中,若没有履行回报的义务,则会受到奴隶抵债的惩罚。

那么,在礼物馈赠中,是什么力量使得受赠者必须回礼?就此,莫斯提出了"礼物之灵"的概念来进行解释。在他看来,赠予关系中的礼物不仅仅是一件物品,它是带有灵魂的。尽管礼物已经被送出,礼物之灵依然追随着它的第一个主人。莫斯以波利尼西亚的赠礼制度为例,指出这种体制与夸富宴最为相似,并具有夸富宴的两大基本要素:第一,它具有荣誉、威望和财富所赋予的非人格力量"玛纳",第二,在这些制度中,回礼同样是作为一种义务,受赠者若不回礼,则会导致"玛纳"、权威、法宝和财富之源的丧失。莫斯进一步列举了婚姻中的财产交换 oloa 和 taonga:taonga 是属于女方的财产,包括在结婚时的嫁妆,女方将其带到新的家庭中;而相应的,男方势必要做出回报,那么 oloa 就是男方带来的财产。这样看来,taonga 就像是给予受赠者的礼物,而 oloa 则是回报赠予者的物品。

在莫斯看来,taonga 更为重要,它有着更为丰富的含义,不仅可以指代确切意义上的所有财产,同时它还是毛利人礼物之灵的载体。此外,taonga 中含有一种破坏力量,一旦受赠者没有履行回礼的义务,taonga 可以祈请去消灭受赠者。而 hau 就是存在于 taonga 中的灵力,莫斯将其视为礼物之灵,并根据故友留下的笔记,对其进行了描述:taonga 以及所有严格意义上的个人财产都有 hau,即一种精神力。你给了我一份 taonga,我又把它给了第三者;然后那个人又还我一份 taonga,这是我给他的礼物中的 hau 促成的;而我则必把这份东西还给你,因为我所还给你的东西,其实是你的 taonga 造成的。[2]由此,莫斯认为,回礼义务的形成,源于受赠者接收到的某种灵活而不凝滞的东西。它存在于赠予物之中,然而即使礼物已被送出,它仍然属于赠予

---

[1] 马塞尔·莫斯:《礼物》,汲喆译,上海人民出版社,2006年版,第74页。
[2] 马塞尔·莫斯:《礼物》,汲喆译,上海人民出版社,2006年版,第20页。

者。这样一来,受礼者就必须要承担一定的责任,回礼也就因此而存在。随着礼物的馈赠,taonga可以属于很多人,但是其中的hau却一直追随着它的主人,想回到它的诞生之处。在接受赠予之后,两者将会依附于受礼者,直到它们以宴请或馈赠的方式完成回礼的义务。因此,莫斯指出,礼物交换中物与物的关系,实质上是灵魂之间的关系。

通过讨论,莫斯将"礼物之灵"作为解读回礼义务的关键。灵魂和社会等级观念在夸富宴中普遍存在。在夸富宴之外,总体呈现制度依然起作用。在赠礼与回礼中流动的礼物,并不是简单的用于交换的物品,而是人类、灵魂、权利等因素相互融合的社会存在,因此,礼物流动也并不是纯粹的经济交换,它也是人员和权利流动的体现。

3. 结论展示

除了对总体呈献制度的剖析之外,莫斯还对古罗马、印度和日耳曼民族的古代法律进行了探讨,莫斯阐明了古代法典中的礼物交换关系,并因此向读者展示在落后于现今市场经济社会时期,各个社会经济交往背后的法律支撑。

通过上述的分析,在《礼物》一书的最后,莫斯总结了三个结论,分别是经济社会学与政治学的结论、一般社会学的结论和道德的结论,这也是他对书中内容做出的一次归纳。

莫斯首先指出,礼物赠予关系中包含着情感价值。尽管人们处于强制与自发参半的赠礼气氛中,但所有的一切并不仅仅以买卖或商人的道德来衡量。若接受礼物者无意回报,那么收礼者就会显得卑下。然而赠礼并不是施舍,这种情感对于接受者而言是存在伤害的。莫斯指出,相互赠予的道德价值,其全部努力在于消除来自富有的一方的无意识但却是侮辱性的恩典。在礼物关系中,除了接收礼物之后需要回礼之外,为了表示礼貌,人们也要回请对方的邀请。通过对这一事实的研究,莫斯指出了人类社会保留夸富宴这一传统遗迹的基本动机,这便是总体呈献中的竞争性。莫斯认为这种特质有两个来源,一是人类自身的生理和心理的基础,另一方面则根植于社会。他论述说,在接受来自他人恩惠之后,人们希望能够给予回报。此时,人们必须更大方、给出更昂贵的回报才不失礼节。如此一来,夸富宴也就在人们一山比一山高的挥金如土的阵势中循环。除此之外,莫斯还指出,若要邀请别人,那么也要接受别人的邀请。而接受邀请就必须参加,在一个社会团体中,不参加或不愿意出席集体活动包含着一种糟糕的想象,它预示着不出席者想要从这一群体中脱离出去。

关于赠予他人或售出的物品,莫斯指出,它们仍与其原来的主人相关,且存于其中的"礼物之灵"往往追随着其原来的主人,迫切想要回归其最初拥有者。

在莫斯看来,存在于礼物交换背后的道德和立法都趋向于一种法律的回归。这不仅与职业道德和行会法律的形成相关,同时也说明了个体是国家及其群体所关心的要素。前者体现在行会事业所建立的补偿基金与互助团体;后者则表现在社会对待群体的方式。而礼物关系中的赠予、接受、和回赠则是莫斯要强调的道德箴言,把它们运用到实践中,便是人们所熟知的:当众赠礼的快乐,慷慨而巧妙的花费所带来的愉悦,热情待客与公司宴请的欢欣。莫斯所提及的总体呈现制度是在集体中展开的。为了实现这一目标,他认为,在社会生活中,人们的行为举止除了要考虑自身以外,还要考虑到社会及其群体。也就是说,人们要回归到法律的坚实基础、正常社会生活原则,或者说是人类的情感道德中。

其次,莫斯指出,存在礼物交换中的经济并不属于自然经济或者是功利主义经济。在以礼物交换为主要经济生活的社会中,价值观念开始发挥作用。社会将大量财富聚集到一起,并以一种极为奢侈的形式将其挥霍或者毁灭,然而这种行为却与我们所了解的经济牟利毫不相干。它们的经济价值观念来源于宗教,这在财富记号和经济活动中均有体现。处于社会交换中的物品具有巫术力量,它们追随着其中的氏族或个体;而各种经济活动则充满了礼仪和法律,它们是权利与义务相结合,不仅具有庆祝的特点,还存有达到某种社会效应的目的。除此之外,礼物交换中所馈赠的事物不是带有功用性质的,而是社会关系的流动。其中的契约关系使得社会群体处于一种经济的兴奋状态,这种兴奋状态并不来源于买卖、雇工或投机交易等所谓存在利益关系的经济事物。

这表明,利益在不同社会也有着不同的意义。莫斯指出,在原初社会中,人们有功利的考虑,但其方式却与我们的时代不同。他们花费积蓄,是出于"不得已",是为了能有"忠顺的人"。他们进行交换,但交换的主要是奢侈品、装饰品、服饰,或者是宴席等可以立即消费的东西。他们也有高利息的回报,但却是为了羞辱先前的给予者或交换不只是为了补偿对方因"延期消费"所承受的损失。这里面有利益,但要注意,这种利益只是跟指引我们行为的那种利益相似而已。① 莫斯以夸富宴为例来说明礼物交换背后的一部分社会意义。他指出,狂暴的赠礼与消费以及对财富发疯般的丢弃与毁坏,其背后的动机却并不是无私的。相反地,正是由于这种赠礼形式,社会地位才能够得到确立。在这些社会中,处于赠予者位置的人,表示他的地位高人一等,而受礼者,尤其是不回报或者不多交回报的人,则处于臣服的位置。在这一过程当中,财富不仅是获得声望的手段,同时也是支配他人的手段。

最后,莫斯说明了他的研究性质,指出他所列举的事实均属于总体的社会事实。一方面在一般情况下,这些事实是属于社会及其制度的总体;另一方面,若一些礼物馈赠主要是个体时,这些事实尽管不能体现社会总体,但能够代表多种制度。这些总体现象是多面的,涉及法律、宗教、经济、美学和社会形态学等各个方面。而只有通过整体研究,才能体会其本质、其总体的运动、其活生生的面相,从而握住社会与人对其自身、对其面对他者的情境生成感性意识的那一生动瞬间。② 总体研究不仅是普遍性的研究,同时也是实在性的研究,而"总体社会现实"即是能够更合理地诠释"总体呈献体系"的概念支撑。

三、莫斯的主要贡献

莫斯的学术研究涉及面广泛,他在人类学的交换、巫术、身体理论等方面都取得了富有开创意义的成就,我们主要介绍一下他的整体社会现实理念、社会交换理论,以及对社会分类的论述。

(一)强调整体社会现实

莫斯注重研究社会现象的整体性,他指出了用于探讨整体社会现实的三个方面,即形态学方面、社会功能方面和历史方面。首先,在形态学上,它指的是人、物等物体,包括物体本质与数量。当它指人时,则包括人的生理现象与心理现象;后者自然更包括心智能力与情感在内。其次,在社会功能上,它以统计的方式进行衡量,并且它所涉及的是社会功能的现象层面。再次,在历史方面,它指的是传统、语言和习惯等。

在其学术生涯中,尽管莫斯没有运用他所提出的观念来对一些问题做

---

① 马塞尔·莫斯:《礼物》,汲喆译,上海人民出版社,2006年版,第199页。
② 马塞尔·莫斯:《礼物》,汲喆译,上海人民出版社,2006年版,第205页。

出完整而系统的解读,但是他在著作中表现出了其努力的成果。比如,在《礼物》一书中,莫斯恰如其分地展示了"整体社会事实是经由个人而获得结合的"这一观点。

莫斯在《礼物》中强调了整体性的社会现象。在他看来,社会中的各种事物,甚至最特殊的事情都有其功能,都在起作用,只有同每一事物和整个集体而不仅是与特定部分相联系才能对事物加以理解。没有一种社会现象不是社会整体的一个整合部分。因此研究一种制度应把它作为整体的一种社会现象来进行。① 通过莫斯的研究,我们了解到,早期社会的交换形式属于整体性的活动,礼物馈赠不是在个体中进行的,而是通过整体交换得以实现的。礼物交换中存在三种义务,即赠予、接受和回报。赠送礼物是一种义务性的表现,受礼者也有接受的义务,而在接收礼物之后,受礼者必须以同样价值或更多的礼物作为偿还。这种礼物赠予并不是单一的社会现象,它与经济、法律、宗教、神话、道德、形态学和美学等各种社会因素相互关联。这些社会因素,包括礼物赠予活动,都受到一个共同原则的支配,即莫斯所说的"总体呈献体系"。而"总体社会现实"就是"总体呈献体系"背后的概念支撑,它表示与礼物交换相关的不同类别的活动都是社会制度的组成部分;即使礼物赠予现象作为个体而存在,这些现象也代表了多种社会事实。

(二)提出社会交换理论

莫斯首先认为礼物交换是一种整体性的社会现象,这种社会现象与多种社会因素相互关联,具有经济、社会、道德、宗教和法律等方面的意义。这种现象除了在他所研究的多个社会中能够发现之外,也在其他社会的不同类别的社会制度中出现。因此,莫斯试图从礼物赠予中归纳出社会交换理论,并将其视为维系集体与个人关系的基本形式。他指出,正是因为礼物交换在集体中进行,那么集体中的某个人不参与到交换当中,比如拒绝赠予、拒绝邀请、拒绝回礼或不给予对方等值或超值的回报,这些行为都将被视为个体想要脱离群体的征兆。

莫斯的这一理论首先运用在研究婚姻关系当中。他在《礼物》一书中也有提到关于男财和女财的交换。女方携带嫁妆嫁入男方家庭,这些嫁妆被称为"女财",即是由女方带到男方家庭。这看起来好比是礼物的赠予阶段。

---

① 黄淑聘、龚佩华:《文化人类学理论方法研究》,广东高等教育出版社,1996年版,第91页。

而作为回报,男方也要给出相应的彩礼,也就是"男财"。若对婚姻制度做出进一步的剖析,我们会发现除了财产交换外,婚姻还被视为是女性的交换。

(三)探究社会分类

在考察社会分类的过程中,莫斯沿用了涂尔干的方法论,即通过寻找基本的形式来进行分类。以民族志研究鉴别人类文化基本的组成部分,是通过原始文化研究来实现的。莫斯的研究重在发现原始文化的潜在结构,他常常通过较为典型的社会现象来做出分析,比如普遍存在于人类社会中的献祭。

莫斯把献祭看作是人类早期的社会分类。献祭仪式包括分离、圣化、牺牲与重合,这些并不是原始社会意识的单一形式。除此之外,莫斯还归纳了整体献祭的两个原则:首先,尽管在圣化物品作为媒介的条件下,所有献祭仪式都能够作为沟通神圣世界和世俗世界的渠道,然而,就算两个世界拥有相同的表征,它们仍互不相同。这要归结为献祭物品的属性。在献祭中,它们先得到圣化,而后被宰杀,因此它们既不属于世俗世界,也不属于生生世界。虽然如此,这些献祭物品依然将这两个世界整合到了一起。这就是第二个原则。

尽管献祭仪式有着不同的目的和功能,比如,有些献祭的执行是为了净化奉献者,有些则是为了消除邪恶与不幸等。但不管献祭仪式的变异性有多大,所有的献祭仪式都有着相同的基本性质。黄应贵在《莫斯关于交换与社会的象征起源》中归纳了莫斯所列举的献祭仪式的五种特质。"第一,献祭仪式是神圣的和去圣化相结合的。这是献祭仪式的普遍特质。第二,献祭的过程存在于经由献祭物的媒介来建立神圣与世俗世界的沟通手段。第三,献祭仪式有它自己的机制,献祭物本身有超自然的力量,且规则性的重复执行献祭活动可维系仪式本身的神圣性。第四,献祭仪式包括当事人所信仰的宗教观念。由于它们源自社会事物,因而这些观念可以以客观的形式存在。换句话说,社会因素是献祭仪式的一个必要条件。第五,由于献祭仪式的多种特性且其中涉及各种不同或相异的力量,因此,献祭仪式表达、具体化、传达乃至转化各种不同的宗教情感,而这些宗教情感往往来自于不同的宗教力量。"[①]

[①] 黄应贵:《莫斯关于交换与社会的象征起源》,载庄孔韶主编:《人类学经典导读》,中国人民大学出版社,2008年版,第89页。

在有关献祭文章的结论部分,讨论了献祭的社会起源和功能,说明它的来源不是个体的因果混淆,而是源于社会事实;同时,献祭在维持社会规范方面有着一定的作用,除此之外,献祭还能够将一些非宗教信仰和实践组织起来。对于献祭的分析,莫斯运用了演绎的方法。他力图将讨论建立在社会事实的基础上,对比较资料进行应用,探究基本分类要素,同时假设现代工业社会中不存在具有基本社会形式的原始社会部分。

四、对莫斯研究的评价

莫斯的研究对后世的人类学发展产生了一定的影响。国内外的人类学家把对莫斯的看法集中在对其理论学说的评价方面。

(一)国际学者的评价

不少国际学者重新诠释了莫斯的观点,从中我们可以发现他们对莫斯研究的评价。比如,莫斯在《礼物》一书中所提到的"礼物之灵"就常常成为引发争议的对象,弗斯、列维－斯特劳斯和萨林斯等学者都对此提出了各自的看法。

弗斯抨击了莫斯所使用的毛利民族志。认为莫斯对毛利人的"hau"之类的精灵会带给受礼而不回报的受礼者厄运而产生回报的压力。真正的原因反而是社会的:不回报则会失去与送礼者社会、经济的联系而必须在日后付出更多的社会经济成本。由此弗斯提出了交换的社会学解释。

列维－斯特劳斯虽没有批评莫斯所使用的民族志材料,但他对当地人的可靠性提出了质疑。同时,尽管莫斯是结构论的先驱,但是"莫斯的交换是分散碎化的,而非统一、整合一体的,使其不得不退而求其次,用'神话拼凑'出一种交换理论,也就是 hau。"正是这样一个错误,使得莫斯缺乏对交换活动结构的理解。列维－斯特劳斯认为莫斯在《礼物》一书中所提出的精灵方面的解释,让停留在现象层面而无法真正地像结构论一样由现象背后的深层结构层面提出解释。虽然如此,列维－斯特劳斯仍然应用莫斯所提出的主题——交换理念,来探讨人类文化如何产生、亲属的"基本结构"是什么?由此,他不但发展出联姻理论,更创造出影响一时的结构论。

萨林斯则认为莫斯其实与霍布斯相似,把送礼或交换(或互惠)当作一种对抗战争以达到和平的手段。因此,礼物或交换实乃原本社会秩序的再现。自然,此社会秩序不同于霍布斯的人为的公众力量或权威(如国家)。

它所代表的是一种缺少社会与经济领域分辨的社会。也因此,萨林斯认为莫斯的理论实是一种更古老的契约论。萨林斯的这种诠释,使得研究重点由莫斯所着重的交换或互惠的性质转到有关什么被交换以及交换者与交换物之间关系的问题,使得研究重点向社会或文化的不同上。比如,麦加尔认为"hau"实际上有整合、整体等意义,因此,是群体本身强迫礼物的接受者必须回报。更因群体之组成方式不同而使成员有不同的权利关系。这种权利关系往往涉及劳力的控制。在此基础上,参与交换者之间,往往并非平等互惠的。同样,韦纳认为是交换物本身使得人与"hau"的关系确立。因此,交换物之性质本身会影响礼物接受者回报的可能程度。而莫斯所提的交换物,往往是与人不可疏离的物品,但这类物品往往带有氏族等的历史而成为历史、祖先、人类生活生生不息的可见代用品,因而有更强的限制力量强迫接受者回报。①

萨林斯的新诠释所引发的新方向,更在帕里的诠释下,有了新的意义及更大的发挥空间。基本上,帕里是结合马克思与莫斯的"演变论"架构来重新诠释《礼物》一书的。他强调该书所提及的印度的交换,对照于莫斯所提毛利人的交换,是基于政治经济之类更广泛的差别所呈现的两种不同类型的交换。相对于毛利人,印度的交换是基于一个有更复杂的分工与市场存在的国家社会而来。反之,毛利人既没有市场,也没有复杂的分工,更没有国家的体制。这种对照更可以以宗教方式呈现出;印度是以世界性的宗教为主,而毛利人的宗教则仍是一种小范围部落社会的宗教。这样的论证,实际上是在说明像毛利人这样的社会中,个人的经济利益与社会的道德义务是不可分开的。反之,发展到近代西方社会,两者已截然划分。也因此,在每个社会中,涉及该社会长期性的社会或宇宙秩序之交易秩序与涉及个人竞争性利益的短期性的交易秩序如何衔接?以及在资本主义生产模式之外的社会,是否有钱以外之物为关键性象征等问题,遂成为新的探讨主题。②

杰里.D.穆尔对莫斯的著作提出了一些评判。首先,他指出,莫斯很少运用反例来说明其观点或假设的错误性,相反,他在著作中引用民族志材料,只是为了支持他所提出的观点,而不是为了验证这些观点的正确性与

---

① 马歇尔·萨林斯:《石器时代经济学》,张经纬、郑少雄、张帆译,生活·读书·新知三联书店,2009年版,第178页。
② 黄应贵:《莫斯关于交换与社会的象征起源》,载庄孔韶主编:《人类学经典导读》,中国人民大学出版社,2008年版,第91~92页。

否。其次,莫斯的著作中充满了模棱两可之处。他虽然在作品中提出了一些概念,但是缺乏对它们的解释。穆尔举例说,莫斯没有对"社会形态学"做出清晰的定义;且他的《身体技术》中"有关治疗反常的技术"的文章,全文各个部分都在进行类似"按摩,等等。但是让我们继续下一步"的写法。再次,莫斯假设非西方社会具有古代社会的模式,而这一假设并没有经过严格的推敲。穆尔指出,关于这一点,博厄斯等其他英美人类学家都在反对意见中认为这是莫斯研究的一个重要缺陷。最后,莫斯并没有进行过田野调查。在穆尔看来,人们也许会感到好奇,这样一位富有创见的思想者如果在远离法国高等实践研究学院的社会中进行长期的田野工作将会有怎样的成就。

尽管对莫斯的研究提出了争议,穆尔依然肯定了他在法国社会学界的重要贡献。无论是作为教师、编辑还是学者,莫斯都通过广泛的学术涉猎和刻苦的敬业精神获得了不小的成就。①

(二)国内学者的评价

与国际学者一样,国内的人类学家也就莫斯的具体学说提出了论述。在《物的社会生命》②一文中,王铭铭首先分析了莫斯对"礼物"概念的解释。在他看来,莫斯根据萨摩亚人的 taonga 概念和毛利人的 hau 概念,来探讨人和物的关系。taonga 是人和物可以放在一起看的意思,人物不分;hau 则是人和物的关系可以升华为一种可以流动的力量,人和物共享一种精神。送礼时同时也将自己送出去,这是礼的第一层意思。第二层意思是送礼受文化范畴的界定,送者和接受者既是人也是物,送者即是接受者,二者都必须回到原来的地方。hau 是莫斯的精髓所在。基于莫斯的概念阐述,王铭铭提出了自己的见解,他将"礼物"一词放入中国社会中进行诠释,指出中国的"礼"与古典相关,比如在《说文》中,礼跟祭祀神、祈福有关,它又是一种仪式,还是物本身。礼是好行为的社会作用或社会本身;恭敬的态度或行为以及尊敬或厚待等;还跟巫师通过饮酒进入迷幻状态而通灵或为神所附体有关。

除此之外,国内的一些学者还对莫斯研究的某些方面做出了总括性的

---

① 杰里.D.穆尔:《人类学家的文化见解》,欧阳敏、邹乔、王晶晶译,商务印书馆,2009年版,第146~147页。
② 王铭铭:《物的社会生命——莫斯〈论礼物〉的解释力与局限性》,载《社会学研究》,2006年第4期,第225~238页。

评价。黄应贵分析了莫斯在学术界中的地位,他将涂尔干、莫斯以及列维-斯特劳斯分别视为法国人类学界的第一代、第二代和第三代发言人,其中,涂尔干为人类学理论发展做出主要贡献,列维-斯特劳斯则提出能使人类学知识体系存在突破性发展的结构理论。而处于两者之间的莫斯,其学术地位就显得有些尴尬,这使得他在后世人类学研究中常常受到忽略。除此之外,由于莫斯的著作通常采用法文编辑和出版,没有能够及早地译成英文,因此,法语世界之外的社会学家对其认识也就受到了诸多的限制。然而,黄应贵指出,随着莫斯作品的英文译本陆续出版,人类学家们能够有机会更多地了解其研究,并能够重新理解和评价他的学术观点。因此,莫斯的学术影响力才能获得新的发展。①

尽管莫斯的研究已经在全世界范围内得到传播,然而其作品阅读起来却并不是那么简单。曾经师从莫斯的人类学家杨堃指出,莫斯的作品不但不够通俗,反而极为难懂。得出这样的结论的原因有两个,其一,莫斯擅长使用丰富的语言;其二,莫斯的思维既细密又深奥,且他不时使用婉转的语言来描述其纷繁复杂的逻辑推理,这常常使人们难以把握其所表达的观点。②

杨渝东评价了莫斯在著作中的民族志材料运用。他认为,莫斯在其作品中使用了大量有关非西方社会的材料,但这些材料的运用却没有割裂西方与非西方社会之间的关联,这使得莫斯的研究比早期的涂尔干只利用欧洲社会的经验得到的社会理论更具有人类学普适性的倾向,这对于法国结构主义的创立也具有根本的意义。以他在《礼物》一书中提出的交换理论为例,莫斯认为非西方社会的礼物交换体现了物与人的相互融合,由此他发现了西方市场经济中物与人分离的交换行为,并依照古代法典中的赠予理念,寻找西方社会和非西方社会中相互一致的经济行为。除此之外,杨渝东还列举指出,莫斯对身体技术的研究也带有类似的比较研究的特点。他指出,莫斯擅长把某种观念与事项放入其具体历史社会环境下进行剖析,从而得出其中的某种关联性,并寻求这种关联性的某种内在关系。

莫斯在法国社会学派中的地位并没有被遗忘。杨渝东指出,莫斯的研

---

① 黄应贵:《莫斯关于交换与社会的象征起源》,载庄孔韶主编:《人类学经典导读》,中国人民大学出版社,2008年版,第282页。
② 杨渝东:《译序》,载马塞尔·莫斯:《巫术的一般理论》,杨渝东、梁永佳、赵丙祥译,广西师范大学出版社,2007年版,第3~4页。

究与涂尔干以及整个法国社会学派的学术团队都有密切的关联,这种关联性决定了莫斯的思想与该学派力图实现的目标有不可分割的联系,有的时候为了服从于整体的学术团结,他甚至会将某些创见停留于其起初的阶段。比如,莫斯有关身体技术、社会学与心理学的结合,以及"我"的观念等研究实际上已经显露出不同于涂尔干社会形态论的端倪,但他却没有继续深入这些研究。关于莫斯研究深度的局限,杨渝东认为,可以想见,法国社会学派若没有在两次世界大战中相继覆灭,这一学派的成就会更加辉煌,而脱离丧友之痛的第二代领导人莫斯,也将会收获许多更为深入的学术研究。①

（三）我的认识

作为一个学者,莫斯擅长直接使用原始的文献资料,经他所整理的民族志素材似乎有一定的魔力,哪怕是相似或雷同的资料都能够被用来恰如其分地证明莫斯所阐述的观点。他使用的材料包罗万象,往往极尽所能地囊括世界各地的各种社会现象。他也从中获得的许多观点,这些观点甚至连民族志资料撰写者本人都未曾发觉。比如,依据有关特罗布列恩岛的民族志,莫斯揭示了马林诺夫斯基对被调查地区的制度缺乏理解;通过列举萨摩亚社会的婚姻财产观念以及毛利人的灵力,他提出了"礼物之灵"的概念,并将此作为解读回礼义务问题的核心;通过对古印度和古罗马法典的研习,莫斯阐述了古典社会的礼物交换的意义;在对巫术进行解读时,莫斯列举了不同社会中的诸多巫术现象,以及存在于多种社会当中的相似情况,从而实现其整体研究。这恰恰展示了莫斯非凡的整合能力、卓越的洞察能力和归纳能力。

莫斯之所以能够做到这一点,得益于他超凡的语言天赋和广博的学识。他精通多种现代语言,并对大洋洲诸语言有所掌握,同时他还拥有有关美拉尼西亚、波利尼西亚、美洲及其他各地土著社会的渊博学识。因此,他才能通过原始制度的比较研究,做出田野工作者以其个人观察所无法得出的推断。而莫斯的著作也为后世人类学家调查研究社会生活的基本形式提供了重要的研习资料。就此看来,莫斯的研究不仅为人类学界留下了宝贵的学术财富,同时也为年轻的人类学者提供了梳理和运用文献资料的典范。

---

① 杨渝东:《译序》,载马塞尔·莫斯:《巫术的一般理论》,杨渝东、梁永佳、赵丙祥译,广西师范大学出版社,2007年版,第6~7页。

参考文献：

[1] 埃文斯-普理查德:《〈礼物〉英译本导言》,载马塞尔·莫斯:《礼物》,汲喆译,上海人民出版社,2006年版。

[2] 杰里.D.穆尔:《人类学家的文化见解》,欧阳敏、邹乔、王晶晶译,商务印书馆,2009年版。

[3] 马塞尔·莫斯:《巫术的一般理论》,杨渝东、梁永佳、赵丙祥译,广西师范大学出版社,2007年版。

[4] 马塞尔·莫斯:《礼物》,汲喆译,上海人民出版社,2006年版。

[5] 黄淑聘、龚佩华:《文化人类学理论方法研究》,广东高等教育出版社,1996年版,第91页。

[6] 黄应贵:《莫斯关于交换与社会的象征起源》,载庄孔韶主编:《人类学经典导读》,中国人民大学出版社,2008年版。

[7] 马歇尔·萨林斯:《石器时代经济学》,张经纬、郑少雄、张帆译,生活·读书·新知三联书店,2009年版。

[8] 王铭铭:《物的社会生命——莫斯〈论礼物〉的解释力与局限性》,载《社会学研究》,2006年第4期。

（原载《民族论坛》2013年第4期）

露丝·本尼迪克特列传

[摘　要]露丝·本尼迪克特(Ruth Benedict,1887—1948)是著名美国女人类学家,她的著作众多,以《文化模式》和《菊与刀》最负盛名。本尼迪克特成就显著,她在文化相对论的基础上提出了文化模式理论,将心理学的研究范式应用于文化人类学。她的研究拥有极大的影响力,涉及文化人类学、社会学、心理学等多个领域。国内外学者对她的著作、研究方法、田野工作给出评价,并阐明各自的观点。

[关键词]文化心理学派;文化模式;菊与刀;民族性

一提到本尼迪克特,大家最耳熟能详的就是《菊与刀》。二战期间,美国军方发现他们与日本军队的作战方式格格不入。于是,本尼迪克特受美国战争信息中心的委托,对日本人的国民性展开调查。因受到诸多因素的限制,本尼迪克特无法前往日本进行调查,但这并不能阻止她的研究。本尼迪克特接触了许多生活在美国的日本人,同时她还在日本的文学作品、戏剧等方面寻求答案,并采用菊花和刀剑这两种反差极大的意向,来刻画日本人的矛盾心理及行为,成就了《菊与刀》这部文化著作。如今,《菊与刀》一书已经广泛流传于人类学界之外,而在人类学界,这部作品仍然被视为是应用人类学的一大典范。

露丝·本尼迪克特(Ruth Benedict, 1887—1948)

露丝·本尼迪克特是美国文化人类学界杰出的女人类学家。她是一个大器晚成的学者,直到过了而立之年才开始接触人类学。她在融入人类学的道路上相当努力,这种投入的学术气节一直延续到其生命的最后一刻:

1948年春,尽管健康状况欠佳,本尼迪克特还是接受了联合国教科文组织的邀请,到捷克斯洛伐克参加一个研讨会。会上她反复强调,"对不同观点和不同社会秩序的接受",是寻求和平与合作的关键。

露丝一生的学术见解向来独特,不拘于形式。玛格丽特·米德在其著作的全集《工作中的人类学家》的前言中曾写道:如果没有这本书,人们就会忘记露丝·本尼迪克特是怎样质疑以往时代的结论,并最终形成一套崭新的人类思想。①这其中所蕴含的情愫、成就以及影响力唯有细细品读方能知晓其中滋味。

一、生平简介

露丝·本尼迪克特(Ruth Benedict,1887—1948)是美国著名女人类学家,她本名露丝·富尔顿,成家之后从夫姓才改为露丝·本尼迪克特,人类学界多用后者来称呼她。本尼迪克特于1887年6月6日出生于美国纽约州,当医生的父亲在其幼年时期去世,仅靠母亲教书并兼任图书管理员来维持生计。中学时代的本尼迪克特热爱文学,曾用笔名"安·辛格顿"发表了一些诗作。她的大学教育始于瓦萨尔学院,在那里她学习文学与诗歌,还曾在诗歌杂志和期刊上发表过诗作;她阅读了除诗歌之外的文学评论和分析,这些作品对她后来的人类学观点形成了一定的影响;她广泛接触了大量激进的政治事件和现代艺术潮流,以及发人深省的欧洲文学作品,这些作品对她产生了深刻的影响,比如尼采的《查拉图斯特拉如是说》就给予了她一种从束缚重重的往昔解脱出来的自由感和一个要在未来奋斗实现的目标。1909年,她从瓦萨尔学院毕业,并取得了文学学士学位。1914年,她嫁给了生物学家斯坦·本尼迪克特,但这段婚姻在几年之后破裂。多年后,崇尚自由并对未来社会生活有着极大兴趣和热忱的本尼迪克特走进了人类学。当时她已经32岁了。

说起本尼迪克特与人类学的接触,就不能不提到她和她的导师,弗朗兹·博厄斯。1921年,本尼迪克特进入哥伦比亚大学学习。她在哥伦比亚大学见到了博厄斯,并拜后者为师,攻读文化人类学。博厄斯指导本尼迪克特完成了她的博士论文《北美的守护灵观念》。1923年,本尼迪克特仅通过三学年的学习和研究,就获取了博士学位。

---

① http://lady.163.com/11/0311/18/6USQK61B002626I3.html

毕业之后，本尼迪克特留在哥伦比亚大学担任讲师。在她的导师博厄斯退休之后，她在1936年—1939年期间曾代任人类学系主任一职。随后在1943年—1945年期间，她任职于美国战争情报局海外情报处基础分析室。她从1946年起开始担任美国人类学学会会长一职，直到1948年病逝。

本尼迪克特前期的研究并不是基于田野调查，而往往是来自于图书馆研究。她的田野工作从20世纪20年代中期开始，此前她仅在1922年对南加利福尼亚的塞拉诺人有过短期研究。此后，本尼迪克特开始前往美国西南部到祖尼人、科奇蒂人、乌塔姆人以及阿帕切人的梅斯卡莱罗分支中从事夏季田野调查项目。1924年，她首次到祖尼人部落进行田野调查，然后1925年夏天再次到前者与柯契地族，1927年到皮马族，1931年获得赞助又带领学生到麦斯卡罗族进行研究。在这些短期田野调查之中，她一方面记录整理大量即将消失的传说与仪式，另一方面逐渐形成文化形貌论的想法，在此期间，本尼迪克特发展了她对人格与文化的兴趣，她后期的大量著作和学术思想也是在此基础上形成的。

二、著作概述

本尼迪克特的人类学著作有很多，其作品的研究性质分化也很明朗：她的前期著作大多来源于图书馆资料研究，而后期则逐渐基于田野调查的基础之上。因此，本尼迪克特的后期著作在人类学界更受到重视，如《文化模式》（1934）、《祖尼人的神话》（1935）、《种族、科学与政治》（1940年）、《菊与刀》（1946）。其中，最著名的要数《文化模式》（1934）和《菊与刀》（1940）。

首先来说一下《菊与刀》。第二次世界大战期间，本尼迪克特为美国战争情报局海外情报处工作，当时的她受到委托，对与美国文化和核心价值观截然不同的日本做出研究。《菊与刀》这本书就是她做出来的成果：她通过当时日本发布的宣传电影、集中营中的日裔美国人和战俘的访谈记录，以及日本人的文学作品收集资料，重新建构出日本文化以及对日本战后重建的期许。书中，她不但以文化形貌论谈论日本文化的特质，并从孩童教养的角度分析日本人的生命史。其细腻的描述摆脱了学术上的论战，也因此掀起了读者们的好奇心与之后美国的日本研究风潮。

这部作品影响深远。《菊与刀》一经出版，就立刻引起日本国内的强烈反响，也被学界公认为有关国民性研究的最富代表性的成功个案，甚至被誉为"现代日本学"的发端。"在日本，对她这本书的内容虽然毁誉参半，但大家都承认,她提出了日本学者迄今为止谁也没有觉察到的日本文化的模式,书中独到见解随处可见。反对该书论点的人大多集中攻击她的方法论,说她是超越历史的,怀疑她所使用资料的可靠性,以及因为她没到过日本,信息不足所造成的缺陷。这些批评意见,与以往对她其他论文的批评差不多。"①时至今日,除了在人类学界之外,这部著作还影响着其他关注国际文化和国民性研究的诸多领域。

再来谈谈《文化模式》一书。这本书出版于1934年,是本尼迪克特在对祖尼人的实地调查基础上完成的。书中,本尼迪克特把文化设想为一个整体,首次将用于个体的心理学分析概念和心理学概念应用到集体分析之中,提出"文化模式"的理论。此书可以说是本尼迪克特人类学理论的合集,在此书出版之后,文化模式理论自成一派,而本尼迪克特也被认为是文化模式理论的创始人及推动发展它的唯一的人类学家。下文将从写作背景和理论理解方面来概述这部著作。

1.《文化模式》的写作背景

《文化模式》是基于一定的时代特征而创作的。20世纪30年代初,功能主义在人类学界兴起,并有着重要的影响力。其主张实证主义,开始推广人类学实地调查方法,从中论证文化整体与部分的关系,一并探讨文化的功能作用。功能主义向世人呈现了文化结构的有机整体性。然而,功能主义和结构功能主义也存在着一定的缺陷,比方说,功能主义认为,任何文化中人的本性与欲望都是一样的;结构功能主义则因为更看重客观事实的静态分析,而忽略了人的主观能动性。本尼迪克特注意到了这些不足之处,从而立意探索文化的深层结构与价值观念,把一种文化的制度和习俗当作人们主观态度的表现来看待②。

当然,"文化模式"这一理论的形成并不是一蹴而就的。此前,本尼迪克特发表了大量文章,透过这些文章我们可以详细地了解文化模式理论的产生和发展过程。1923年,本尼迪克特发表了《北美的守护灵观念》一文,她依照收集的资料翔实地分析了新墨西哥州的贝勃落印第安氏族的守护灵观念及其图腾制度的分布关系。几年后,她对民族文化又有了新的见解,并于1928年发表了《西南部诸文化的心理学类型》。她考察了两种文化在制度和

---

① 绫部恒雄主编:《文化人类学十五种理论》,国际文化出版公司,1988年版,第47页。
② 绫部恒雄主编:《文化人类学十五种理论》,国际文化出版公司,1988年版,第40页。

习俗方面的不同,以及在生活总体倾向上的差异,并在这篇文章中首次用"阿波罗型"和"狄奥尼索斯型"来说明两种对立状态。除此之外,本尼迪克特注意到各种不同文化中都有一个"主旋律"——典型性的目的,或称希图优越的欲望,它往往从内部决定文化的全部性格。① 四年之后,本尼迪克特又写了《北美的文化统一形态》一文。对比《西南部诸文化的心理学类型》和四年之后的《北美的文化统一形态》,我们可以发现,较之前者,《北美文化的统一形态》理论性较强,内容很丰富,说它已具有《文化模式论》的雏形当之无愧;而对比后者,《西南部诸文化中的心理学类型》则表明本尼迪克特尚未摆脱运用心理学方法向民族学渗透交叉的研究阶段。总的来说,本尼迪克特在这两篇文章中孕育了《文化模式》的基础模型。②

在《北美的文化统一形态》一文发表之前,本尼迪克特在1929年又发表了《文化科学》。这篇文章具有重要的意义,它是文化模式理论的一个重要组成部分。本尼迪克特在文中强调研究一种社会制度中的常规惯例的重要性。她认为常规惯例能够作为很多其他文化因素的透镜,只有研究其本身才能够了解其他事物的表现形式。

1923年,本尼迪克特写出了具有"文化模式雏形"之称的《北美的文化统一形态》。论文的开头,她借助对文化人类学理论流派的回顾来批判以马林诺夫斯基为代表的结构功能主义。本尼迪克特指出,作为一个整体而存在的文化,其内在各个部分之间的关系如何,及其关系的牢固程度都不得而知,这就是结构功能主义最大的缺陷。注意到这一缺陷的本尼迪克特继续在文化模式理论的探索道路上前行。她第一次承认其有关文化有结构的理论来源于德国文化哲学。但她仅仅是受到了启发,并没有照搬德国哲学中的"类型论"的思想。在重申北美民族文化形态的"阿波罗型"和"狄奥尼索斯型"这两种模式的基础上,她又提出了一组新的对立概念,即在她认为具有"狄奥尼索斯型性格"的部族里,还存在现实主义与非现实主义两类民族性格。

1934年发表的《人类学与异常》成为文化模式理论观念形成的最后一个"环节"。此前,在《北美的文化统一形态》一文中,本尼迪克特就率先论述了有关"正常与异常"的特殊理论。"这是从文化结构论中水到渠成地分离出

---

① 绫部恒雄主编:《文化人类学十五种理论》,国际文化出版公司,1988年版,第41页。
② 绫部恒雄主编:《文化人类学十五种理论》,国际文化出版公司,1988年版,第41页。

的一个概念,也是文化模式论理所当然地需要包含在内的理论。本尼迪克特认为:在某一集团中,一旦开始了某种有方向性的小规模学习活动,它本身会在一定框架中向某一焦点严重倾斜,任何控制也改变不了这个趋势。"①在《人类学与异常》的开篇,本尼迪克特就强调了文化背景在判断行为正常与否中起着决定作用。"在本尼迪克特看来,正常也好,异常也好,是被文化决定的,这不是精神病学的问题,而是伦理学问题。她的这个论点,后来被人贬为文化决定论,受到了批判,但这明确地表达了作为文化模式论基础的相对论思想方法与观点,是她的重要思想。"②

至此,上述五篇文章构成了本尼迪克特形成文化模式理论的整个思考过程,而这五篇文章也造就了《文化模式》这一著作。

2.《文化模式》的主要内容

这本书的题目给读者一种探讨文化理论概念的错觉,而事实上本尼迪克特的描述却非常有趣。在其对美洲印第安人调查的基础上,本尼迪克特笔下的文化模式就带有形象化的色彩。杰里.D.穆尔将此书的内容概括为两个方面:"首先,它强调了文化之于生物的重要性。……其次,本尼迪克特对文化模式的强调是对一个纠缠不清的概念的一次新的讨论。模式的概念在某些方面与克罗伯及其他人讨论过的文化因素复合体相似:文化特质的模式化共生标明了不同的文化群体。……但是本尼迪克特和其他一些人类学家是在寻找一些更加微妙和深刻的东西——这种关系不仅仅存在于一系列事物和行为之间,而且存在于赋予了某个特定社会以特征的潜在观念、价值和气氛之中。"③的确,本尼迪克特在《文化模式》一书中详尽地阐述了她在人类学方面的研究观点。她除了向读者介绍文化模式之外,也将文化整合性等理论融入文字,娓娓道来。

比如,她借用尼采的古希腊悲剧研究中所说的差别,来类比普韦布洛人和北美其他印第安人之间的差别,并形象地采用"日神型(阿波罗型)"和"酒神型(狄俄尼索斯型)"来加以描述。她指出,阿波罗型人"总持一种中

---

① 绫部恒雄主编:《文化人类学十五种理论》,国际文化出版公司,1988年版,第44页。
② 绫部恒雄主编:《文化人类学十五种理论》,国际文化出版公司,1988年版,第45页。
③ 杰里.D.穆尔:《人类学家的文化见解》,欧阳敏、邹乔、王晶晶译,商务印书馆,2009年版,第93页。

庸之道,不偏不倚,循规蹈矩,墨守成规,从不动那种冲出樊篱的邪念。"①随后,她例证了普韦布洛人作为"阿波罗型人"的对应表现,诸如吸毒、饮酒、禁食、折磨、跳舞等,并以此作为依据总结道,"在普韦布洛人中间绝找不到那种超出了一般感性范围的经历体验。普韦布洛人向来与对这一形态的破坏性的个体经验无关。普韦布洛文明所钟爱的中庸之道没有给那种破坏性的个体体验留下地盘。"②而"狄俄尼索斯型"人则往往热衷于打破常规、追求梦幻体验、寻求破坏性经历。

除了行为特征之外,本尼迪克特还对比了两者对待死亡的态度。面对死亡,"阿波罗型"人展现出一种阿波罗式的不安,这在他们的风俗中表现得淋漓尽致。祖尼人就是如此,"他们把死亡的影响弄得尽可能小。丧葬仪式是他们所有的仪式中最简单、最不引人注目的。他们的历法礼仪中所记载的那些繁文缛节没有一项会在这种场合出现。尸体也是当即就埋了,也不找祭司们来做道场。"③在普韦布洛人中则存在一种阿波罗式的技巧,"他们把这当作一种损失,并且是一种重大的损失。但他们为使这事尽可能快;尽可能不激烈地就过去提供了详尽的技巧。绝招儿就是让哀悼者忘记这件事。"④以上这些是阿波罗型人对死亡的态度。而"狄俄尼索斯型"人的态度则大不相同,"他们所有的行为意在强调而不是避免那种包含在死亡中的绝望和不安。"⑤他们的行为透射出一种酒神狄俄尼索斯式的放纵。在死亡面前,他们渴望毫无拘束地表露悲痛。无论是性格特点还是行为方式,在如此鲜明的对比之下,本尼迪克特以实例将文化模式栩栩如生地展现在我们面前。

在对文化模式进行描述和分析之后,本尼迪克特阐发了自己对于文化整合、文化模式等方面的一系列思考。她认为,要把握整合的本质,最为基本的是要通过较好的实地调查做到能够描述一种文化。而在这个描述的过

---

① 露丝·本尼迪克特:《文化模式》,王炜等译,生活·读书·新知三联书店,1988年版,第80页。
② 露丝·本尼迪克特:《文化模式》,王炜等译,生活·读书·新知三联书店,1988年版,第94页。
③ 露丝·本尼迪克特:《文化模式》,王炜等译,生活·读书·新知三联书店,1988年版,第109页。
④ 露丝·本尼迪克特:《文化模式》,王炜等译,生活·读书·新知三联书店,1988年版,第108页。
⑤ 露丝·本尼迪克特:《文化模式》,王炜等译,生活·读书·新知三联书店,1988年版,第110页。

程中,实地考察者必须忠于客观,也就是必须记下全部的有关行为,而不是根据任何有争论的假说去选择那些适合于命题的事实。对文化整合轻而易举地做出一些概括是最危险的事。对于文化整合与有关西方文明的研究,本尼迪克特指出,当前大部分的研究都犯了一个简单的技术性错误。原始社会通常是整合在一个地理单位之中的,而西方文明是分了层次的,在同一时间和地方的不同社会群体都是依照十分不同的标准来生活,由不同的动机来推动。因此,试图把人类学意义上的文化区域运用到现代社会学中去的尝试就只能取得有限的成果。谈到对于社会有机论的争辩,本尼迪克特将其归为一场语词之争。她的观点是,在所有有关社会习俗的研究中,事情的关键在于有意识的行为必须通过社会的接受这个"针眼",只有在最宽泛的意义下的历史才能给出一个社会的接受及拒绝的说明。因而任何对于文化的构成性的解释既依于心理,也依于历史。本尼迪克特反对用生物学的遗传、种族的差异来解释文化的特性。她坚持任何文明的文化模式都只是利用了所有潜在的人类意图和动机所形成的大弧形上的某个片断。而这种为每一文化所选择并用来创造自身的意向,则比其他以同样方式所选的技术或婚姻形式的特定细节要重要得多。所以,有意义的社会学单位不是风俗,而是支配着这些特性的文化的完形。①

3. 如何理解本尼迪克特眼中的文化模式

《文化模式》一书出版之后在学术界引发了探讨。不少学者将本尼迪克特所阐述的文化模式解读成关于文化的类型论。然而,本尼迪克特的本意并不在此,她的文化模式不等于文化类型论。

为了更好地理解本尼迪克特的文化模式,区分其文化模式与文化类型论,不少人类学家对此做出分析,并阐明各自的观点。美国女学者 M. 米德在1958年再版的本尼迪克特的著作《文化的各种模式》新序言中指出,本尼迪克特为了使她所描述的各种文化的突出表现能够给自己的看法提供论据,才一边引用别人有关个人性格的描述,一边将其命名为阿波罗型、狄奥尼索斯型、偏执症型。她并不是要创建一个"类型论"。她从未相信过尼采式或精神分析式标签会对一切社会都适用。日本人类学家绫部恒雄则认为,本尼迪克特之所以要使用阿波罗型、狄奥尼索斯型之类的词语,目的在

---

① 褚建芳:《文化模式》,载王铭铭主编:《20世纪西方人类学主要著作指南》,世纪图书出版公司,2008年版,第109~110页。

于用她搜集到的一些资料分析研究印第安文化的不同特点和风尚,即民族精神,绝不是想把人类的各种文化都"类型化",认为它们不是属于阿波罗型就是属于狄奥尼索斯型。① 来自日本的其他人类学家也给出了各自的阐述。石田英一郎、石川荣吉和寺田和夫著的《人类学概说》就是其中的一本。由石川荣吉撰写的一节中有这样一段话:"本尼迪克特所说的文化模式,不能直译成类型(Type)。她并不想把世界文化套入几种僵化抽象的类型中去。她采用的是一种实证式叙述方法,十分独特。她所说的文化模式,从全局看,各自几乎在世界上只存在一个的,相对性极强"。②

中国人类学家夏建中也注意到,本尼迪克特无意将世界上的所有文化归入几种文化模式之中,后人由于过多地介绍该书中的两种对立的文化模式,从而误认为本尼迪克特将全部人类文化仅概括为两种类型:日神型与酒神型。③ 事实上,本尼迪克特本人在《文化模式》一书中曾给出说明,"在描述西南部印第安人的文化完形时,我从古希腊文化中借用了一些术语,这并不是想把古希腊文明与美洲土著的文明等同起来。我之所以使用这些术语,是因为这些概念能把普韦布洛文化与其他美洲印第安人文化之间的不同特点清楚地摆在我们面前,而不是因为所有那些在古希腊文化中发现的东西也在土著美洲人身上出现了。"④就笔者看来,她的文化模式理论是其文化相对论的体现,文化相对论提醒我们,文化及其元素不是一概而论的,它没有固定的标签,也没有统一的模式,本尼迪克特所指的两种类型也并不是二选一、非此即彼的关系。

三、本尼迪克特的人类学成就及其影响

本尼迪克特的理论对人类学界有着重要的影响力。尽管本尼迪克特师从于美国文化人类学开创者博厄斯,但她在文化理论上的造诣则高于其恩师。优美文笔下呈现的仪式与传说,使她的民族志不再是枯燥乏味的记录,反而深深影响对人类学认识不深的多数民众,使得早期带有神秘色彩的人

---

① 绫部恒雄主编:《文化人类学十五种理论》,国际文化出版公司,1988年版,第38页。
② 绫部恒雄主编:《文化人类学十五种理论》,国际文化出版公司,1988年版,第39页。
③ 夏建忠:《文化人类学理论学派——文化研究的历史》,中国人民大学出版社,1997年版,第178页。
④ 露丝·本尼迪克特:《文化模式》,王炜等译,生活·读书·新知三联书店,1988年版,第80页。

类学研究逐渐被大众所认识与接受。本尼迪克特的人类学贡献主要包括以下两个方面：

一是她坚持文化相对论,并从中提出了文化模式理论。本尼迪克特是文化人类学中文化模式论学派的创始人。在她看来,人类文化各有其不同的价值体系和特征,呈现出多样性。文化模式是文化中的支配力量,给人们的各种行为以意义,并将各种行为统合于文化整体之中的法则。文化之所以具有一定的模式,是因为各种文化有其不同的主旋律即民族精神。人们的行为是受文化制约的,在任何一种文化中,人们的行为都只能有一小部分得到发挥和受到重视,而其他部分则受到压抑。因此,文化研究应把重点放在探索和把握各种行动和思考方式的内在联系,即文化的整体结构上,重视文化对人格形成的影响。本尼迪克特的理论对文化人类学,特别是对文化与个性领域的研究产生了深刻影响。而当她谈论文化模式时,她注重强调把文化研究的突破口放在把握各种行动和思考方法的特殊性联系中所形成的整体结构上。她的"文化模式"理论对文化人类学,特别是对文化与个性这个领域产生了深刻的影响。

二是本尼迪克特创建文化心理学派,将心理学研究范式应用于人类学研究。本尼迪克特既是文化模式理论的提出者,也是文化心理学派的代表人物之一。20世纪30年代,她与心理分析学家合作,首次把通常用于个人的心理分析概念和心理学概念应用于集体,并于1934年发表了她的代表作《文化模式》。她调查了美国西南部和加拿大的一些印第安原始部落的原始宗教、民俗、礼仪,1935年出版了两卷本的《祖尼印第安人的神话》。本尼迪克特还用人类学方法研究日本文化,写成《菊与刀》一书,于1940年出版。她的《种族:科学与政治》(1945)一书,表达了她的文化相对主义观点,并提倡诸文化间的交流、交融和互相理解。

从其两大贡献上来看,本尼迪克特的影响也非常之大。在《文化模式》一书出版之后,文化模式理论不但影响了文化人类学以及社会学界,同时还影响着新精神分析学派,例如K.霍妮对本尼迪克特就倍加推崇。[1] 而在文化心理学派中,则由她的《菊与刀》为起点,开启了对现代国家民族性研究的窗口。

---

[1] 夏建忠:《文化人类学理论学派——文化研究的历史》,中国人民大学出版社,1997年版,第179页。

然而,本尼迪克特的研究并不是不存在缺陷。尽管她经由文化模式所透射出的文化相对主义给予文化人类学很大的影响,但由于她的理论过分依靠直觉,只有她自己才能得心应手地运用,别人学不来,因此没能找到优秀的接班者,可谓后继无人。① 本尼迪克特的一个学生曾经说道,"露丝探索人类学是为了解决她个人关于个体命运的疑问。"可以这么说,并不是所有人都能顺利适应为众人接受的文化生活模式。本尼迪克特从她自己的经验中证明了这一点。作为个人,她已经不再能够顺应20世纪20年代美国女性的一般价值观,她并没有接受她自身文化的所有核心价值。本尼迪克特在她自己的人生中看到了个人与社会的这种潜在冲突,并认为其他社会同样存在这种情况。② 这似乎与她在《文化模式》最后一章中所谈论的内容不谋而合。在探讨"个人与文化模式"之时,本尼迪克特指出社会与个人不是彼此对抗而是相互依存,二者之间是一种授受关系。要理解个体行为,必须关注每一个有着特定遗传基因和特殊生活历史的人与他或她生活于其中的文化之间的关系。她尤为关注的是,一种文化能为神秘主义者、幻想家、艺术家的某些极端行为找到立足之地的程度,与另一种文化将它们当成异态行为和毫无价值的东西加以污辱的程度。另外,她关心的不是那些常态和变态行为的问题,因为这些问题是与研究精神健康问题的学者有关的。在诸多行为写照之下,本尼迪克特本人更关注的问题是:对常态行为的狭隘限定怎样使某些固有本能要么处于严重不利的地位,要么予以偏爱;而文化限定的放宽又怎样才可以丰富我们的文化,以减轻当今文化越轨的异态者遭到遗弃和蔑视的心理重压。

总的来说,本尼迪克特是一位杰出的女人类学家,她的文化模式理论以及文化心理学研究范式为推动人类学发展添加了一臂之力。尽管她的研究带有一定的个人色彩,但我们要更多地关注她在美国人类学乃至整个世界人类学发展史上的影响力。

四、本尼迪克特人类学研究的评价

作为美国文化人类学界的杰出代表,本尼迪克特的研究得到了多方认

---

① 绫部恒雄主编:《文化人类学十五种理论》,国际文化出版公司,1988年版,第38页。
② 杰里.D.穆尔:《人类学家的文化见解》,欧阳敏、邹乔、王晶晶译,商务印书馆,2009年版,第97页。

可,同时也引起了一些争议。中外学者就其研究出发,给出了各自的评价。

(一)国际学者的评价

国际人类学家对本尼迪克特的评价主要集中在其文化理论研究方面,尤其是对文化模式理论提出了诸多看法。

本尼迪克特的导师弗朗兹·博厄斯在《文化模式》一书的序言中阐述了他的见解。他认为本尼迪克特对文化有着独特的理解,她将文化本质视为文化的构造,她采用处于支配地位的文化现象来作为例证。对于本尼迪克特的文化观,博厄斯评价道,"就其着重揭示基本的心态而不是各文化因素之间的功能关系而言,这种方法有别于解剖社会现象的所谓功能方法。就一般构造而言,只要它持续着,它就制约着变革的方向,而这种变革也就始终受制于一般构造,除此之外,这种一般的构造也就不称之为历史的。与种种文化内容的变革相比,构造通常具有显著的恒常性。"①博厄斯进一步对本尼迪克特笔下的文化模式做出点评,他指出,"正如作者所指出的,并非每一种文化都是以某种占统治地位的特性为其特性,然而,也许对激发个体行为的文化动力越熟悉,我们就越会发现,总有某些控制情感的因素和某些支配行动的理想占据上风,它们能够解释那些在我们的文明的立场上来看被视为反常的心态。于是什么是社会性的,什么是非社会性的,什么是正常的,什么是反常的,这些看法的相对性便从一种新的角度得到了理解。"②

《文化模式》有着极高的学术价值。玛格丽特·米德认为此书是"20世纪第二季最伟大的著作之一"。而另外一位知名学者果勒则用下面一段话来表示更深的敬意:"我愿以1895年,弗洛伊德的《关于歇斯底里症的研究》一书的出版年代,作为个人心理学的科学研究开始之年;而以1934年,本尼迪克特的《文化模式》一书出版的年代,作为国民性科学研究诞生之年。"③可见学术界对此书的评价之高。

美国人类学家杰里.D.穆尔在《人类学家的文化见解》一书中,也对本尼

---

① 露丝·本尼迪克特:《文化模式》,王炜等译,生活·读书·新知三联书店,1988年版,第3页。
② 露丝·本尼迪克特:《文化模式》,王炜等译,生活·读书·新知三联书店,1988年版,第3页。
③ 夏建忠:《文化人类学理论学派——文化研究的历史》,中国人民大学出版社,1997年版,第176页。

迪克特的《文化模式》做出了评价。他的评价较为全面,首先道出了《文化模式》一书在人类学研究史上的地位,指出"书中的观点已经延伸到了学术界之外进入到美国大众社会。因为这些观点已经浸润了现代美国文化,我们如今将其当成是司空见惯的东西。《文化模式》是为非人类学家写的,正如卡福雷所说,'它是社会科学界和美国社会对一个深刻范式转型的最终接收的信号和催化剂'。用尼采的话来说,本尼迪克特在智识创造中找到了对痛苦的慰藉,而《文化模式》显然就是这种智识活动的明证。"[1]

其次,他点评了本尼迪克特在分析文化模式过程中所透射出的研究特点。比如,她在研究中加入了心理学的元素,用以寻找文化内部一些更加微妙和深刻的东西,这种关系不仅存在于一系列事物和行为之间,而且存在于赋予了某个特定社会以特征的潜在观念、价值和气氛之中。穆尔分析了本尼迪克特借用"格式塔"的概念的研究手法,指出"格式塔"完形的观念在当时很有影响力。即使是在新的环境中,我们也会遵从先前习得的一些指示,因为这种新环境唤起了一种习得的基本模式。……本尼迪克特把这个格式塔/完形/模式观念置于其作品的中心位置。他认为,"本尼迪克特在进行'客观'与'主观'的比较时,并非将'主观'视同于某种纯粹的见解或种族中心主义观念,而是试图通过对主体价值观的阐述来解释为什么特定社会成员中会存在某些固定的行为方式。本尼迪克特用模式的概念指称某一社会潜在'存在价值'。"[2]

进一步地,穆尔将《文化模式》与本尼迪克特的其他研究著作进行对比,指出本尼迪克特的其他著述在理论影响方面都未能超过《文化模式》。在他看来,这部著作用清晰的论述揭示了一个社会的基本模式,即形成一个文化的和弦的那套基本价值。同时,他还以尼采的《查拉图斯特拉如是说》来类比此书,指出"正如在《查拉图斯特拉如是说》的开始章节中大调到小调的转移揭示了宇宙的伟大与神秘一样,日神型和酒神型阐明了一个社会的某些基本点。我们要注意本尼迪克特不是在试图创造一种文化的分类体系。……文化不是被历史偶然性堆砌到一起的要素的杂锦拼盘,相反,本尼迪克特表明文化差异是对以社会最基本的核心价值的多方面表达。人类学的目

---

[1] 杰里. D. 穆尔:《人类学家的文化见解》,欧阳敏、邹乔、王晶晶译,商务印书馆,2009年版,第93页。

[2] 杰里. D. 穆尔:《人类学家的文化见解》,欧阳敏、邹乔、王晶晶译,商务印书馆,2009年版,第95页。

标就是记录这些不同的模式。"①

我们可以知道,在穆尔的眼中,《文化模式》是一部极具代表性的著作,它"展示了个体与社会之间一种有趣的冲突:一方面,文化是一种对大多数人都学到并吸收的核心价值的表达;另一方面,总有存在于这段定义了文化的可能性之弧的特定部分之外的个体人格。因此,不仅文化价值是相对的,偏离也是相对的。本尼迪克特这本书是关于文化与人格之间关系的人类学奠基文本之一。"②

日本学者绫部恒雄则对本尼迪克特的研究方法做出了评价。他指出,本尼迪克特时常留心让自己使用归纳实证的方法,而不愿采用演绎法。但是由于本尼迪克特的诗人气质使她的作品往往给人演绎法的印象。如果容许大胆放言的话,我们认为,本尼迪克特的文化模式论的叙述方式虽很陈旧,但其中已潜藏着现代结构主义人类学的许多观点。在绫部恒雄看来,当我们想要深入某一文化的民族精神的时候,只用科学的正攻法,有些方面会无法接近。为了使自己的理解能够到达这种文化的世界观深处,还需要有对这种文化同呼吸共命运的感情,提高洞察能力。而文化模式论的方法论在一个不具备这方面素质的观察者手中会变成一件非常不得力的工具,使人看问题肤浅。尽管如此,对建立一门创造性学科来说,丰富的想象和直觉是非常重要的。文化模式论正是本尼迪克特出色地依靠直觉,在文化人类学中独树一帜的创造。③

(二)国内学者的评价

在《文化人类学理论方法研究》④中,黄淑聘和龚佩华先是对本尼迪克特做了一个较为宏观的评价。她们指出,本尼迪克特以细致丰富的资料为依据,结合人类学、社会学和心理学的知识,概括出一种文化的形态。这也是博厄斯所一贯提倡的;但博厄斯本人未能实现,而他的这位女学生却做得很出色。博厄斯在为本尼迪克特的《文化模式》写的序言中说:"我们必须把个

---

① 杰里.D.穆尔:《人类学家的文化见解》,欧阳敏、邹乔、王晶晶译,商务印书馆,2009年版,第99页。
② 杰里.D.穆尔:《人类学家的文化见解》,欧阳敏、邹乔、王晶晶译,商务印书馆,2009年版,第98页。
③ 绫部恒雄主编:《文化人类学十五种理论》,国际文化出版公司,1988年版,第47~48页。
④ 黄淑聘、龚佩华:《文化人类学理论方法研究》,广东高等教育出版社,1996年版,第193~197页。

体理解为生活于他的文化中的个体;把文化理解为由个体赋予其生命的文化。"博厄斯认为这种对社会心理问题的兴趣与历史方法并行不悖,没有丝毫的对立。

对于本尼迪克特的文化模式理论,黄淑聘与龚佩华认为,本尼迪克特的"文化模式"理论,强调把文化研究的突破口放在把握各种行动和思考方法的特殊性联系中所形成的整体结构上。她的"文化模式"理论对文化人类学,特别是对文化与个性这个领域产生了深刻的影响。在研究方法上,本尼迪克特的"文化模式"理论是从微观考察的基础上概括出一些纲领性的概念。这种理论对文化人类学,特别是对文化与个性领域的研究产生了深刻的影响,她是有贡献的。但本尼迪克特在《文化模式》等著作中,表露出每一种历史悠久的文化都具有一种"心理定向"和判断事物的特定能力,也就是说,文化决定思维方式。而从她对一些文化模式的褒贬中,可以看出她对不同的文化模式是有优劣之分的思想的。

夏建中则认为本尼迪克特的《文化模式》一书在总体上并没有多少谨慎分析去想的研究,这与她此前发表的作品并不相称。本尼迪克特前期的作品诸如《西南文化的心理类型》(1928)以及《北美文化形貌》(1932)中,精神分析的论调占据主导地位。

较为重要的是,我国留美学者李安宅在对祖尼人社会进行调查之后,对本尼迪克特的田野调查工作提出了异议。1936年,他将值得商榷的部分写入《祖尼人:一些观察与质疑》当中,这篇文章得到了《美国人类学家》(American Anthropologist)杂志的青睐,并受到美国人类学界的极大关注。

李安宅主要从祖尼人社会中的宗教与个人、祖尼人社会生活中的领导能力这两个方面对本尼迪克特提出质疑。本尼迪克特仅仅将祖尼人的宗教生活以简化图景的方式来进行描述,认为祖尼人的宗教行为和动机完全没有个人因素。这在李安宅看来是存在漏洞的,他认为"这样的图景一旦经过删改与剪辑,它们就有可能成为独立的、完整的实体,因而极易起到误导作用。"[①]事实上,李安宅指出,祖尼人的宗教反映了他们表达个人感情的特有的性格特征。在调查过程中,他恰好对祖尼人在进行个人祈祷时所表露出的虔诚的宗教气氛印象深刻。在这一点上,他的观点与本尼迪克特的研究

---

① 李安宅:《祖尼人:一些观察与质疑》,乔健编著:《印第安人的诵歌》,广西师范大学出版社,2004年版,第49页。

存在着一定的出入。

再来看祖尼人的领导能力。本尼迪克特眼中的祖尼人,是一群害怕成为自己部落领袖的人。然而,李安宅的调查结果恰恰相反。他指出,其中的问题不是祖尼人是否天生具备领导意识,而是如何评价获得领导地位的途径的差别。"在一个任何事情都是摆在桌面上面对面谈的社会中,稍有常识的人都不会去追求那种明显是不可能的事情,那样只会让自己出丑。即使是那些最渴望也最应该得到高级职位的人,也会在公众面前表现出一种谦让的态度。现代社会有精神病院照料精神病人,但是原始社会只得指控那些精神危险分子犯有'巫术'罪,以贯彻执行'安定第一'的政策,维护社区的公众利益。""在任何现存的社会中,人们都会有一定的野心,这是正常现象。差别在于在不同的文化环境下,获取声望和实现野心的途径是不同的。……不同的社会有不同的游戏规则,规则的存在是普遍的、共同的:具体到祖尼族,不仅存在着为了个人的高升而进行和平形式的斗争,有时候这种斗争还发展成暴力形式。"[1]调查中李安宅发现,在祖尼社会中,许多拥有特权的部落官员确实存在,这证明了在祖尼人当中同样存在着追求社会地位的现象。因此,李安宅评价指出,本尼迪克特对于祖尼人的研究存在着思维方式和文化逻辑上的基本谬误。

(三)我的认识

露丝·本尼迪克特是我所知道的第一个女性人类学家。在我未接触人类学之前,露丝的著作《菊与刀》就已经出现在我的视线里。当时只将其作为文化读本来阅读,但是她对异文化社会的描写和对矛盾性格的刻画依然扣动我的心弦,在我的脑海中泛着涟漪。再次接触露丝的作品便遇到了那本炙手可热的《文化模式》,我在字里行间感觉到了她作为一个女人类学学者应有的知性:身为人类学学者,她必定对文化有着一定的把握和独到的见解;作为一个女研究者,她对文化、对文化心理做出了更为细致的描述。

当然,露丝的创作深深地植根于她所处的文化大背景中——1934年《文化模式》是对功能主义批评的结果。20世纪30年代初是功能主义兴旺发达时期,以马林诺夫斯基和布朗为代表的功能主义学派向人们证明,文化的结

---

[1] 李安宅:《祖尼人:一些观察与质疑》,乔健编著:《印第安人的诵歌》,广西师范大学出版社,2004年版,第61页。

构是一个有机的整体,不是彼此无关的失误拼凑在一起,结构功能主义似乎更多地着眼于客观的事实的静态分析,而忽略了人的主观能动性。露丝正是注意到结构功能主义的不足,才立意探索文化的深层结构与价值概念,把一种文化的制度和习俗当成人们的主观态度的表现来对待。"模式"是一个行动心理学的概念,人们应该根据文化的来龙去脉去评价文化现象,也就是把文化研究的突破口放在把握各种行动和思考方法在其特殊性的联系中形成的整体结构上。

我们可以透过她的作品了解她的研究方法。在《文化模式》中,露丝擅长运用心理学的手法表现北美的夸库特尔人、祖尼人、平原印第安人和美拉尼亚的多布人等四个文化形态,由此展现了文化元素怎样从民族精神和文化形态中吸取自己的意义。而《菊与刀》恰恰是本尼迪克特运用她的"文化模式"理论研究异己文化的成功案例。露丝将文化的概念界定为一切生活方式的总和,分别从政治制度、社会分配、道德理论、习惯民俗等多方面探索了日本的文化模式。她把兴趣和重点放在探索日本人的许多行动和思考方法中形成的整体结构上,最终雕塑出日本文化是不同于欧美"罪感文化"的"耻感文化"。露丝在本书中对日本的文化分析背后蕴含着与西方文化乃至其他文化的对比,其中类型学的方法已经被采用,再就是采用了人类学民族志的写法,关注生活中的具体项。好处是生动真实,并且具有可比较性;不足之处是缺少实地调查的资料,采用的大多是二手资料。

露丝为后世的文化人类学研究留下了宝贵的财富:从她的文化观来看,文化中文化的多样性是整合的前提;文化的多元性是整合的结果。外来文化和自生文化经过冲突交融整合而成,无穷无尽的多样性造就了文化的差异性。面对全球性的趋势,跨文化的传播,不确定性必然会导致强势文化对弱势文化的威胁,但这不代表一种文化会被另一种文化吞噬,相反会促成多元文化的生成,从而变成"和而不同"。在文化人类学的研究中,我们必然会遇到各种形式的文化,彼时我们要以平等的视角去看待这些文化。在进行各种文化评价之前,首先要认真分析这种文化发生的背景,充分理解当地人的想法,再实事求是做出自己的判断。露丝的研究为我们提供了这样的理念,就是以一种冷静、客观、不带偏见的眼光去看待被研究者的文化,学会客位的方法。露丝研究异己文化的态度宽容无比,彰显了一个人类学家所具有的专业素养。

参考文献：

[1]绫部恒雄主编:《文化人类学十五种理论》,国际文化出版公司,1988年版。

[2]杰里.D.穆尔:《人类学家的文化见解》,欧阳敏、邹乔、王晶晶译,商务印书馆,2009年版。

[3]露丝·本尼迪克特:《文化模式》,王炜等译,生活·读书·新知三联书店,1988年版。

[4]褚建芳:《文化模式》,载王铭铭主编:《20世纪西方人类学主要著作指南》,世纪图书出版公司,2008年版。

[5]夏建忠:《文化人类学理论学派——文化研究的历史》,中国人民大学出版社,1997年版。

[6]黄淑聘、龚佩华:《文化人类学理论方法研究》,广东高等教育出版社,1996年版。

[7]李安宅:《祖尼人:一些观察与质疑》,乔健编著:《印第安人的诵歌》,广西师范大学出版社,2004年版。

（原载《民族论坛》2013年第8期）

玛格丽特·米德列传

[摘　要] 玛格丽特·米德(Margaret Mead,1901—1978)是美国著名的女人类学家。她的作品曾轰动一时,《萨摩亚人的成年》是她的代表作。米德开创了文化心理学派,她的研究方法受到各方关注并形成热议,其中不乏最著名的"米德—弗里曼"之争,除此之外还有不少国际国内学者对她和她的研究进行了评价。

[关键词] 米德;萨摩亚人的成年;文化心理学派;米德—弗里曼之争

我们常常觉得学术著作远不及小说来得流行,但每一个领域都会出现一些例外。人类学界就曾出现一部著作,它的普及程度不亚于同一时代的文学作品。20世纪20年代末,一本名为《萨摩亚人的成年》的书籍问世,它吸引了大量读者,成为当时最受瞩目的人类学著作之一。在后来长达六十年之久的岁月里,它的读者群不断地扩大,这也使得它的作者玛格丽特·米德,成为拥有读者数量最多的一名人类学家。

玛格丽特·米德(Margaret Mead,1901—1978)

《萨摩亚人的成年》一书开启了米德对人类青春期的关注,也成为米德研究文化心理学的初始。米德对儿童养育的洞见在美国是广为人知的,作为一个人类学家,她并没有对一个人类群体的培养方式做出优劣判断,而是在思考为什么人类最终会成长为现在这个样子。在米德眼中,这种成长没有既定的思路,但却带着很深的文化烙印。换句话说,人类的成长原因是要适应其所在的社会环境。哪怕米德自己做了母亲,这一观念仍然停留在她的脑海中。当然这是一种颇具说服力且容易让人接受的观念,比如米德的女儿凯瑟琳就对其表示理解,"玛格丽特作为一个母亲而发明的东西比它们如今看起来的要更伟大,因为其中的许多部分已经融入了社会的各种模式中去了。"①

一、生平简介

玛格丽特·米德(Margaret Mead,1901—1978)于1901年12月出生于美国费城。她的父母都是受过教育的中产阶级:其父亲是一位经济学教授,母亲则是一位积极参与社会事业的女性。米德先是在德堡大学接受了一年的教育,之后她转入巴纳德女子学院继续学习,攻读英语和心理学双学位。在巴纳德学院,她广泛地接触了一些主要理论,并参与到有关现代主义发展的讨论当中。也是在这里,米德因为一门选修课而学习了弗朗兹·博厄斯的人类学思想。当时博厄斯正是这门课程的讲述者,他的讲座深深地吸引着米德。从此以后,米德开始走进人类学,博厄斯则成为她学术生涯中的"贵人"。

在上完一个学期选修课之后,米德开始到哥伦比亚大学旁听博厄斯所开设的每一门课程,并参加了他组织的每一个研习班。在这个过程中,米德结识了博厄斯的助手露丝·本尼迪克特,两人一见如故,相谈甚欢。米德也受到了本尼迪克特的影响,准备将人类学作为下一个学习阶段的主要研究方向。于是,在1924年拿到心理学硕士学位之后,米德毫不犹豫地加入博厄斯门下,开始学习人类学。在1925年—1926年,24岁的米德只身进入波利尼西亚群岛的萨摩亚社会,对当地展开了历时近9个月的田野工作。这次田野调查为米德书写《萨摩亚人的成年》一书奠定了基础,成为她人类学学术生涯中的最为关键的"成年礼"和重要转折点。1929年,米德获得了博士学位。

---

① Bateson, Mary Catherine: With a Daughter's Eye; A Memoir of Margaret Mead and Gregory Bateson. New York: William Morrow,1984,转引自杰里.D.穆尔:《人类学家的文化见解》,欧阳敏、邹乔、王晶晶译,商务印书馆,2009年版,第120页。

取得学位后,米德任职于美国自然历史博物馆,后来还担任过馆长的职务。二战期间,她受命成为美国战争情报局讲师,并投入应用人类学研究当中。与本尼迪克特如出一辙,米德开始大范围地对"远方的文化"进行比较研究。二战结束后,她先是在联合国教科文组织工作,后到哥伦比亚大学任教。她曾经先后担任美国应用人类学协会会长、世界精神保健联合会主席,以及美国人类学学会会长等职务。她与本尼迪克特等志同道合的学术好友一同开创了文化人格学派,以文化心理学的视角去看待民族文化,并分析和比较不同文化的发展和演变历程。米德的研究视野广阔,她不仅研究与家庭、教育和社会性别相关的问题,同时还将一些政治事件和社会热点问题纳入她的研究范围。她站在文化人类学的角度与这个世界对话,她的努力也获得了外界的肯定:1969年,美国《时代》杂志用"世界母亲"来称呼这位人类学家。

米德一生有过三次婚姻。还在巴纳德学院就读时,她已经与罗塞·克里斯曼结了婚,1926年认识了心理学家雷奥·福琼后不久,便与克里斯曼分手,1928年10月正式与雷奥在新西兰结婚,但二人在1935年7月亦告离婚,1936年米德与人类学家格列高里·贝特森在新加坡结婚,开始了第三度婚姻,并于1939年12月诞下女儿玛丽·凯萨琳·贝特森,其女儿凯萨琳后来也成为一位人类学家。

二、主要著作概述

米德的著作都基于她的田野调查经历。她与后两任丈夫都有过一同开展田野调查的经历,但她最广为人知的作品则在其个人的田野工作中产生。1925年,23岁的玛格丽特·米德带着照相机、打字机,只身远赴南太平洋上的美属小岛萨摩亚,展开人类学最基础、最重要而艰苦的田野考察。这是米德的第一次田野调查。在那里她染上了可怕的疟疾(并且她一生都在和疟疾做斗争),而且还要面对没有医生、遭遇危险也不能被救助的可能。为了观察萨摩亚青春期的孩子,米德开始学习多种当地的语言。在与萨摩亚村民共同生活数月后,她有了一个世界人类学史上的重大发现:萨摩亚的年轻人能够毫无困难地从孩童阶段过渡到成人阶段,并未经历过美国青少年的青春逆反期。并由此出版了《萨摩亚人的成年》一书。这本备受争议但具有里程碑意义的研究著作出版于1928年,并迅速成为畅销书。书中,米德的观点"文化是青少年行为方式的主要决定因素"更是引起轰动,这个观点比她所身处的时代领先50年。直到21世纪的今天,这个世界才开始赶上她的想法。米德改变了人们思考世界的方式,促使我们反思自己和其他民族的文化。

1929年,米德前往新几内亚生活,研究据说仅仅3年前还在交战、杀头、吃人肉的那些部落,直到今天,还有科学家或记者在那个地区的原始森林里失踪。米德是女冒险家中最冒险的一位,是女战士中最身经百战的一个,她的口头禅是:"世界是我的田野,一切都是人类学!"在新几内亚,米德出版了《在新几内亚成长》一书,她认为,为了使孩子快乐成长,家长应该首先注意自己的价值观。

此后,她和福琼一起参与了两个田野项目:1930年夏天对奥马哈人进行的一次短期调查,这是她唯一一项对美国本土群体的调查;1931年—1933年间,他们展开了更为长期的一次调查,即在新几内亚展开一次跨文化比较。基于此,1935年,米德再以《三个原始部落的性别与气质》一书,对西方社会中的"性别"议题投下炸弹,影响了整个时代的女权运动者,成为现代女性主义的重要理论支持。玛格丽特以她的著作将妇女从自我禁锢的性别模式中解放出来,自然也解放了男人。

在《三个原始部落的性别与气质》中,米德指出为了寻找有关性差异的线索,选择了位处一百英里之内的三个部落进行调查研究。第一个部落即阿拉佩什部落,阿拉佩什部落的男人和女人们的行为就像人们期望中的女人们的行为。阿拉佩什山地的男人们同妇女们一样,可以将守护孩子的责任全部承担起来,可以说,山地男人的角色和女人的角色无异,都是母性的。阿拉佩什幼儿是怎样被塑造成具有随遇而安、温良、被动人格的成年人的呢?在使孩子安静、满足、没有侵犯性和主动性、与世无争而富有责任感、热情、温顺及信任他人的早期教育中,决定性的因素是取决于父母在其面前所表现出的人格,取决于喂养孩子和哄其入睡的方式,取决于训练他们、教他们学会自我控制的方式,以及对他们的宠爱、惩罚、鼓励,以及成年人对他们评判的方式。阿拉佩什人对人有奇特的解释,他们选择了某种在其他社会中的男人和女人身上十分罕见的个性类型作为一种理想的、天赋的行为方式,并将之推及整个社会。很难说男人和女人并无差异,或者说两者都天生具有母性的温良、敏感和被动的特征。阿拉佩什对男人和女人的人格只有一种标准化的模式,这种模式依我们的传统偏见可以描述为母性的、女子气的、非男性的。而居住在相差一百多英里的蒙杜古马人却走向另一极端。

蒙杜古马人，又称芒杜古穆尔人或孟都古摩人，是大洋洲新几内亚群岛及附近岛屿的土著部落的居民。传闻这是一个食人部落，且无论男女都残忍、暴戾、冷酷、好斗、性欲旺盛。他们虽然也忽视性别在确立人格差异中作用，然而无论男女，文化传统强调他们都应具备一种勇猛刚强的性格特征，以致完全摒弃了那种温柔的特征，及通常我们所认为的女子天赋的秉性。传统要求人们，不论男女，都应该自傲自大、举止粗鲁、喜欢暴力。男性和女性的任何温柔的情感都被看成是不合时宜的。这即是作者在书中所说的第二个部落，其男人和女人的行为则像人们期望中的男人们的行为。而傍湖而居的德昌布利人，男性和女性的作用是对立的，是相互补充的。对于德昌布利人，艺术是他们生活的旨趣。每个男人都是艺术家，而且大部分男人不仅精通一种技艺，诸如跳舞、雕刻、编织及绘画。阿拉佩什人和蒙杜古马人都主要着眼于人与人之间的关系本身，而德昌布利人，从理论高度来说，他们注重非个性化的艺术创造。蒙杜古马人寻求自我的扩张，不惜将其他人作为自己的工具，而阿拉佩什人寻求的是自我压抑，他们理想中的男人和女人都是些在为他人奉献中实现自身价值的人，但阿拉佩什人和蒙杜古马人所提倡的价值观都是以个人为中心。在文章中，米德认为文明社会中存在的破除性别为基础的分层而取代按社会等级分层并不是一个真正的进步，只不过是一种换汤不换药的把戏，出身上流的人不可避免地套上了上流社会的人格模式，而贫民窟中雄心勃勃、积极进取的儿童注定不能实现自己的愿望。米德眼中真正解决性别差异的方法，应是采取对性别差异不进行严格的区分，真正让个体差异取代人为差异，只要个体有能力去从事某种职业，性别将不再是限制其才能发展的因素，个体也不必为因此而失去男子气或女子气而顾虑。在这样的文化模式下，不同禀赋的人会找到自己的最合适的位置，而不是被迫套在一个不适合他天资发展的模子里。

　　后来她和格雷戈里·贝特森一起，于1936年—1938年及1939年两次到巴厘岛，并于1938年到新几内亚的雅特穆尔人中做田野调查。巴厘岛的调查因其将摄影作为一项调查手段而引人注目，这次调查促成了《巴厘岛人的特点：一项照片分析》一书的出版。

　　米德的另一本影响全世界的著作是《代沟》，书的原名是《文化与义务——论七十年代各代人之间的新关系》。米德指出"代沟"的无害化，米德认为代沟是老一代在新时代背景下的落伍造成的，解决的办法就是老一代应该虚心向新一代学习。作为母亲的米德，她和女儿之间是没有代沟的，女儿也不仅仅是女儿,而是一个特殊的朋友,是一只小白鼠——她最顺手的研究对象。米德的育儿观念是"我们得教孩子在风暴里筑巢。"她的女儿凯瑟琳·贝特森后来也成为一位人类学家,她说:"我和妈妈从不简单地活着。"在《代沟》一书中,米德通过描述某一群体在成长或因为移民等因素而造成的生长生活环境的改变,来呈现这一群体的心理变化。自始至终,她都认为文化是蕴含在环境之中的。心理变化则表现在文化认同上,换句话说,环境的变动引起了文化认同的改变。

此外,米德还著有一本类似的讨论代沟问题的书籍,即《文化与承诺》。在米德晚年所作的这本书中,米德认为"代沟"的存在既不能归结于社会和政治上的差异,更不能归咎于生物学方面的差异,而应该是文化传递上的差距。在《文化与承诺》一书中,米德首先强调了文化的间断性,将人类文化分为前喻、互喻和后喻三种类型。米德认为代沟的产生并不是因为晚辈的反叛,而是在后喻文化中,老一代的落伍。并认为真正的交流应该是一种对话,双方的地位应该是平等的。只有通过年轻人的参与,利用他们广博和新颖的知识,我们才能建立一个富有生命力的未来。《文化与承诺》的出版,在给米德带来赞誉的同时,也不可避免地受到了守旧的"老一代"的抨击,但是米德清楚地认识到年轻一代的重要性,并做出了比较客观的评价,对文化的发展起到了推动作用。米德赢得了青年人的认同,同时也赢得了未来。

米德拥有丰富的田野经历,也是一个著作等身的人类学家。她的第一次田野调查成就了其最为著名的作品,这里我们简要介绍一下《萨摩亚人的成年》一书。

人类如何度过青春期?不同文化下的人们在青春期中的表现是否存在差异?在《萨摩亚人的成年》一书中,米德认为,要对青春期问题进行研究,"唯一可取的方法只有人类学家的方法,即深入和我们文明迥然相异的另一文明中去,在世界的其他地方对生活于其他文化条件下的人类予以研究。为了进行这类研究,人类学家选择了十分简单、原始的民族。"[①]因此米德选择了萨摩亚,一个位于南太平洋上的岛屿,它距离赤道很近,岛上的居民多是拥有棕色肤质的波利尼西亚人。在经过了9个月的田野调查后,米德记录了处在青春期的姑娘的生活、她们不久也将跨入青春期的妹妹们的生活、她们的兄弟们的生活、她们已经度过青春期的姐姐们以及她们双亲的生活。

---

① 玛格丽特·米德:《萨摩亚人的成年》,商务印书馆,2010年版,第30页。

通过这些描述米德试图回答几个问题,"我们的青少年骚动不宁的青春期危机究竟归咎于青春期本身的特性,还是归咎于我们西方的文明?在不同的条件下,青春期的到来是否会呈现完全不同的景象?"①而米德认为,在具备初民社会特质的萨摩亚岛上,她能够寻找到她想要的答案。

萨摩亚女孩为什么能够坦然面对进入青春期后生理和心理的变化?米德指出,文化因素对发育有着更为重要的意义,因为那些身穿草裙的萨摩亚姑娘在青春期并不存在紧张、抗争和过失,在心理上也不会出现危机和突变。青春期的女孩子和青春期前相比,仅仅是某些生理变化的差异而已。萨摩亚姑娘们之所以能够舒缓、平和地度过青春期,其原因首先在于整个萨摩亚社会充溢着那种普遍的随和性。为什么会有这样与西方社会迥然不同的现象?在米德看来,"如果我们想要了解为什么萨摩亚姑娘在青春期的选择中没有遇到令人心痛的经历,我们就必须从那种轻视强烈感情的萨摩亚文明的气质中寻找答案。"②

首先,萨摩亚人对感情并没有像文明社会中人那么专一,因此在他们的生命中从不会为了感情的事情黯然神伤,也不会上演悲欢离合,在一个缺乏强烈感情撞击的地方,青春期的姑娘们是不会受到任何过于强烈的心理折磨的。这也是萨摩亚青少年处于青春期时能够如此洒脱的原因之一。"萨摩亚社会与西方社会的突出区别,就在于萨摩亚人缺乏专门的感情,尤其是缺乏专门化的两性感情。"③萨摩亚人对婚姻的态度异常理性,他们把婚姻视为一种社会的、经济的安排,人们反复掂量权衡的是财富、等级、丈夫及妻子的技能。因此通奸并非意味着婚姻的破裂,婚外情也得到了人们的默许。

对于萨摩亚小孩来说"性交、怀孕、出生、死亡,这一切都是司空见惯的事情。""对孩子们来说,生死及性关系都是生活中自然的不可避免的组成部分,因此,他们分担这种生存的责任是理所当然的。"④所以他们不会刻意去追求,一切都在顺其自然中行云流水般地发生了。在评价小孩子和青年所做事情的错与对时很少会对性有所约束,儿童时期他们就被鼓励参加一些涉及性爱的游戏。萨摩亚人对每年轻人的性尝试管束不多,他们看不惯的只是那些笨手笨脚、粗枝大叶、不听师长话的年轻人。

---

① 玛格丽特·米德:《萨摩亚人的成年》,商务印书馆,2010年版,第33页。
② 玛格丽特·米德:《萨摩亚人的成年》,商务印书馆,2010年版,第189页。
③ 玛格丽特·米德:《萨摩亚人的成年》,商务印书馆,2010年版,第196页。
④ 玛格丽特·米德:《萨摩亚人的成年》,商务印书馆,2010年版,第200页。

其次，萨摩亚人只有一种简单的生活模式，对萨摩亚人来说，生活的意义是既定的，不会对人生发出痛苦的质疑。同样，在萨摩亚人的社会中，不会有文明社会的一般年轻人都有的那种骚动和压力。他们习惯以随和的态度对待人生，并且由于他们对任何冲突、任何过于强烈的情境都能回避，因此在这样一个没有强烈感情碰撞的地方，青春期的孩子不会受到过强的心理折磨。米德认为，在现代社会，青少年感受到的困难重重的根本原因，是多重性的社会准则自身的相互冲突。青少年苦恼自己的行为是否符合要求、是否正确。对家庭的依赖，使现代社会里的孩子脱离不了周围人们对他的影响，而周围人的行为存在很大的差异，给孩子的选择造成了影响，青春期的孩子对社会不同的行为产生了迷惑，当这种迷惑不能及时地通过有效的行为来排解，就构成焦躁不安的青春期。

这样的情况在萨摩亚人的社会中很少见，米德在调查中发现，对萨摩亚孩子进行教育的不是一个人而是一群人，因此使他们同其他的人协同一致。而萨摩亚的孩子没有现代孩子那样繁多的困惑，"萨摩亚只知道一种生活方式，并把它原封不动地传授给自己的孩子"①，在每个人的行为中他们都有习得，对很多事物他们没有过多强烈的感情，一切都很平淡的，生和死都习以为常的，因此在人们中间没有秘密，也就不存在迷惑，从而就没有了那么多的困惑和焦躁不安。这些就是米德眼中萨摩亚人的青春期，它拥有与米德所在的美国社会截然不同的表现形式，而这一结论到后来则引起了极大的争议。

三、米德的人类学贡献与影响

玛格丽特·米德是20世纪著名人类学家，以对青春期、性和社会化等问题的研究而著名。她以人性、人格和文化变迁为主题，无论是对萨摩亚人的青春期研究、对马努斯儿童的成长和教育的观察、对新几内亚三个原始部落的性别与气质关系的探查，还是对代沟问题的研究，都充分证实了文化多样性对人格和心理塑造的决定性作用，从而表明先前的社会心理学对人的行为模式的描述与阐释并不具有全人类绝对普遍的意义。米德的文化决定论强调文化对人格的决定作用，她的一系列"证伪实验"有力地否定了弗洛伊德的泛性论，并使20世纪前期颇为流行的生物决定论遭遇严重打击，为博厄

---

① 玛格丽特·米德：《萨摩亚人的成年》，商务印书馆，2010年版，第223页。

斯学派提供了强有力的支持理论。米德的研究以及她认为文化对人格的模塑作用的理论对被称作"西方人的心理学"的社会心理学提出了有力的挑战,迫使社会心理学向人类学让步,使20世纪后期的社会心理学不再把从西方社会归纳出来的一些特殊规律视为全人类共有的规律,并在涉及人类行为时都小心翼翼地冠上"在我们的文化中"这样一句限定性短语。她和本尼迪克特等人成为美国人类学的"文化人格"学派的主要奠基者和身体力行者。

米德的文化决定论对文化人类学和社会心理学都产生了深远影响。直到1928年,科学界的主流意见还是人类行为完全由基因决定。在米德之前的美国心理学家斯坦利·霍尔根据其对西方社会青少年的研究,在1907年发表的《青春期》一书中提出了著名的"青春期危机"理论。他认为青春期是一个动荡的过渡阶段,青春期的出现意味着个人心理形态的突变,而这种心理反应的来源,则是由遗传决定的心理因素。而当时学术界又出现了另一种观点,即以玛格丽特·米德为代表所提出的文化决定论或者说是后天决定论。

和基因决定论恰好相反,文化决定论认为,人类的行为如果不是全部,至少在相当程度上是由文化和环境所决定的,基因并不能决定一切。米德通过对萨摩亚村落里50名萨摩亚青少年长期细致的观察访谈,发现萨摩亚文化为其青少年从青春期向成年过渡提供了一个相对平和的环境,可以使他们毫无痛苦地长大成人,从而否定了西方社会普遍认为青少年需经过青春期的骚动和痛苦才能进入成年的观点。《萨摩亚人的成年》这本著作对优生论和基因决定论做出了有力的反击。至少在相当长时期内,抑制了基因决定论的泛滥。1972年人类学家亚当森·霍贝尔称《萨摩亚人的成年》是堪与自然科学实验研究相媲美的经典,同时也是推翻基因决定论最具威力的证伪之作。

根据文化的传递方式,米德将文化划分为三种类型:后象征文化,即晚辈主要向长辈学习;互象征文化,即晚辈和长辈互相学习;前象征文化,即长辈反过来向晚辈学习。后象征文化主要是对这样一种类型的社会文化传递模式的概括,在这种社会里社会变化极其缓慢,生于斯、长于斯、死于斯的人们日复一日、年复一年重复着先人的模式,老年人的过去就是年轻人的现在,年轻人的未来就是老年人的现在,一切都是有条不紊、循序渐进地延续着,其特点是虽然有可能发生这样那样的变化,但是人们的生活道路是不能改变的。互象征文化以向同辈人学习为主要特征，此外它还具有另外两项特征：与其他文化传播形式并存；这种文化模式保存时间不超过几代人以上。互象征文化并不是自动发生的，相反是在适应环境的压力下痛苦的变迁过程。从根本上来说是一种过渡文化，米德列举了战争失败、移民运动、科学发展等促使后象征文化崩溃的因素，来说明互象征文化的存在，是由于其前辈无法提供符合时代要求的生活模式，只能以新的环境中捷足先登的同伴为效仿对象。前象征文化，又被人们称为"青年文化"，是与后象征相反的过程，在前象征文化中，代表着未来的是晚辈而不是长辈，这是由于科技的发展，使年长者的经验失去了传承的价值，而新生活的挑战却激发了年轻一代的活力。

作为博厄斯的学生，米德的研究与她的恩师密不可分。20世纪一二十年代，博厄斯与持生物决定论的"优生学"的信徒们展开了激烈的论战，论战围绕着"青春期究竟是由文化决定的、是属于西方社会的，还是由生理变化造成的普遍症状"的焦点激烈展开。为了解决这一问题，在博厄斯的建议下，玛格丽特·米德于1925年一人前往距美国万里之外的土著部落实地考察。最后的研究成果，写成了三部著作，即《萨摩亚人的成年》《新几内亚儿童的成长》和《三个部落的性别与气质》。这三部著作被称为"来自南海的三部曲"，它们是文化对于心理特征决定作用的有力证据，是米德通过对新几内亚三个原始部落的研究所提供的。通过这三部曲式的研究，米德试图证明，类似社会在一定时期所规定的男女服饰、举止等与生理性别无关一样，两性心理特征的许多方面极少与性别差异本身有关。所谓男性和女性的特征并不依赖于生物学的性别差异，它们其实是特定社会文化条件的反映。综上所述，米德不仅倡导文化决定论，同时还是文化心理学派的代表人物，这就是米德在人类学史上的最大贡献。

四、人类学界对米德的评价

（一）国际学者的评价

作为人类学家，玛格丽特·米德取得了举世瞩目的伟大成就。在美国，她是一位家喻户晓的人物，一位学界名流，一位和居里夫人齐名的杰出女性。《纽约时报》曾指出："正是她（玛格丽特·米德）在研究方法上的创新，把社会人类学带入了光辉的科学时代。"1978年，吉米·卡特总统对她的逝世深表哀悼,并说:"她已将文化人类学的视野与思考问题的方式教给了成千上万的公众。"

米德的海岛三部曲,开辟了文化与人类研究的新兴领域。在当时基因决定论盛行之际,米德几乎单枪匹马地以其由新奇的故事和浪漫的文字组成的专著《萨摩亚人的成年》杀入优生论者的腹地。在这部作品中,米德采用跨文化并置法对萨摩亚人的青春期与美国人的青春期进行了比较研究。在她的导师博厄斯眼中,"她那得之不易的调查结果,证实了人类学家长期持有的猜测:以往我们归诸人类本性的东西,绝大多数不过是我们对于生活于其中的文明施加给自己的种种限制的一种反应。"①

米德的《萨摩亚人的成年》在得到极高评价的同时,也不可避免地受到了多方面的批判。其中以来自德里克·弗里曼的批评最为著名,"米德—弗里曼之争"也成为人类学史上最为激烈的论战之一。

1983年,在米德去世后的第五年弗里曼推出了《米德与萨摩亚人的青春期——一个人类学神话的形成与破灭》一书,在书中对米德的萨摩亚研究的方法论、具体研究条件和方法提出了质疑,并认为米德的经验证据和结论存在着根本性的错误。他以其长达4年的田野研究经验向学界宣称:萨摩亚社会有着严格的基于血统的等级制度,有着对少女童贞的极度崇拜,自杀率和侵犯行为发生率高,青春期冲突非常普遍,等等。在弗里曼看来,米德研究结论的严重错误具有必然性,因为她着眼于"意识形态"的成功,一心寻求能够"证明"文化决定论的解释,从一开始就违背了科学的立场与方法。弗里曼还撰文和发表专著强调米德受到了其信息提供者的愚弄,年轻的米德在调查时过于轻信,把采访对象讲的笑话当成了事实,用来迎合其导师博厄斯的文化决定论观点。

比如,弗里曼指出,由于米德无法参与萨摩亚社会的政治生活,她对萨摩亚的等级社会产生了误解。她认为象征酋长就像其头衔名称一样,只存在象征意义,而议事酋长则是社会事务的决定者。而事实上,在萨摩亚社会中,象征酋长阿里依地位较高,他不仅掌握着萨摩亚社会最高的政治权力,同时他本人也受到人们的尊敬和爱戴,此外他还享有一些特权,比如拥有尊称、可以为住址命名等。若有重大事件,则都在象征酋长间商议,做出决策

---

① 弗朗兹·博厄斯:《1928年序言》,载玛格丽特·米德:《萨摩亚人的成年》,商务印书馆,2010年版,第15页。

之后再进行裁决。另一种是议事酋长图拉菲尔,是一种隶属于其象征酋长并身负要职的酋长头衔。象征酋长和议事酋长之间以一种社会联结的方式表现出来。

伴随着这样的等级制度,萨摩亚社会中的竞争往往激烈而残酷。"萨摩亚的等级制度远非具备米德宣称的'善于革新''极端灵活'这些特征。而事实上,它是一个本质上十分守旧的制度,在酋长制的繁文缛节之下充满了紧张而长期的竞争。"①竞争或因为优先顺序而展开,或在同一家族不同支系间爆发。

说到竞争,米德将萨摩亚社会描述为一个消除竞争顺序的合作型社会,也就是说,尽管萨摩亚人身处等级制度之中,激愤敌对的状态已被消除或者弱化了。这一观点遭到了弗里曼的反驳,他尖锐地指出:"认为在这些讲究仪式细节的等级制中竞争被取消了,那就是一个根本性的错误。"②紧张而普遍的竞争关系并没有从萨摩亚社会消失,相反的,它于竞技活动、宗教制度、政治组织中无处不在。

我们从弗里曼的反驳中可以看到,萨摩亚人的社会并没有像米德描述的那么平和,竞争是如此,社会秩序也是这样。当萨摩亚人做出违背社会原则的事情,萨摩亚人的社会秩序并不仁慈宽厚,它也是标榜惩罚的,并且惩罚带有一定的严厉性。正如弗里曼所归纳的那样,"在萨摩亚社会文化中有这样一种传统,为了维护对权威阶层的服从和尊重,会借助于使用惩罚措施,而且常常是极为严厉的惩罚措施,并且还要求犯了过错的人必须毫无异议地接受惩罚。"③

在萨摩亚儿童的抚养问题上,米德认为,萨摩亚儿童没有强烈的情感起伏,他们生活在分散而温情的社会环境中,与父母和其他家庭成员的关系并不亲密。就弗里曼而言,"米德对孩子与他父母亲之间关系的这种看法,是她对萨摩亚人青春期的全部描述的基础,但明显不符合萨摩亚人生活的真实情况。"弗里曼在调查中发现,萨摩亚的家长对子女非常喜爱,然而他们并

---

① 德里克·弗里曼:《玛格丽特·米德与萨摩亚——一个人类学神话的形成与破灭》,商务印书馆,2008年版,第125页。
② 德里克·弗里曼:《玛格丽特·米德与萨摩亚——一个人类学神话的形成与破灭》,商务印书馆,2008年版,第129页。
③ 德里克·弗里曼:《玛格丽特·米德与萨摩亚——一个人类学神话的形成与破灭》,商务印书馆,2008年版,第175页。

不放纵儿童的成长,而是在子女幼年时期就加以严厉的纪律和惩罚约束。

而当弗里曼批判米德的作品问世之后,弗里曼也受到了学界的很多批评,这些批判主要是针对弗里曼的依据。弗里曼认为米德的调查结果不符合他自己在萨摩亚所做的调查。但是弗里曼是在米德调查的15年后才抵达萨摩亚的,此时,萨摩亚的文化已发生了很大的变化,许多萨摩亚人改信基督教,接受了与当时的美国人相同的性道德观。而且,弗里曼调查的地区与米德的并不相同。但是这种地区和时代的差异却没有被考虑。此外,弗里曼也没有考虑他和米德作为采访者的差异:面对一个中年男人,年轻妇女未必愿意坦率地向他讲述自己的性经历。同时,弗里曼在对米德的采访对象进行重采访时,他们已经从十几岁少女变成了七八十岁的老太太,并成了基督徒。一个改信基督教的萨摩亚老人不太可能会承认自己在年轻时的放荡行为。而即便是弗里曼自己的调查结果也表明当时的萨摩亚年轻人在性方面相当开放:20%的15岁萨摩亚人、30%的16岁萨摩亚人和40%的17岁萨摩亚人有过婚前性行为。这与米德的调查结论没有太大的出入。再来说说弗里曼的最主要的证人法阿普拿阿,她是个高级女佣,按照信基督教的萨摩亚人的道德准则,她必须守住贞洁。虽然弗里曼相信年轻的法阿普拿阿欺骗了米德,但是也有可能是年迈的法阿普拿阿欺骗了弗里曼。

总之,这一著名的论战受到了人类学界的多方关注,同时也引起了人类学家对民族志真实性的进一步反思,以及为了创建一个更为科学的人类学范式而努力。

(二)国内学者的评价

在人类学界,"米德与弗里曼之争"不可避免地频繁地被人提起。几十年后的今天,阅读米德的著作又有怎样的意义呢?范可在《重读米德的意义》[①]一文中指出,我们重读米德并不在于从中能获取什么新的知识与洞见,也不在于从中获得破题的机缘,为开拓新的研究领域和课题做准备。除了米德的理论及其在学说史上的意义之外,我们阅读米德恐怕还得更多地考虑如何像米德的那样来发现我们自己感兴趣的、可供研究的问题。一方面,米德的著作为莘莘学子提供了一个增加自身储备的机会。它必然能为年轻

---

① 范可:《重读米德的意义(代译序)》,载玛格丽特·米德:《萨摩亚人的成年》,商务印书馆,2010年版,第 iii ~ xii 页。

学子提供养分,帮助他们在学术上向"成年"过渡。另一方面,米德的文风也应当对我们有所启迪。米德和本尼迪克特,以及许多著名的人类学家都不会把东西写得让人不知所云。他们往往开门见山平铺直叙,却又娓娓道来,把枯燥的研究写得令人兴趣盎然。这种写作风格是我们所应当学习的。

庄孔韶则从"米德与弗里曼之争"中看到了人类学回访的价值。在《回访的非人类学视角和人类学传统》①一文中,他指出围绕弗里曼和米德的争论及其评论涉及的问题和因素极为复杂,如田野的质量、立论的根据和结论过程、可验证的和不可验证的、撰写的可信度、时空关系、社会变迁的速率与向度、大学者的声誉、学术霸权与回应、对初访与回访动机的理解等;此外,还关涉人类学学者及其评论者的国别、族群、文化、区域学术圈层认同,以及历史渊源等。他进一步说明,弗里曼和米德的学术争论并没有唯一的结论,然而我们从中引申出的问题不在于个人的意图或用心之臆测,而是人类学学者在思考上述多元干涉性因素之时如何把握学术评估的尺度,不断改善人类学从参与观察到撰写的整个进程,实在是最为重要的事情。由此,庄孔韶得到了反思,指出当我们分别阅读米德和弗里曼的代表作品之时,我们每个人都会有一个自己的结论,这是一个人人学习、人人评价的过程。我们或许已经能够说出他们谁在何种问题上正误的断言,或许有时又难以说出,然而我们必须鼓励学术质疑的思想与行动,因为这是学术良性发展的有效的调节剂。

除了"米德与弗里曼之争"外,国内的人类学界也就其他方面对米德做出评价。人类学家张帆就米德的文化决定论给出了评述。在《人类学与社会心理学的结合》②一文中,她明确了米德文化决定论的地位。米德用文化决定论思想书写了一系列的经典著作,这些作品也奠定了她在人类学文化心理学派当中的位置。米德的理论延续了博厄斯学派的思想,她的做派也为后者提供了强有力的理论支撑:她采用实例证明了弗洛伊德泛性论的盲点,辨明优生学的缺陷,驳斥了生物决定论,并代之以文化决定论。

米德的理论并不是凭空而来,而是在多次的田野调查基础上应运而生。她研究萨摩亚人的青春期,深究代沟问题,观察马努斯儿童的成长和教育,

---

① 庄孔韶:《回访的非人类学视角和人类学传统——回访和人类学再研究的意义之一》,载《西南民族大学学报·人文社科版》,2004年第1期,第1~3页。
② 张帆:《人类学与社会心理学的结合:玛格丽特·米德之文化决定论综述》,载《社会科学评论》,2007年第3期,第114~124页。

探查新几内亚三个原始部落的性别与气质,这些都是她例证理论的实例来源。她将文化代入,在不同的社区中寻找群体性格在社区文化背景当中的变迁和影响。通过一系列的例证,米德发现无论是泛性论也好,还是优生学也罢,前期的理论对人类行为模式的讨论都不存在普遍意义。就此,米德提出了文化在塑造人类性格和心理上的重要作用,即她的"文化决定人格论"。

在肯定了米德的文化决定论之后,张帆也指出了米德"文化决定人格论"的不足之处。首先是理论上的缺陷。米德所提出的文化决定人格只考虑到了精神文化方面,却忽略了器物层面的文化因素。从某种意义上来看,她的理论打破了文化与人格相互关系的逻辑平衡,使得两者之间只呈现出一种单向的逻辑联系。这种文化与人格的外在关系的割裂,不利于对两者内在本质及其关联性的描述和分析。同时,米德采用一种单一性格的养成来阐释整个社会群体的性格塑造。很遗憾的是,这种解析方式并没有带来以小见大的效果,反而使她的理论在以偏概全的描述中根基不稳。

其次,张帆还列举了这一理论在研究方法上的缺陷。作为一个人类学家,米德在调查中很好地运用了人类学的田野调查方法。但就理论体系的形成来看,她的研究出现了定量分析的缺失。此外,米德过分急于佐证文化决定论而忽略了材料来源的确切程度,她的理论提出的真实性也因此遭到了人类学界的非议。

此外,也有学者将米德视为女性主义者。孙晓天和李晓非通过《玛格丽特·米德与女性主义》[①]一文对米德的女性主义做出了以下的评价。首先,米德在其著作中为女性主义的发展提供了理论支持。其次,米德还致力于推广女性主义思想。她相信普通读者的智力,她成功地向公众推广了文化人类学知识,同时也成功推广了女性主义意识。米德善于利用官方和民间的各种渠道,包括广播、电视、报刊等大众传播媒体,积极推广人类学知识和女性主义观念。她巡回世界,就宗教女性、犯罪、婚姻问题等几乎所有的社会问题进行了大众演讲,并向女性杂志《红皮书》坚持投稿十六年之久。米德使社会认识了女性能力的丰富性和可塑性。她的作品对几代美国妇女都有着深刻的影响。米德不仅从人类学角度对女性主义研究贡献了基础理论,而且她本人也是一位坚定的女性主义者。在米德进入学术界的 20 世纪

---

① 孙晓天、李晓非:《玛格丽特·米德与女性主义》,载《经济研究导刊》,2011 年第 9 期,第 235~236 页。

20年代,还是职业女性受到男性普遍排挤和压制的时期,但米德在五十多年的岁月中,长时间、大领域地考察了那些连男人都很难忍受的边远和危险的地区。"女人应该保留她们自己的独立身份,不应该隐藏在男人的背后。"

在他们眼中,米德就是当时的新时代下的新女性。当米德与罗塞·克里斯曼结婚时,她决定保留自己单身时的名字。这在当时的美国是不寻常的和大胆的,曾引起当地舆论的纷纷议论。米德以自己的行动践行着自己所倡导的女性主义理念,在个人取得巨大的学术和社会影响力的同时,有力地推动了世界女权主义运动的发展。

(三) 我的认识

我曾经对米德的著作中毒很深,尤其是在阅读《萨摩亚人的成年》的时候。这本书一度让我觉得它具有成为人类学"圣经"的潜质。

就在我刚开始阅读米德作品前不久,美国社会出现了一个著名的、带有一定争议性的"虎妈"。"虎妈"掀起了当代社会对精英教育的热议,我不禁思考,在青少年的成长教育方面,萨摩亚和当代社会是否有一些异曲同工之处呢?在"虎妈"撰写的书籍中,"虎妈"的女儿们,即年轻的美国第三代祖上属于移民家庭,她们的双亲有一方信仰犹太教。这种熔炉性极为明显的生长环境带给了这个家庭非常多的选择,但随之而来的便是代与代之间、亲子之间的冲突。比如,曾经对其子女严厉有加的"虎妈"父母则对孙辈们无限疼爱:满足她们的所有要求、允许她们做所有想做的事情,等等。这些举动往往超越了"虎妈"严厉教育的界限,两种教育观念相互摩擦,产生了一定的冲突。再如,"虎妈"的女儿们接受了东方式的严厉教育,受到了家规"十要""十不要"的约束,这使得很多时候她们要在家人的判断与自己的喜好之间做出选择。毫无疑问,激烈的冲突如期而至,带来了痛苦和忧愁。"虎妈"书中描述的年轻一代所接受的教育,与米德因萨摩亚而反思她所在社会的教育问题如出一辙,它们都面临着选择,却又无法因为某一选择而一劳永逸,因为选择将会带来冲突,使得人们在选择中纠结不断。

米德在他者的世界思考她所在的社会,这一对比和反思恰恰符合了人类学田野的特质。然而,萨摩亚社会真的向米德描述的那样吗?对于它的真实性的思考,我在米德的著作中得不到答案,直到读到了弗里曼的著作,弗里曼对米德萨摩亚研究真实性的考证,令我大吃一惊,这部人类学的"圣经"顿时成为童话中的城堡、沙漠中的海市蜃楼。

在读完了弗里曼的《玛格丽特·米德与萨摩亚》一书之后，我意识到两位学者之间并不存在所谓的对与错，毕竟批评和争论是在学术争鸣中不可缺少的，人类学也是一个兼容并包的学科，在争论声中，我们才能得到更多的学术反思还有进步。然而在人类学刚具雏形的那个年代，作为一个女人类学家，米德已经颇具胆识，她和她的同事们，所取得的成就和对人类学的贡献仍然熠熠生辉。

参考文献：

[1] Bateson, Mary Catherine: With a Daughter's Eye ; A Memoir of Margaret Mead and Gregory Bateson. New York: William Morrow, 1984. 转引自杰里. D. 穆尔：《人类学家的文化见解》，欧阳敏、邹乔、王晶晶译，商务印书馆，2009年版。

[2] 玛格丽特·米德：《萨摩亚人的成年》，商务印书馆，2010年版。

[3] 弗朗兹·博厄斯：《1928年序言》，载玛格丽特·米德：《萨摩亚人的成年》，商务印书馆，2010年版。

[4] 德里克·弗里曼：《玛格丽特·米德与萨摩亚——一个人类学神话的形成与破灭》，商务印书馆，2008年版。

[5] 范可：《重读米德的意义（代译序）》，载玛格丽特·米德：《萨摩亚人的成年》，商务印书馆，2010年版。

[6] 庄孔韶：《回访的非人类学视角和人类学传统——回访和人类学再研究的意义之一》，载《西南民族大学学报》（人文社科版），2004年第1期。

[7] 张帆：《人类学与社会心理学的结合：玛格丽特·米德之文化决定论综述》，载《社会科学评论》，2007年第3期。

[8] 孙晓天、李晓非：《玛格丽特·米德与女性主义》，载《经济研究导刊》，2011年第9期。

（原载《民族论坛》2013年第9期）

克劳德·列维-斯特劳斯列传

[摘　要]克劳德·列维-斯特劳斯(Claude Levi – Strauss, 1908—2009)是法国社会人类学家,结构人类学的首创者。他一生所出版的著作众多,其代表作品有《忧郁的热带》(1955)和《野性的思维》(1962)。"结构人类学"是列维-斯特劳斯最主要的学术贡献,其研究也围绕结构展开,对亲属制度和神话进行结构分析。列维-斯特劳斯的结构人类学也引发了国内外学者的热议:国际学者反思其研究方法;国内学者则在评价其研究的基础上,思考了其留下的启示。

[关键词]结构人类学;结构;亲属制度;神话

20世纪六七十年代,结构主义在西方人类学界中崭露头角。"结构"一词是列维-斯特劳斯结构人类学的核心。他以"结构"作为认识世界的方式,创立了一套分析方法,在社会现象中找寻二元对立,继而挖掘其深层结构。

埃德蒙·利奇(Edmund Leach)曾指出:"近年来如果不是发展出了与列维-斯特劳斯著作的这种辩证关系的话,它就不会是今天这个样子。我不知道有哪个英国社会人类学家曾经宣称自己对列维-斯特劳斯的那种结构人类学具有饱满的热情,但是,同样的,也没有哪个英国社会人类学家不曾受到列维-斯特劳斯作品的深刻影响。"①作为结构人类学的创始人,列维-斯特劳斯在学界的名声可谓毁誉参半:他的研究影响了一大批人类学家;但真正醉心于其结构分析方法的人类学家,则寥寥无几。利奇的这段话就是对这一事实最好的体现。

一、生平及学术历程简介

克劳德·列维-斯特劳斯(Claude Levi – Strauss, 1908—2009)是法国著名的社会人类学家、结构主义人类学的创始人。他于1908年出生于比利

---

① 转引自杰里.D.穆尔:《人类学家的文化见解》(中译本),商务印书馆,2009年版,第264页。

时布鲁塞尔，后来随家定居巴黎。1927年—1932年间，列维－斯特劳斯进入巴黎法学院（现属于索尔邦大学）学习，并获得了哲学学士学位和法学硕士学位。毕业之后，他被分配到法国的一所中学教授哲学。

在上学期间，列维－斯特劳斯曾经阅读了一些哲学、心理学以及法国社会学派的作品，并从中对卢梭哲学、弗洛伊德的精神分析学和马克思主义产生了浓厚的兴

克劳德·列维－斯特劳斯（Claude Levi-Strauss, 1908—2009）

趣。他首次接触人类学是在1934年，当时列维－斯特劳斯阅读了罗维所著的《初民社会》，这也是列维－斯特劳斯阅读的第一本人类学专著。从此，他的研究兴趣转向了人类学。同年，列维－斯特劳斯开始在巴西圣保罗大学教授社会学，并一直工作到1937年。在巴西任教期间，他曾经前往巴西内地进行了5个月的民族志调查；在辞去教职之后的两年间，他在此对巴西中部高原和亚马孙河流域的印第安人进行了调查。在这一系列田野经历的基础上，他撰写出了风靡一时的民族志《忧郁的热带》。

1939年—1940年间，列维－斯特劳斯在法国军队服役。随后，他辗转到达纽约，开始在纽约社会研究新学院担任客座教授，并在此期间解释了结构语言学家罗曼·雅各布逊。1945年，列维－斯特劳斯以《语言学和人类学的结构分析》一文，首次显示出了他将结构主义的研究方法引入人类学的意向。1946年—1947年，他担任法国驻美国文化参赞。在随后的两年里他发表了两篇人类学论文，即《纳姆比克瓦拉印第安人的家庭生活与社会生活》

和《亲属关系的基本结构》，此时，他已经开始运用结构主义方法研究人类社会，并在论文中展示了他所取得的一些成果。这两篇学术论文使他获得了巴黎大学博士学位。

之后，在1950年，列维-斯特劳斯担任巴黎大学高等学术研究院的社会人类学实验室主任，1959年任法兰西学院社会人类学主任，同时，在1953年—1960年，他还担任国际社会科学理事会常任秘书。1973年当选为法兰西科学院院士。在上述多项任职期间，列维-斯特劳斯还不忘学术研究，出版了《结构人类学》（第一卷，1958年）、《图腾制度》（1962）、《野性的思维》（1962）、《亲属关系的基本结构》修订版（1967），以及四大卷《神话学》（1964—1971）等重要著作。1982年，列维-斯特劳斯退休，不再为法兰西学院授课，但仍担任社会人类学实验室的成员。2009年10月30日，列维-斯特劳斯因病辞世。

早年，列维-斯特劳斯从哲学转向人类学。这在他自己看来，实属偶然，但也是事出有因。比方说自孩提时代起，他就对异国古玩充满兴趣。再如，20世纪30年代欧洲大陆民族学研究气氛浓厚，此时他又被《初民社会》一书所吸引。从这本书中，列维-斯特劳斯隐约看到调和自己所受的职业教育和自身冒险爱好之间矛盾的办法，因为这本书的作者完全与当地劳动者融合在一起，令人难解难分。而他的这一想法也得到了其学长保罗·尼赞的支持。[①] 列维-斯特劳斯认为，他本人的思维模式与人类学的研究方法有着结构上的一致性，因此，他逐渐被人类学所吸引。

列维-斯特劳斯一生学术成果众多，也获得了许多的荣誉，例如获法国最高科学荣誉奖——全国科学研究中心金质奖章，以及包括赫胥黎纪念奖章在内的法、美各国颁发的奖章。同时他还是多个国家的科学院院士，并多次获得名誉博士学位。不仅如此，他的著作也得到了广泛的引用。这一切足以证明列维-斯特劳斯在人类学界的地位和权威。

二、主要著作概述

作为一个人类学家，列维-斯特劳斯非常具有开拓性，他潜心于寻求人类社会所存在的逻辑结构及其意义。他的人类学著作相当丰富，在其作品

[①] 刘源：《列维-斯特劳斯及其结构主义》，载《人类学经典导读》，庄孔韶主编，中国人民大学出版社，2008年版，第70页。

中,他将结构主义引入人类学研究,并以此为出发点,在多个学科领域中运用其分析方法。他首先以语言学为切入点,在《语言学和人类学的结构分析》(1945)一文中,第一次尝试用结构分析的方法进行人类学研究。随后,他继续采用结构主义方法研究人类社会,并在《纳姆比克瓦拉印第安人的家庭生活与社会生活》(1948)和《亲属关系的基本结构》(1949)两篇学术论文中展现其当时的主要成果。

从20世纪50年代开始,列维-斯特劳斯的研究开始受到世人的瞩目。《忧郁的热带》(1955)一书不仅包含了他在巴西中部的田野经历,同时还倾注了他在调查工作中寓意深远的思考历程和生活体验。此书的公开出版,是结构主义思潮产生的标志,《结构人类学》(第一卷,1958)的出版,标志着其结构人类学的研究已经走向成熟。之后,在20世纪六七十年代,列维-斯特劳斯还陆续出版了一系列重要著作。他从语言学、逻辑学、历史学等多个方面剖析了原始社会中的命名与分类、结构与事件、自然与文化等问题,以此出版了《野性的思维》(1962)一书;他研究亲属关系中的制度与交换,将《亲属关系的基本结构》修订成册(1967);他运用逻辑学理论对神话进行结构分析,出版了四大卷《神话学》(1964—1971);同时,他还把一些论文整理成册,编辑成《结构人类学》第二卷(1976)进行出版。

这里主要对《忧郁的热带》(1955)和《野性的思维》(1962)进行概述和分析。

(一)简述《忧郁的热带》

《忧郁的热带》是一部民族志作品,但它与传统意义上的民族志又不完全重合。其一在于它完全来自于列维-斯特劳斯的田野调查笔记,其二则在于这本书中鲜有学术理论的身影。事实上,列维-斯特劳斯一下笔就坦白且非常不客气地说,"我讨厌旅行,我恨探险家。"[1]他没有赞美他所从事的学科,也没有表达他对"人类学家"这个职业的敬业态度,反倒是以这样平实而直接的方式留下了一些质问与疑惑。在书中,类似的"真情流露"并不少见:他曾因为遇见蒙碟人萌生对人类学学科的质疑;在书的末尾,借用歌剧表达他的质问。也难怪詹姆斯·布姆(James Bom)用"辛辣的""谜一样的"

---

[1] 列维-斯特劳斯:《忧郁的热带》,王志明译,生活·读书·新知三联书店,2000年版,第1页。

来描述这部作品，并指出它"是为所有游记敲响丧钟的游记"。

当然，作为一部民族志，《忧郁的热带》是建立在田野调查的基础上撰写而成的。书中记录了列维－斯特劳斯的两次调查经历。他的第一次热带之旅始于1934年，当时的列维－斯特劳斯刚刚获得了在巴西圣保罗大学任教的机会。经过一番坎坷，他找到了印第安人社会，并对卡都卫欧族和波洛洛族进行了调查。在第二次调查中，他则是寻访了当时还未有人类学家涉足的南比克瓦拉族和吐比克瓦希普族。

《忧郁的热带》（1955）

1. 两次"热带之旅"

20世纪30年代初，列维－斯特劳斯几经辗转到达南美的巴西。然而这块被他称作"新世界"的大陆远没有想象的那么美好。"接近新世界这件事实的感觉和'巴西'这个字眼在巴黎所引起的种种联想南辕北辙"①，在他看来，南美的城市实属文明脱落，前景黯淡。比如里约热内卢城内的景观与其城市本身并不协调，它们不再带有这座城市的历史痕迹，反而是机械地在欧洲模式的背影中前行。同时，南美的城市对列维－斯特劳斯的调查计划不存在实质性的帮助。身居圣保罗可以轻易成为一个走访周边村落的所谓"星期天人类学家"，却无法接触到印第安人。于是，列维－斯特劳斯离开了城市，经过千方百计地寻找之后，他遇见了真正的印第安人，那里居住着四个民族，分别是卡都卫欧族、波洛洛族、南比克瓦拉族和吐比克瓦希普族。

列维－斯特劳斯首先接触到的是卡都卫欧人。他们居住在巴拉圭左岸，以烧制陶器为生。在这个社会中，贵族制度等级森严，三重阶级划分严重不均衡。不仅如此，互惠与等级的矛盾在卡都卫欧人中间无法成功掩盖或解决。这一矛盾潜移默化地影响着人们的生活和社会结构。它使得能够通婚的范围越来越小，随之而来的内婚制又导致了整个社会的不团结。

---

① 列维－斯特劳斯：《忧郁的热带》，王志明译，生活·读书·新知三联书店，2000年版，第85页。

社会矛盾无法解决,但卡都卫欧人心中依然存在着完善社会的幻梦,于是,他们以艺术的方式来表达这样的远景。卡都卫欧人的脸上和身体上都绘制着图案精细的刺青。这在当地人眼中,表达了对自然的负面情愫,他们认为这些图案是区分人与野兽的标志。但在列维-斯特劳斯看来,这些有着多重主题、构图不对称的图案实现了两个功能:"首先,脸部绘画使个人具有人的尊严;他们保证了由自然向文化的过渡,由愚蠢的野兽变成文明的人类。其次,由于图案依阶级而有风格与设计的差异,便表达了一个复杂的社会里面地位的区别。"①其中,在卡都卫欧妇女身上绘制的图案,所表达的就是上文提及的社会愿望,那个社会也许是一个"黄金时代",它所拥有的完善制度,是卡都卫欧人触不可及的迷梦。

随后,列维-斯特劳斯乘船来到库亚巴,在这里他接触了被他称为"有美德的野蛮人"的波洛洛族。这是一个富有生命力的族群,他们全身装饰着的人体彩绘,拥有低沉而音域宽广的歌声。他们的社会实行半族制度,圆形的村落划分为却拉和图加垒两个半族,两个半族之间相互帮助,关系密切。半族内遵循母系制度,族人与其母亲同属于一个半族;同时还实行半偶婚,即两个半族互相通婚,一个半族的男人只能和另一个半族的女人结婚。而除了半族之外,波洛洛人的村落还由与半族界限垂直的上江、下江两部分组成。最让列维-斯特劳斯无力掌控的则是波洛洛人社会的细致的分类和繁杂的制度。他就在这样一个族群中结束了他在南美的第一次游历。

列维-斯特劳斯的第二次游历同样艰险,在经历了一番磨难之后,他终于寻找到了南比克瓦拉人。这个族群拥有简单的物质生活和复杂的社会生活。在他们的社会中,人们实行着明确的交表婚制、性别分工以及酋长制度。有趣的是,当地酋长的主要任务不是统领族群,而是带领族人觅食。

列维-斯特劳斯与酋长进行接触,并通过这一过程分析了人们对文字的误解。人们总是认为,文字的出现与书写的普及是促进文明的方式,但在列维-斯特劳斯看来,"书写文字似乎是被用来做剥削人类而非启蒙人类的工具……那书写的通讯方式,其主要的功能是帮助进行奴役。"②彼时,列维-斯特劳斯希望通过酋长与土著部落进行物物交换,在商议过程中,酋长突

---

① 列维-斯特劳斯:《忧郁的热带》,王志明译,生活·读书·新知三联书店,2000年版,第233页。
② 列维-斯特劳斯:《忧郁的热带》,王志明译,生活·读书·新知三联书店,2000年版,第385页。

然拿起笔,想要进行形式上的"书面交流"。由此,列维－斯特劳斯认为,书写的真相在于实现支配,而后才是进行交流。

列维－斯特劳斯最后到访的是吐比克瓦希普族。但作者对于这一民族似乎没有过多的兴趣,仅仅描绘了当地酋长如何解决男女比例失调问题和举行舞会的职责之后,便草草收场。他的两次热带之旅也就此终结。

2. "热带之旅"中的两次反思

在对南美印第安民族展开调查之余,列维－斯特劳斯曾两次对人类学这一学科进行反思。他在找寻吐比克瓦希普族的途中偶遇了自称为"蒙蝶人"的印第安群落。这一群落在遇见列维－斯特劳斯之前从未与任何白人以及白人社会有过接触,可以说是真正的"原始民族"。群落中的印第安人热情友善,很乐意向到访的人讲述他们的习俗与信仰,但他们与外界不存在可以相互沟通的语言,因此了解他们十分困难。

当时,列维－斯特劳斯的在南美的考察已经接近尾声,他不仅无法与他们沟通,也无法花费时间真正地去了解他们。在他看来,这个原始民族近在眼前,却无法触及。这让他对人类学田野调查的方向产生怀疑。他指出,如果其他族群是与我们所在的族群相异,那么研究异族对于本族来说具有什么样的意义?倘若他族与我们相同,那么我们为何又要到他族社会中进行研究呢?他的疑问像是两个极端,但无论哪一极都有可能得出同一个结论,即不存在研究他族的理由。"人类学所做的研究观察,只进行到可以理解的程度,然后就中途停止"[1],列维－斯特劳斯认为,长期回避着这两个极端,人类学有可能发展成为自欺欺人的学科。

是否真的不存在研究他者社会的理由呢?解读这一问题,与列维－斯特劳斯的第二次学科质疑有关。

在"热带之旅"接近尾声时,出现了歌剧《奥古斯都封神记》,它讲的是加封奥古斯都皇帝为神的故事。列维－斯特劳斯将其寓意解读做"一个在不正常的生活条件中度过一段长时间以后的旅行者,所显露出来的心理失调。"[2]重点不在于这一寓意所反映的心理写照,而在于他因此提出的疑问:为何人类学家需要远渡千里之外去探寻人生?若是他者社会真的存在价

---

[1] 列维－斯特劳斯:《忧郁的热带》,王志明译,生活·读书·新知三联书店,2000年版,第430页。

[2] 列维－斯特劳斯:《忧郁的热带》,王志明译,生活·读书·新知三联书店,2000年版,第498页。

值,那么人类学家是否会因为投入这种价值而失去其本身的客观性?面对这一系列困境,列维-斯特劳斯在一杯朗姆酒的酒力之下得到启迪。"文明的迷人之处主要来自沉淀其中的各种不纯之物,然而这并不表示我们就可借此放弃清理文明溪流的责任。"[1]这也正是研究他者社会的原因所在,只有理解他者社会,我们才能评估其未来与过去,才能更好地比对两种社会生活的发展态势。

(二)概述《野性的思维》

《野性的思维》是列维-斯特劳斯的主要著作之一。它是一部关于理论人类学和哲学的专著,因此阅读起来有一定的难度。但在潜心阅读此书的过程中,我们将会获得一种逻辑思维上的训练,列维-斯特劳斯在书中所提出的新观点与新方法,也有助于我们反思现有的对原始思维的理解,从而加深对原始思维的认识。

在本书中,列维-斯特劳斯主要研究了原始社会或所谓"未开化的"社会群体的思维特点,他把这种思维方式与文明社会的科学以及抽象的思维放在并列的位置,认为原始思维具有具体性和整体性的特点。不仅如此,列维-斯特劳斯也对图腾制度进行剖析,从图腾与原始思维、图腾与婚姻制度的关系、图腾的分类及命名等方面阐述了其关于图腾制度的观点。同时,他还借助神话剖析了原始社会以及文明社会对待历史的方式,从而展示了他对野性思维的历史观的见解。

《野性的思维》(1962)

1. 理解野性的思维

关于野性的思维,列维-斯特劳斯将其解读为"未驯化状态"。但他对

---

[1] 列维-斯特劳斯:《忧郁的热带》,王志明译,生活·读书·新知三联书店,2000年版,第500页。

这一思维方式的理解与分析并不仅限于此。他强调"未开化人"的具体思维与"开化人"的抽象思维是人类历史上始终存在的两种互相平行的思维方式，它们各自具有不同的文化职能，并在发展中互相补充、互相渗透，而不是分属于原始社会和现代社会，也并没有低级或高级之分。也就是说，纵然与西方理性思维相异，原始思维也不应该受到等级评判或是禁锢于时代枷锁之中。

列维－斯特劳斯首先从语言学的角度阐述了这一观点。在原始人的语言中，存在着大量表示物种和变种详细品目的名称。然而原始人语言详细具体不代表他们不具备抽象思维，使用语言的抽象程度是由其所在社会表达兴趣和想要强调的内容决定的，这并不能够反映智力状况。原始人对自然界物种及其变种名称的丰富和细致的了解，不仅仅来自于生产生活的实用目的，还出于对知识的渴求，即是为了满足理智的需要。因为对于原始人来说，"动植物不是由于有用才被认识的，它们之所以被看作是有用或有益的，正是因为它们首先已经被认识了。"[1]

列维－斯特劳斯将野性思维与科学思维做了一次详尽的比较。他认为，原始人类将其理智需求表现为对周围社会的认识，他们的思维与现代科学的思维一样，对秩序存在要求。在这一点上，原始思维同样热衷于观察事物之间的各种联系，并进行系统编目。这也是这两种思维方式所共同的思维活动基础，就好比巫术与科学，他们同样含有对分类和秩序的追求。尽管两者的行事基础和方式各不相同、在理论和实际功用方面也完全不同，但两者并不对立，他们需要同一智力操作，属于获取知识的两种方式。不仅如此，列维－斯特劳斯还试图找寻原始思维与现代科学思维的深层共性。他对比了游戏与仪式，以及原始社会中的神话思想和现代工程师的科学思维，并指出，虽然两组对比对象前后的操作方式不同，但是他们具有共同的特点，即同样需要借助特定的图示或结构来进行操作。

当然，野性思维与现代科学思维也存在着差异。在列维－斯特劳斯看来，野性思维具有两大特征，即具体性和整体性，这也是它区别于现代科学思维的一大因素。原始人运用大量详尽而细致的感觉性词汇来表达对周围世界的认知，并由此进行思辨。而科学思维则通常使用抽象的概念和符号，借以表达逻辑之间关联。因此，野性思维就显得更为具体。

---

[1] 列维－斯特劳斯：《野性的思维》，李幼蒸译，中国人民大学出版社，2006年版，第10页。

至于野性思维的整体性,在上文中我们也有提及,即原始人从整体上把握世界,他们认识事物并不仅限于追求目的性,而是整体认知上进行把握。这与受到经济理性支配的现代科学思维大不相同。列维-斯特劳斯借用艺术与科学来表达他的观点。他指出,艺术欣赏与科学认识存在差异。在认识过程中,我们倾向于从部分开始,将理解障碍各个击破,从而认识整体。然而,对于作为压缩模式的艺术来说,"整体的知识先于部分的知识"①。虽然创作者仅仅选取了一个角度或截面来进行创作,但我们在欣赏艺术作品时获得的乐趣是由一部作品的整体感带来的。

2. 分析野性思维中的图腾制度

在随后的篇章中,列维-斯特劳斯关注了原始人的图腾及其信仰。在他看来,图腾是原始人思维方式的反映,它是一种命名与分类的系统。原始社会群体依照图腾来认识周边世界,并为所见到的事物归类和命名。他列举了野性思维中图腾分类的逻辑规律,认为"存在着可由一整套科学和一整套哲学来发挥其作用的余地。"②原始人观察细致,富有条理,并且建立起了理论知识的依据,能够轻而易举地辨识神话和仪式中提到的各种生物和自然现象,并可以借助神话和仪式准确地表达其功用。他们的图腾分类的具体性逻辑也因此具有了天然的复杂性,并且这种图腾分类还与被体验的分类相关。

与现代科学思维一样,原始人的图腾分类逻辑坚持了区分差异性的原则,区分性差异提供了获取信息的必要条件。列维-斯特劳斯进一步指出,图腾的形式特性在于它们是一些信码,这些信码通过与其他信码传递信息、表达接收到的信息来体现其运用价值。在这里,对于研究者来说,"应当注意形式而不是注意内容,矛盾的内容远不如矛盾本身的存在这一事实重要"③,图腾这一系统的形式特性并不是与具体内容相联系的,它只是一种区分与对立的形式,他的功能在于实现社会外部关系和内部关系的不同层次之间的转化。

那么图腾制度与其他的制度又有着怎样的关系呢?列维-斯特劳斯以内婚制和外婚制的关系来类比图腾制度与等级制度的关系,并剖析了图腾

---

① 列维-斯特劳斯:《野性的思维》,李幼蒸译,中国人民大学出版社,2006年版,第24页。
② 列维-斯特劳斯:《野性的思维》,李幼蒸译,中国人民大学出版社,2006年版,第69页。
③ 列维-斯特劳斯:《野性的思维》,李幼蒸译,中国人民大学出版社,2006年版,第88页。

制度同印度和澳大利亚的等级制度之间的关系。从中他指出,经由简单的转换,形式化的图腾制度可以很好地在等级制度中发挥其功用。

上文提到了图腾是一种命名与分类的系统,列维-斯特劳斯就命名与分类给出了其个人见解。他对物种与专有名词进行了探讨,他指出,"专有名词和普通名词之间关系的问题不是命名与意指之间关系的问题。"①可以说,专有名词和物种名词同属于同一个集团,两者产生区别的原因并不在于其名称本身,而在于其所在社会文化赋予的不同的限制。对于专有名词的命名来说,名字可以是一种用于识别物种的标志,也可以是命名者的自由创造。因此,尽管命名看似具有任意性。但在同一个分类中,这一命名会因为与周围的物种相区分而具有自身的规定性。

3. 剖析野性思维的历史观

在书中,列维-斯特劳斯还阐述了其对原始思维历史观的认识。他借助神话进行分析,认为神话的历史与现在存在着既分离又结合的矛盾。神话,顾名思义是从祖先时代流传至今的,它的内容有可能涵盖了某个群体的一切日常生活与生产活动,而一些原始群体直到现在都会依照神话所描述的指示来恪守传统,从未做出任何改变。这在列维-斯特劳斯看来,属于"一种有意识地或无意识地采取的态度,其所具有的系统性质在世界各处已为各种技术、规则和习俗的不断重复的出现所证实"②,后人对祖先教导的方法如此痴迷,是对祖先经验的继承,两者之间存在着结合。然而,祖先与现代人终究是存在差异的,我们也会对不曾渴求变化的文明产生非议。如此,神话的历史与现代的分离状况也就应运而生。

存在于神话的历史中的这一矛盾并不是无法克服的。比方说,在仪式中,这两个矛盾被恰到好处地联结了起来。列维-斯特劳斯列举了两种仪式,一种是纪念性或历史性的仪式,另一种是悼念仪式。纪念性的仪式重现了神话所在的时代,借用活人来体现祖先当时的经历,是用现在重现过去的一种方式。而悼念仪式则正好相反,它是生者与死者告别,让不再活着的人成为生者的祖先,是把现在带入过去。

无论是出于哪一种形式,历史都在于被人知晓,它好比是可以逆转的时间,能够引导后人关注祖先以及关注祖先时代所发生的事件。就这一点来

---

① 列维-斯特劳斯:《野性的思维》,李幼蒸译,中国人民大学出版社,2006年版,第167页。
② 列维-斯特劳斯:《野性的思维》,李幼蒸译,中国人民大学出版社,2006年版,第216页

看,原始人定期朝圣与在文明社会中参观名人故居并没有本质的差异。列维-斯特劳斯指出,尽管我们所知晓的历史事件背后存在着历史选择性的可能,然而它都是以某种纯粹而富有标志性的形式表现了某一历史特征。野性思维下的图腾神话也不例外,何况原始人已经运用一些合理的方法将历史与分类系统予以结合。

列维-斯特劳斯借助《野性的思维》一书洒下了一张富有逻辑性的网。它以探讨原始思维为主线,解读了原始野性思维以及现代科学思维之间的关系,一并剖析了图腾与图腾制度的命名和分类,同时还就原始思维中的历时性与现时性进行了探讨。

尽管这本书的主旨似乎在书名中就能够窥探到,但书中的内涵并不仅仅是通过阅读就能够轻易取得。列维-斯特劳斯在书中显示出了深厚的哲学修养,他的论述也带有明显的逻辑色彩,这样的著作必须经过深刻的理解以及系统性的思考,方能理解作者所要表达的深度。

三、列维-斯特劳斯主要的人类学贡献

20世纪六七十年代,西方学术界掀起了一阵结构主义的浪潮,它从西欧席卷至美国和日本,一并影响到当时的苏联和东欧国家。这股结构主义浪潮的中心位于法国,它的首创者便是列维-斯特劳斯,他也被尊称为"结构主义之父"。

结构主义是列维-斯特劳斯人类学研究的轴心,而"结构"一词则是其结构人类学的核心概念。列维-斯特劳斯是这样解读"结构"这一概念的,他认为"社会结构的概念跟经验现实并无联系,而是跟在后者基础上建立起来的模型发生联系"[1],而社会结构则是在社会实体的基础上建立起来的,是"一种是用于任何社会研究的方法"[2],它能够用于解释任何社会。列维-斯特劳斯还一并指出了结构的三大特点:首先,作为一个完整的整体,结构的组成部分之间相互制约,各部分不能独自发生变化;其次,若结构中的某些元素产生了变化,那么原有的结构也就不复存在;最后结构的作用在于能够直接认识所观察到的事物。

结构主义是列维-斯特劳斯最主要的理论贡献。作为一个人类学家,

---

[1] 列维-斯特劳斯:《结构人类学》,张祖建译,中国人民大学出版社,2006年版,第297页。
[2] 列维-斯特劳斯:《结构人类学》,张祖建译,中国人民大学出版社,2006年版,第299页。

列维-斯特劳斯常常采用结构分析的形式来理解社会事物与周边世界。他不仅建立了一套独特的结构分析方法,还运用这些方法研究亲属关系的基本结构,并剖析了神话中所蕴涵的结构。

(一)列维-斯特劳斯的结构分析方法

结构主义者渴望建立一套有效的方法,从而能够系统地整理和分析所收集到的材料。结构方法的"有效性"在于理顺事物之间的关系,这不仅包含理解同一系统内现象之间或者事物之间的相互关系,同时还囊括理出各系统间现象的关系,并打破其中的界限,使之成为一个整体。因此,结构主义的方法强调寻找并解决事物之间的二元对立。

作为结构主义人类学的集大成者,列维-斯特劳斯在分析社会现象中的结构时,同样广泛地找寻二元对立模式。他受到结构语言学家雅各布逊的音位三角模式的启发,建立起了烹饪三角模式,将具有区位特征的二分对立面应用到解析民族文化发展的模式当中。

在烹饪三角模式中,二元对立关系存在于文化和自然之间,以及非人工的、非商品的常态与人工的、商品的变态之间;而食物的状态,即生的、煮熟的、变烂的则形成一个三角形状。这样一来,作为常态的生食,会在文化的作用下转变为变态的煮熟的食物,它同样也会在自然的作用下成为变烂的食物。因此,在恒定的结构中,两组二元对立与食物的三种状态共存,只不过煮熟的食物由文化手段转变而成,变烂的食物则经由自然转换而获得。

列维-斯特劳斯将文化的变化发展以食物烹饪的方式表达出来。他将自然与文化对立,用烹饪来象征社会文化的差异,从而以结构分析方法实现对文化变迁的理解。

(二)对亲属关系的结构分析

虽然结构分析方法存在着对事物整体的强调,但它在应用过程中所研究的都是各个元素之间的关系。列维-斯特劳斯的结构研究也并不涉及社会的整体结构,而是就各个部分的结构加以分析,比如对亲属关系的基本结构进行分析。

亲属关系是文化人类学中的一个传统课题,但在列维-斯特劳斯看来,传统的研究中存在着两个缺陷:第一,传统的研究没有从整体上把握亲属关系,它关注了亲属关系中的个体,却忽略了这些个体之间的内在联系;第二,传

统的研究忽视了亲属关系横向的结构,而仅仅是从纵向的历史演化来研究。

由此,列维-斯特劳斯从不断被讨论的舅甥问题入手,对亲属制度中的结构展开分析。在列维-斯特劳斯的概念中,亲属关系结构不仅仅体现在夫妻的二元对立关系中,还应包括促使夫妻关系形成的群体。比如女方群体。这时候,夫妻、舅甥、父子以及兄弟姐妹之间就形成了两两对立的关系。在这样的对立关系中,若夫妻关系亲密,则兄弟姐妹间关系冷淡;反之,若夫妻关系冷淡,则兄弟姐妹关系亲密。同理可知,父子关系与舅甥关系之间也会形成一种一方冷淡另一方亲密的结构。

列维-斯特劳斯将这种对立结构看作是"可能存在的一种最简单的亲属关系的结构。"①他进一步指出这一结构是由乱伦禁忌直接导致的。在他看来,乱伦禁忌是社会从自然向文化发展的标志,它是外婚制产生的直接导因。而伴随着外婚制的出现,社会也就具备了产生母舅与其他种类繁多的亲属关系的可能。

不仅如此,紧随乱伦禁忌之后产生的外婚制,还使得婚姻交换与互惠成为可能。在乱伦禁忌中不得享有本家庭女性的男子利用一套交换制度,将自己的姐妹与其他男子的姐妹进行交换。由于任何交换制度都以互惠原则为基础,那么出于礼尚往来,婚姻交换也同样存在回报。倘若回报是直接的,就形成了有限的交换结构;若是间接的,则形成普遍的交换结构。这两种婚姻交换结构,并不难区分。直接的有限交换,存在于两个社会群体之间;而普遍交换结构则在三个或三个以上的群体之间展开。

按照列维-斯特劳斯的观点,婚姻交换是一种社会交往的方式:其中的人员交换,就好比社会生活中的个人交往。不仅如此,通过婚姻交换,各个群体之间还实现了信息传递,踏实的社会群体之间的关系更为密切,不同群体中的人开始连接成为紧密的整体。正如在普通交换结构中,社会关系网络得到了扩大,亲属关系也存在着更多的复杂性。

(三)对神话结构的分析

类似亲属关系、婚姻现象的二元对立结构,是否也存在于其他文化现象之中?列维-斯特劳斯期望通过对神话的剖析来证明这一点。由此,他将其研究兴趣转向神话领域。

---

① 列维-斯特劳斯:《结构人类学》,张祖建译,中国人民大学出版社,2006年版,第43页。

每一个社会都存在着许多的神话，而它们的故事情节往往大同小异。列维-斯特劳斯指出，上述现象说明神话是一个能够实现自足的符号系统，它可以通过自我创造形成许多神话。同时，他还认为，在原始社会状态中所诞生的神话，不仅能够表达人类心灵的最初状态的形式，还可以直接地反映出结构最自然的联系形态。

列维-斯特劳斯的神话研究思路受到了弗洛伊德对潜意识研究的影响。弗洛伊德认为，要了解人类深层心理活动，往往要将其充分暴露，探究其最为本真的状态。而潜意识只有在人们处于梦中或精神失常的状态下才最接近本色，因此，探究潜意识最好的方法便是研究梦境。列维-斯特劳斯认同了弗洛伊德的观点，认为神话就是人类在原始社会状态下制造的梦境，它属于一种集体的梦幻，是能够得到解释的无意识事物，并且通过对它的解释，可以发现隐藏在背后的结构形态。

从表面上看，神话的故事情节似乎与结构研究并不存在关联，但列维-斯特劳斯认为，一则神话故事本身就包含着诸多信息。他论述说，在神话产生初期，它会在人与人之间信息传递的过程中而流传下来。由于各种自然或人为的阻碍，一则神话并不能在一次信息交流过程中完成传递。然而，随着时间的推移，传递者能够陆续将神话的内容表达完整，且讲述者还要不断重复强调神话的主题。神话传递的这一过程，仿佛是一篇乐章反复、变奏不断的交响曲。

因此，若是从故事传递方面去研究神话，所能够得到的结果就是这个故事中的诸多微小事件，以及重复的主题。列维-斯特劳斯认为，神话故事表面意义的背后会有另一层深意，即他所说的结构。在对神话结构进行分析时，列维-斯特劳斯主要采用分解的方法。他首先把神话分为若干个事件或片段，继而根据情节上的联系，将这些神话的分段排成了表，从而理顺神话片段与事件之间的结构关系。

总的来说，结构主义是列维-斯特劳斯在人类学领域最大的贡献。他在研究过程中表达了对结构以及社会结构概念的理解，同时还将结构语言学的研究方式运用于分析文化的发展，并以此创建了烹饪三角模式的结构分析方法。不仅如此，列维-斯特劳斯还将结构分析方法运用到实际研究中：他在亲属制度和婚姻交换中寻求二元对立，并深究这两种现象的内涵，对其内在结构予以分析。同样他也运用结构分析方法剖析神话，借助论述神话故事传递过程，从而挖掘神话表面意义背后的深层结构。作为结构人类学的首创者,列维-斯特劳斯不拘泥于理论,他通过实际的分析,证实他的假设和研究方法。虽然在后人看来,这些猜想与分析方式有着奇特思维路线,但就提出者本人来说,能够勇于实践仍然是难能可贵的。

四、对列维-斯特劳斯及其结构人类学的评价

20世纪五六十年代以来,结构人类学在学术界起到了巨大的作用,是人类学界具有重要地位的学科之一。它感召了许多杰出的人类学家,对后来的人类学发展产生了深远的影响。诞生于结构主义之后的人类学流派,其方法论在一定程度上都带有结构主义的痕迹。尽管列维-斯特劳斯对结构人类学的理论做出了杰出的贡献,但他在学界的地位可以说是毁誉参半。他的结构主义研究引发了学者们的热议。在国际范围内,一些"后结构主义"理论学者对列维-斯特劳斯及其结构人类学进行了反思;而国内学者则在评价结构人类学的基础上,对列维-斯特劳斯留下的启示做出了思考。

(一)国际学者的评价

国际学术界曾先后掀起支持或反对结构主义的浪潮。一些"后结构主义者"对结构主义的研究做出了评判。他们抨击了结构主义以下两个方面表现出科学上的狂妄自大:试图创建文化研究的科学基础;追求基础、真理、客观性、确定性和系统性等标准的现代目标。此外,后结构主义者还认为,结构主义理论未能同人本主义彻底划清界限,只是重谈了人本主义关于人具有不变本质的老调。结构主义探求人类的无意识结构,使之必然成为一种共时性的、普遍的理论。后结构主义者批评结构主义者有关心灵具有其固有的普遍结构的论断,以及认为神话和其他符号形式的目的在于解决自然和文化之间的永恒矛盾的论断。因此,尽管后结构主义和结构主义都摒弃了自主的主体概念,但后结构主义强调在当代世界的历史、政治和日常生活中容易被结构主义方案的抽象性所压制的那些方面。

作为西方学术界公认的最能理解列维-斯特劳斯及其思想的人,埃德蒙·利奇在《列维-斯特劳斯》[①]一书中,对结构主义大师及其研究做出了全面的评判。他认为,列维-斯特劳斯的学术研究旨在通过揭示人类心理结构,从而建立能够普遍反映人类思维构成的原则。

---

① 利奇:《列维-斯特劳斯》,王庆仁译,生活·读书·新知三联书店,1985年版。

然而,对于除他之外的人来说,列维-斯特劳斯新颖的思维方式和独特的研究方法去毫无用处,换句话说,别人无法使用他的理论和方法来进行研究。比如,在利奇看来,列维-斯特劳斯所创建的烹饪三角就像是一种难以理解的智力游戏和学术玩笑,他指出,列维-斯特劳斯对这一模式的阐述程序前后并不统一,他在阐述过程中加入了便于他个人操作的步骤。

吉冈正德[①]则指出,列维-斯特劳斯的理论适用于分析与其他事物相对独立的现象。这样看来,在列维-斯特劳斯的研究中,他对神话的结构分析要比其对亲属关系的分析更为重要。亲属关系与婚姻制度一样,是带有明显社会性且缺乏独立性的社会现象。那么,在运用结构理论对其进行解读时,即使它有着很强的逻辑连贯性,也有可能因为原有的社会性联系而造成不合理解释之嫌。但是采用列维-斯特劳斯的理论解构神话,则很难出现质疑解释真实性的状况。

然而列维-斯特劳斯的逻辑分析并不等同于他在这个方面研究的重要性。吉冈正德认为,列维-斯特劳斯的逻辑分析所揭示的是其看待事物和世界的方法,它是列维-斯特劳斯借以阐述其个人哲学的方式。因此,从这一层面来看,一旦脱离其理论体系,其结构分析方法就不存在应用价值。

吉冈正德还对比了列维-斯特劳斯和尼达姆的结构主义研究。他指出,两者的主张都属于无意识结构,但前者的"无意识"认为只有分析者是具备意识的,而与之相反的是,后者的"无意识"意味着成为分析对象的社会的人是无意识的。也就是说,列维-斯特劳斯的结构是从分析者方面抽取出来的,而尼达姆的结构则是从被分析者方面抽取出来的。

吉冈正德进一步比对了两种理论的发展前景。在他看来,尼达姆的理论既是实证性的,也是开放性的,它使得人们有可能与他站在同样的位置上进行争论,因而使其理论得以进一步发展。而列维-斯特劳斯则是处于一种完全封闭的状态中,也因此带有一定的绝对化性质,他的理论已经走向了重复累赘的尽头。

(二)国内学者的评价

结构主义的研究方法从理解到运用都十分不容易,这与列维-斯特劳

---

① 吉冈正德:《结构主义》,载《文化人类学的十五种理论》,凌部恒雄主编,中国社科院日本研究所社会文化室译,国际文化出版公司,1988年版。

斯独特的思维方式不无关系。黄淑聘①对列维－斯特劳斯富有想象力的研究方式做出了评价。在她看来,列维－斯特劳斯的结构分析不仅拓宽了人类学的研究视野,他试图寻求不同文化类型中的共同结构,并探究人类认知模式与文化现象之间的关系。同时,列维－斯特劳斯宽广的结构分析思路也为人类学打开了新的研究视野。比如说人类有先天分类倾向,图腾是分类系统;人类有创造二分法对立的天性,符号是形象和概念之间的中介物;等等。这些都值得进一步思考和研究,现代人类学对人类心理认知过程的研究,从思维能动方面去解释已有的资料。这都是从列维－斯特劳斯的结构分析中得到启发的。

由于列维－斯特劳斯的理论带有明显的逻辑特征,黄淑聘还以其哲学观为出发点,评价了列维－斯特劳斯的结构主义。她认为,列维－斯特劳斯的结构是现实社会中客观存在的事物的结构,不是通过经验概括出来的,而是预先存在着的无意识,是人的心理模式整理现象而达到的认识结构,实际上是人们头脑里的概念,以主观模式说明客观事物。这样看来,其结构只停留在对现象做形势分析,不是反映社会的本质。因此结构主义不能正确地解释社会现象,不能解决重大的社会问题。他的"结构"的关键点在于转换如何在文化中发生,而他关于对立和转换的说法却缺乏科学根据,只有他自己能找到意识结构,没有人能复验他的转换原理,也无法用他的转换原理去得到同样的结果。

虽然列维－斯特劳斯对马克思主义感兴趣,且在一定程度上受到马克思主义的影响,但他的结构主义与马克思主义无共同之处。黄淑聘指出,列维－斯特劳斯所讲的辩证法是唯心的,而不是唯物的。他把文化现象、神话内容随意联系起来,找出一对对的对立,然后凭主观想法来解释它的转换。二元对立和转换不是说明事物发展过程中矛盾的对立统一,在一定条件下相互转化,而是完全脱离事物的发展,不反映事物的本质。这是主观的臆测,生硬的拼凑,解决不了实际问题。因此,结构人类学的结构分析法是反对唯物辩证法的。

除了上述几点之外,黄淑聘还指出,列维－斯特劳斯的结构人类学具有反历史主义的社会历史观。他强调结构决定人的社会活动,这种结构主义观点主张从事物的横断面去寻找一成不变的模式、结构,不从历史发展上去

---

① 黄淑娉、龚佩华:《文化人类学理论方法研究》,广东高等教育出版社,1996年版。

研究社会文化现状,而把它们当作孤立的、脱离实践性的结构来考察。

进入21世纪,国内还有相当一部分人类学家以分析列维-斯特劳斯的研究为兴趣。王铭铭就曾经在其多部著作中提及列维-斯特劳斯,比如在《经验与心态》①和《西方作为他者》②两本书中,他分别谈论了列维-斯特劳斯的著作及其对学科发展的担忧。

王铭铭以一篇名为《列维-斯特劳斯的忧虑》③的书评,表达了他对《忧郁的热带》的欣赏。在他看来,这部有趣的民族志能引导我们深入学科门户,洞悉人类学所带来的启发与困惑。首先,就其阐述的方式来看,作为一部经典的人类学著作,列维-斯特劳斯并不像其他民族志工作者那样,借助文字讲述其学术成长经历,并列举其经过田野调查形成的所谓独到的见解。相反,列维-斯特劳斯毫不掩饰其身份和情绪,以其独到的方式呈现出人类学的深刻思想与丰富内容;并根据其在印第安社会的体验,基于不同文化对于超验精神的种种思索,反衬出起源于欧洲的现代文明怎样使人焦虑。

对王铭铭来说,《忧郁的热带》所呈现的思想姿态非常耐人寻味。他特别强调了列维-斯特劳斯就人类学与佛教的关系所做出的思考。从某种形式上来看,人类学思想与佛教观念是相近的。列维-斯特劳斯借助佛教来思考现代科学的思维困境,相对于其他学科而言,人类学是一门较为"和平"的学科,它更贴近佛教的那种趋向自然的思维方式;而人类学似乎只有放弃知性,放弃人类自身存在和活动的基础——语言与思想,以及放弃人类赖以相互依存的人文秩序,才能追随佛教式的自然主义,才能造就一门真正具有"和平"精神的学科。这样与众不同的观点非常具有启迪性,它潜藏于这样一部著作中,也难怪王铭铭将其视为打开人类学之门的"带密码的钥匙"。

除此之外,王铭铭还反思列维-斯特劳斯关于非西方与他者的认识。④列维-斯特劳斯指出,在非西方与西方社会之间,存在着一种文化与认识上的矛盾:虽然非西方人的思想和生活上都备受西方文明的影响,但他们却不愿意成为西方社会眼中的"被研究对象",因而对到访的西方研究者存在不

---

① 王铭铭:《经验与心态》,广西师范大学出版社,2007年版。
② 王铭铭:《西方作为他者》,世界图书出版公司,2007年版。
③ 王铭铭:《列维-斯特劳斯的忧郁》,载王铭铭:《经验与心态》,广西师范大学出版社,2007年版。
④ 王铭铭:《列维-斯特劳斯无需失望:关于"非西方"与他者认识》,载王铭铭:《西方作为他者》,世界图书出版公司,2007年版。

满情绪。王铭铭认为,这种矛盾心态同样存在于向非西方社会传递西方人类学思想的过程中。他指出,人类学经由传播,在非西方社会获得了重生,在这一过程中,非西方人通过学习,建立了所谓的"非西方人类学"。这种人类学形式以抵制西方为目的,但他们的学术理论则以西方知识体系为基础,换句话说,非西方人类学运用西方的知识架构研究其本土社会,从而与西方社会抗衡。他进而对非西方研究者的认识主体地位做出思考,认为只有在解决或诠释问题的过程中,所谓非西方社会的"被研究者"才能成为认识世界的主体。此时非西方研究者在求索中颠覆认识主体与客体的关系,并且在反思和再认识的基础上,将西方社会作为他者来进行诠释。

然而,这种认识主体在研究中是否能够排除其不满情绪的干扰?对此,列维-斯特劳斯表示担忧。在对非西方社会进行主位分析之后,列维-斯特劳斯认为,非西方与西方的认识关系不存在倒置的可能。他指出,非西方人类学家心中的不满情绪,不会因为其接受本土化人类学教育而改变。相反,这种情绪将会随着文化自觉的明朗而愈演愈烈,非西方社会更容易反复鞭笞西方社会的文化罪责。

在王铭铭看来,列维-斯特劳斯的焦虑并不是空穴来风。对致力于探究野性思维的列维-斯特劳斯来说,除了西方的文明与非西方的野蛮之外,其他社会文化形式并不重要。因此,他反复强调,非西方人类学与"正宗人类学"相互对立。但列维-斯特劳斯的观点,带有非常明显的欧洲中心主义。他的这一提法,并不是出于对非西方人类学家的恶意,而是源于他不认可非西方社会群体的思维能力和反省能力。

王铭铭进一步认为,对于非西方人类学认识主体的矛盾,列维-斯特劳斯无须过分担忧。他借助对印度种姓制度和中国亲属制度的研究,指出非西方社会拥有比西方社会更古老的文明形式,他们的文化同样具备着强大的自我反思能力。而非西方人类学终究是要在这样的文明形式积淀中接触西方社会,将其历史与生活融入其本土社会。

虽然王铭铭对列维-斯特劳斯的学科发展观做出了反思,但他对其结构人类学持认同态度。他并不赞同一些学术流派给予列维-斯特劳斯学术思想的批判。他指出,不论优劣,后结构主义的理论都是在结构主义的理论基础上产生的,前者是对后者的延伸,这是后结构主义者必须意识到的。他一并列举出列维-斯特劳斯的思想对中国社会科学的发展存在的影响:在21世纪初期的9年,中国人类学经历过局部性的列维-斯特劳斯阶段;2000

年北大几位青年"结构主义者"集中阅读他和他的追随者的论著;几年后他的文集在中国人民大学出版社出版。不仅如此,在列维-斯特劳斯去世之后,国内的一些人类学家仍对其念念不忘。王铭铭本人就曾通过《中国人类学评论》①,借助"纪念笔会"的专题,发起了对列维-斯特劳斯的追思。

尽管列维-斯特劳斯的结构人类学存在着种种弊端,但时至今日,他的研究依然对现代社会科学的发展存在着影响。李幼蒸②评价指出,列维-斯特劳斯的科学研究在认识论和方法论方面具有普遍意义。在他看来,列维-斯特劳斯也许比任何现代法国社会人文科学家都更注意吸收其他国家和其他文化中有益的经验资源和理论资源,包括中国传统思维中的结构主义因素以及马克思主义思想中的结构主义因素。这也是列维-斯特劳斯既能够在20世纪掀起结构主义思潮,又可以启迪当代中国社会科学发展的重要原因。

(三)我的认识

不可否认,作为结构主义的大师,列维-斯特劳斯的研究方法不仅具有严密的逻辑性,还具有强大的系统性。他的分析具备清晰的思路线条,倘若我们依照他的思维方式去观察他所研究的社会现象,其逻辑一定极其清晰。不仅如此,他还以逻辑性捆绑系统性:在剖析社会现象的结构时,加强了此现象与相关事物之间的联系。比如,在解读烹饪三角模式中,他将文化发展与食物烹饪捆绑在一起;在分析亲属制度中,他将婚姻与互惠捆绑在一起;而在剖析神话结构时,则将神话与交响乐捆绑。

然而,列维-斯特劳斯的结构人类学并不具备实践基础。列维-斯特劳斯早年在南美的印第安人社会进行过较为详尽的田野调查,但这次调查实质上并没有促使其结构分析理论的形成。寻访印第安人社会似乎是列维-斯特劳斯唯一的田野经历,在此之后,他没有再对其他社会进行过调查。这样看来,尽管它具备理论基础,结构人类学的分析依然像是空中楼阁。虽然列维-斯特劳斯在研究中采用实例分析,但那些基本上借助的是他人的调查经历。如此一来,他所进行的结构分析,也就存在主观臆断之嫌。

---

① 王铭铭:《中国人类学评论(第15辑)》,世界图书出版公司,2010年版。
② 李幼蒸:《列维-斯特劳斯对中国社会科学启示之我见》,载《山东社会科学》,2010年第2期,第22~30页。

参考文献：

[1]列维-斯特劳斯:《忧郁的热带》,王志明译,生活·读书·新知三联书店,2000年版。

[2]列维-斯特劳斯:《野性的思维》,李幼蒸译,中国人民大学出版社,2006年版。

[3]列维-斯特劳斯:《结构人类学》,张祖建译,中国人民大学出版社,2006年版。

[4]王铭铭:《20世纪西方人类学主要著作指南》,世纪图书出版公司,2008年版。

[5]庄孔韶:《人类学经典导读》,中国人民大学出版社,2008年版。

[6]夏建忠:《文化人类学理论学派——文化研究的历史》,中国人民大学出版社,1997年版。

[7]杰里.D.穆尔:《人类学家的文化见解》(中译本),商务印书馆,2009年版。

[8]利奇:《列维-斯特劳斯》,王庆仁译,生活·读书·新知三联书店,1988年版。

[9]凌部恒雄:《文化人类学的十五种理论》,中国社科院日本研究所社会文化室译,国际文化出版公司,1988年版。

[10]胡亚敏:《重构原始思维之图——读列维-斯特劳斯〈野性的思维〉》,载《外国文学研究》,1997年第1期,第72~75页。

[11]黄淑娉、龚佩华:《文化人类学理论方法研究》,广东高等教育出版社,1996年版。

[12]王铭铭:《经验与心态》,广西师范大学出版社,2007年版。

[13]王铭铭:《西方作为他者》,世界图书出版公司,2007年版。

[14]王铭铭:《中国人类学评论(第15辑)》,世界图书出版公司,2010年版。

[15]李幼蒸:《列维-斯特劳斯对中国社会科学启示之我见》,载《山东社会科学》,2010年第2期,第22~30页。

维克多·特纳列传

[摘　要] 维克多·特纳(Victor Turner,1920—1983)是英国人类学家,象征人类学的代表人物。特纳一生所出版的著作非常丰富,《象征之林——恩登布人仪式散论》(1967)和《仪式过程:结构与反结构》(1969)是他的代表作。特纳的人类学研究多以象征仪式为主题,通过仪式把握社会结构的重新组合。不仅如此,他的仪式研究还注重分析仪式中的象征符号、社会戏剧以及朝圣。他的仪式理论引发了国内外学者的热议,他们对特纳的仪式研究进行评价,同时也在其研究基础上提出了富有建设性的思考。

[关键词] 特纳;象征人类学;仪式;象征;社会结构

维克多·特纳是一个相当诙谐的人类学家。罗杰·亚伯拉华曾说:"特纳有着表演的爱好,在这些场合他会扮演一些角色。无论是扮演小丑、梦呓者还是圣哲,无论是扮演李尔还是傻瓜,他都会吼叫痴笑,发挥得淋漓尽致。他还是一个怀疑论者,爱好神秘主义,在仪式导引者(他们可以在仪式性变革的重大经历里引领新手,却不会过分地专注于他们或自己)神秘的世界里,他最为游刃有余。他还是一位出色的讲解者,活力十足的研讨会带领人和参与者,而且还会在生活中的重要短剧中充当一位精力充沛、有时还颇具个人魅力的演员。"[1]从罗杰.D.亚伯拉华的言辞中不难看出,特纳就像是一个多面手。的确,他的研究兴趣广泛,他对仪式进行分析,并热衷于把社会戏剧注入其中,从而分析社会结构在仪式中所发生的变化。这一特点也在其著作中表现得淋漓尽致。而他的学术研究还受到了学术界的热议,甚至一些学者还对其研究做出了反思。

一、生平及学术历程概述

英国人类学家维克多·特纳(Victor Turner,1920—1983)是象征人类学

---

① 罗杰.D.亚伯拉华:《序一》,载特纳:《仪式过程:结构与反结构》,黄剑波、柳博赟译,中国人民大学出版社,2006年版。

维克多·特纳(Victor Turner,1920—1983)

学派中举足轻重的人物。他于1920年出生于格拉斯哥。他曾经在伦敦大学学习英国语言文学,主要研习英国古典文学与诗作,但在第二次世界大战中他被应征入伍,从而中断了学习生活。在服役期间,特纳接触到了一些人类学著作,并萌生了对人类学的兴趣。关于这一点,据他的妻子回忆,当时特纳在图书馆里找到了米德的《萨摩亚人的成年》和拉德克利夫-布朗的《安达曼岛民》,读完之后,他说:"我要成为一名人类学家。"①由此,特纳走进了人类学,开始他的人类学学习和研究生涯。

二战之后,特纳重返伦敦大学攻读人类学。他在1949年取得学士学位之后前往曼彻斯特大学继续学习人类学,在那里他师从英国曼彻斯特学派掌门人麦克斯·格卢克曼。随后在1950年—1954年间,特纳到罗得西亚-利文斯通社会学研究所工作。期间,特纳在导师格卢克曼的帮助下获得了

---

① 杰里.D.穆尔:《人类学家的文化见解》(中译本),商务印书馆,2009年版,第269页。

一笔奖学金,使得他能够在扎伊尔与安哥拉边界处、赞比亚西北部的恩登布人中间展开田野调查。通过这一次调查,特纳以恩登布人的社会组织为主题,完成了他的博士论文《一个非洲社会的分裂与延续:恩登布农村生活的延续》。1955年,特纳获得了博士学位。

从1961年起,特纳供职于斯坦福大学高等行为科学研究中心,并逐渐被美国自由开放的学术气氛所吸引。1963年,特纳受聘于康奈尔大学。而在1968年他转任芝加哥大学教授,此后,他的兴趣转向世界宗教和大众社会,开始研究现代基督教的朝圣。1977年,特纳任教于弗吉尼亚大学,展开对当代社会实验戏剧的研究,以此探讨日常现实是如何转化为象征经验的。1983年他在弗吉尼亚大学逝世。①

特纳的人类学生涯始于二战之后,无论是从田野调查还是教职工作来看,特纳都是一个经验丰富的人类学家。他先是关注了恩登布人的宗教生活,而后转向当地宗教社会的仪式研究,并以此作为毕生的研究视角。由于受到做演员的母亲的影响,特纳对表演和戏剧有着浓厚的兴趣,并将这样的兴趣带入他的象征人类学研究之中。他将舞台上的戏剧发散到他所观察到的仪式中,从而创立了"社会戏剧"这一重要概念。在其作品中,特纳表现出了对仪式过程中的表演的关注,并把社会戏剧当作当代形式的阈限,从而对这一象征的体验进行研究。

特纳在人类学界享有盛名,这与他的研究工作和丰厚成果带来的影响不无关系。可以说人类学家只要谈到象征符号和有关仪式过程的研究,都会提到特纳。他的研究领域跨度很大,涉及民俗、宗教、戏剧和文学等人文领域,甚至还涉足自然科学领域。同时,除了其求学经历之外,特纳的学术生涯与其家庭生活等有莫大干系。特纳在1943年迎娶了艾迪斯·戴维斯(Edith Davis),两人在40年间一同分享了一种富有创造力的由田野工作、写作和家庭生活组成的生活,并合著了《基督教文化中的意象与朝圣:人类学观点》(1978)②。特纳在这样的研究生活中,恢复人们对比较宗教学的兴趣,并且开创"符号人类学"的研究,同时,还将其对结构与交融的研究延伸至人类学之外的诸多领域,如文学、政治哲学、宗教学。

---

① 参阅夏建忠:《文化人类学理论学派——文化研究的历史》,中国人民大学出版社,1997年版,第305页。
② 杰里.D.穆尔:《人类学家的文化见解》(中译本),商务印书馆,2009年版,第269页。

二、主要著作概述

特纳的人类学研究成果丰厚,涉及宗教、仪式、戏剧等方面,他在研究基础上撰写的著作也有很多,包括《恩登布人狩猎仪式的象征主义主题》、《一个非洲社会的分裂与延续:恩登布农村生活的延续》(1957)、《象征之林——恩登布人仪式散论》(1967)、《苦难的鼓声:赞比亚恩登布人宗教过程研究》(1968)、《仪式过程:结构与反结构》(1969)、《戏剧、舞台与隐喻:人类社会的象征行为》(1974)、《象征的研究》(1975)、《丛林的边缘:体验人类学》(1985)、《表演人类学》(1986)等。

虽然说特纳的著作主要围绕仪式而展开,但是他的第一本著作并不是关注仪式,而是从社会组织入手。特纳在获得博士学位两年后出版了第一部民族志著作《一个非洲社会的分裂与延续》(1957)。特纳指出,权力斗争以及社会内部冲突中蕴含着社会规范,而社会危机的出现是由社会规范的破坏引起的。他从这一主题展开,认为危机并不仅仅是破坏的结果,它还具有补救的功能。处于危机中的社会能够通过自动平衡,从而完成对社会的重新整合。

特纳的研究包含着一套层次分明的分析方法,除此之外,他还在著作中表现出了其独特的观察视角和创作方式。《美国人类学家》杂志中曾经提到:"特纳的著作非常有独创性和博学,其中充满了激发人思考的创见。"而最能够体现他的学术观点的两本著作,就是《象征之林——恩登布人仪式散论》(1967)和《仪式过程:结构与反结构》(1969)。

(一)概述《象征之林——恩登布人仪式散论》

《象征之林——恩登布人仪式散论》(以下简称《象征之林》)是特纳研究非洲恩登布人的一大力作。该书由两大部分组成,每一部分各涵盖了五个章节。从章节布局来看,本书实有"仪式散论"之嫌,然而,特纳依照逻辑将书中的各个部分相互关联,使这部著作在行文布局上展现出了外观形散而内涵神聚的特点。

在特纳看来,仪式是恩登布人调整其基本社会冲突的一种手段,具有多种社会功能。因此,他通过对仪式以及象征系统的论述和剖析,揭示了恩登布人在仪式中化解纠纷并实现社会控制的过程。特纳在书中的研究脉络非常清晰,他采用戏剧化和场域化的分析来透视其研究对象和事件,并从中捕捉到了隐藏在对象和事件中的象征意义。于此，特纳进一步通过对象征意义和仪式维度的考察，重新回归研究对象和事件。

《象征之林》是特纳被引用率最高的作品，无论在人类学界还是社会科学的其他领域，这部著作都得到了学者们的广泛引用。与之相应地，不少学者也就书中的内容做出了评述。因此，在阅读此书的同时，我们还结合其他学者的见解来分析和理解特纳笔下的《象征之林》。

特纳在《象征之林》一书中主要围绕仪式中的象征符号展开研究。在《纠纷解决仪式的象征之维——评维克多·特纳的〈象征之林〉》①中，曾令健把仪式视为解决社会纠纷的途径，从仪式的功能角度剖析了特纳的仪式研究。

《象征之林——恩登布人仪式散论》(1967)

他首先从仪式象征符号入手，认为书中所蕴含的逻辑特点就是阐明具体事物和抽象意义之间的关系。特纳将抽象意义赋予具体事物之上，使得人们一旦遇到某一具体事物，就能够想起与之相关的抽象概念。曾令健以"使之可见"一词来形容特纳所描述的这种表现方法，他认为象征符号的可视性对仪式的开展有着至关重要的影响，因为"可见"的象征符号成为纠纷和困扰能够得到解决的先决条件。

"使之可见"的表达手法在仪式的阈限阶段得到了应用。阈限是仪式过程中非常重要的一个阶段，其表现形式模糊。通过以实物的方式展现出来的象征符号，阈限阶段将场域内的各种不同情况放大并呈现在公众面前，包括矛盾、紧张等社会化冲突的局面。事实上，基于阈限的特性，纠纷在阈限阶段已经被模糊化了，唯有通过特定场域下的象征符号表现出来。由此，曾令健指出，特纳在书中所描述的巫术和妖术等看似与主题不相关的内容，以及对恩登布人主要仪式的详细阐述，这两个方面都体现了对仪式象征符号

---

① 参阅曾令健：《纠纷解决仪式的象征之维——评维克多·特纳的〈象征之林〉》，载《社会学研究》，2008年第4期，第215~226页。

的展示,并且对仪式的功能有了明确的指向,比如,穆坎达仪式使得男子通过割礼完成了社会身份的转变,而巫医开展仪式是为了解决疾病所带来的困扰,等等。

其次,曾令健就纠纷解决的仪式化过程做出了论述。通过象征符号及其所依附的具体事物,暗藏在社会现象中的纠纷和冲突在仪式场域中得到展现。曾令健强调了仪式意义的两极性,认为"使之可见"的纠纷展现方式就是感觉层面的实体化。同时,他还指出,特纳所描述的仪式过程处处显示着感觉极与理念极的碰撞,而在这一过程中,纠纷已然得到化解。

曾令健选用恩登布人的割礼仪式"穆坎达"来说明纠纷解决的过程。他的描述与仪式进程无异:在阈限前,社会中的纠纷与矛盾表现得较为明显。恩登布人需要邀请大割礼者来实施穆坎达仪式。从表面上看,这仅仅是一个推选的过程,然而其背后却隐藏着各种复杂的社会人际关系,如个人恩怨和所属村落群力量等。而进入到阈限阶段,这些矛盾和冲突被模糊化了,此时,仪式参加者之间的相互关系就显得尤为重要。在阈限这一特定场域下,无论之前是否存在恩怨,大割礼者、新入会者以及新入会者的父母都将共同协作,直至仪式完成。他们之间的交流与活动使得纠纷模糊化成为可能,同时也使得阈限阶段的社会关系的两大特点浮出水面,即服从绝对权威和人员之间的平等。服从绝对权威表现在新入会者必须绝对服从对大割礼者的训导,而人员平等指的是参与割礼的新入会者拥有绝对平等的地位。这两方面是对阈限特征最贴切的反映。在离开阈限阶段之后,割礼完成,人们也将走出仪式,原有的社会关系也获得了重新修复。通过这样的描述,曾令健从特纳的仪式过程分析中看到了解决纠纷的仪式化过程,而在此过程中,高度概括的象征符号承载了解决纠纷的功能。

纠纷在经历了仪式之后得到了解决,而社会关系也在纠纷解决的过程中得到了改善。曾令健讲述解决纠纷过程回归恩登布人的生活场景,从而概括出了改善社会关系的两个功能。一方面,纠纷解决过程将失衡、被扰乱的社群关系重新整合到社会中,也即对社群关系进行矫正。另一方面,解决纠纷过程承认分裂的社会安排并使之"合法化"。

曾令健的分析始终围绕着"纠纷在仪式中得到解决"这一主题展开,归纳他的见解,我们可以发现,特纳在书中探讨了蕴含在象征中的意义两极,并通过对具体事物和抽象含义的分析,对仪式中的象征进行解读。同时他将仪式研究置于特定场域之中,通过对特定场域下的结构和社会关系的转变,对象征之维进行了论述。不仅如此,通过对仪式工具性和象征含义的功用的分析,特纳的仪式研究还原了恩登布人解决纠纷的仪式化过程。

特纳探讨了蕴含在象征中的意义两极,并通过对具体事物和抽象含义的分析,对仪式中的象征进行解读。同时他将仪式研究置于特定场域之中,通过对特定场域下的结构和社会关系的转变,对象征之维进行了论述。不仅如此,他还关注了恩登布人纠纷的解决过程,通过对仪式工具性和象征含义的功用的分析,说明了解决纠纷的仪式化过程。

《象征之林》的代译序分析了中国人类学的象征主义研究状况,并指出了本书所带来的研究性发展。中国人类学、民族学学者的理论更多地滞留在自古典进化论开始到功能学派的理论上,其后仅仅在颇难理解的结构主义上略作停顿,就跳至后结构主义和后现代主义,而本书能够理清人类学发展的历史源流,对人类学及相关学科发展有推波助澜的作用。

(二) 简评《仪式过程:结构与反结构》

本书主要包括五个部分的内容,分别是:"生死仪式中的分类层次""恩登布仪式中的双胞胎困境""阈限与交融""交融:模式与过程""谦卑与等级:地位提升与地位逆转的阈限"。特纳先是描述了恩登布人的两种仪式,即伊瑟玛(Isoma)和乌玻旺乌(Wubwang'u),并以此来分析当地社会的象征结构及语义学含义。基于这段时间的田野经验,特纳提炼出"阈限"和"交融"这两个概念,他随后用很大篇幅,以这两个概念理解和分析非洲其他部落社会以及西方、印度等不同文化中的类似现象。"交融"(communitas)①是特纳本人独创的一个新词,正是这个词语的创造使得他的仪式理论在人类学里面独树一帜。

《仪式过程:结构与反结构》(1969)

---

① 学界有多种译法,又译作融合、社群、社区、共同域、公共域等,本文选用"交融"一译。

1. 对恩登布仪式的分析

仪式是本书中最主要的民族志内容,这一部分是以特纳本人在非洲赞比亚的田野资料为基础。由于恩登布人没有自己的神话,他在剖析当地仪式的结构时,从"象征"这一要素入手。同时特纳还别出心裁地使用当地的俗语词汇来展示恩登布人的仪式过程,他解释说,追溯词源是当地人用来解释象征的方式,"我们在此试图要发掘的,是'恩登布人内部的观念',是恩登布人自己如何看待他们自己的仪式的。"①仪式在恩登布人的语言中,含有特殊责任或者是义务的含义,即当地人必须对祖先阴影表示尊敬。如果不履行这样的义务,人们就会被祖先阴影"抓到",也就是说遭到报复。而对于妇女而言,这种报复就是令其不能怀孕。针对这一现象,恩登布人有了伊瑟玛仪式。这也是特纳在书中描述的第一个仪式。

但在特纳的描述中,伊瑟玛仪式并不仅仅是治疗不孕现象那么简单,它的潜在目的还与当地的社会结构有着很大的关系。恩登布社会是一个实行母系单线继嗣制度的社会,因而说到祖先指的就是母系祖先。然而这里的母系继嗣有它独特的方式。在恩登布社会中,孩子虽然被认为属于母亲的部落,但实际上是在父亲的部落中成长起来的,因此不需要在成人后离开父系社会。这样一来,实际上,人们只是在名分上与母亲的部落发生关系,而更多的真实关系则发生在他与父亲的部落之间。那么,当某个妇女不能生育时,人们的解释是,她忘记了自己的祖先,因而受到惩罚。如此,也就牵扯到了母系继嗣与父系婚配之间的结构性张力。而恩登布人通过伊瑟玛仪式,除去祖先阴影的不良影响,使得妇女能够繁衍生育,从而也能够重建妻子与丈夫之间的和谐,恢复母系制度与婚姻关系之间的平衡。

在特纳看来,伊瑟玛仪式中充满了象征的含义,比如靠近河源的仪式地点、仪式前的"隔热期",以及治疗过程中为穿越通道而设置的"热"洞和"凉"洞、仪式所需要的药物和代表生死的红白公鸡,等等。通过对种种象征的分析,特纳揭示了隐藏在意识背后的分类结构,他分别用"三重组合"和"二元组合"加以阐明。

特纳总结出的三重组合具有三个体系,其中包括不可见的和可见的三重组合。他指出了这两种组合的内部元素所扮演的角色,认为在不可见的

---

① 特纳:《仪式过程:结构与反结构》,黄剑波、柳博赟译,中国人民大学出版社,2006年版,第11页。

三重组合中,"巫师是死者和生者之间的中介者,其所构成的联系是敌对和致命的联系。"而在可见的三重组合里,"医生是生者和死者之间的中介者,其所构成的联系是和解和救命的联系。"①同时,这两个组合的内部还存在着带有密切关联的事物,比如在第一种三重组合中,巫师和阴影以母系亲属关系相互联结;在第二种三重组合中,身为病人的妇女及其丈夫则存在着婚姻关系。特纳所发现的第三种三重组合,则体现在仪式过程中所使用的凉热药物溶液的比例之中。在特纳看来,这一比例象征着从生命过渡到死亡的过程。而二元组合则是伊瑟玛仪式的另外一个结构特征,特纳将其用交叉的二分对立来进行排列。他认为仪式空间布局横向、纵向,以及上下三个维度上都体现出二分对称性。

特纳所描述的第二个仪式与恩登布人社会中的双胞胎现象有关。对恩登布人来说,双胞胎的出现属于过渡问题。因此,不同于伊瑟玛仪式弥补缺陷的功用,这种被称为"乌玻旺乌"的仪式,则为了使怀有双胞胎或已经产下双胞胎的妇女变得更加强壮,同时也通过这些仪式来解决双胞胎对当地社会产生的问题。

那么双胞胎现象给恩登布人社会带去了怎样的影响呢?为此,特纳做出了两点分析。首先,他指出,虽然恩登布人非常看重妇女的生育能力,但是双胞胎所反映出的生育能力过度的表现,再加上当地社会的给养并不富足,容易造成生理上和经济上的窘迫。其次,双胞胎现象还存在着社会秩序的矛盾,特纳指出,在当地人看来,"一次分娩所生下的孩子都神秘地具有同样的外貌,但是,在与亲属体系相联系的归因法则下,他们只能占据家庭或亲属群体结构中的一个位置"②,然而,双胞胎的出生会出现"在数量上是两个,在结构上却是一个,在神秘意象中是一个,在经验所见中却是两个"③的现象,从而导致亲属关系中的分类尴尬。在这样的情况下,围绕着双胞胎现象展开的乌玻旺乌仪式就显得非常必要。

特纳在书中主要描述了乌玻旺乌仪式的两个场景,即河流源头仪式、双

---

① 特纳:《仪式过程:结构与反结构》,黄剑波、柳博赟译,中国人民大学出版社,2006年版,第36页。
② 特纳:《仪式过程:结构与反结构》,黄剑波、柳博赟译,中国人民大学出版社,2006年版,第44页。
③ 特纳:《仪式过程:结构与反结构》,黄剑波、柳博赟译,中国人民大学出版社,2006年版,第45页。

胞胎神龛和性别对抗,并且他认为这两个仪式场景都与双胞胎现象所衍生的两个矛盾相关。同时他也分析了乌玻旺乌仪式与伊瑟玛仪式的一致和区别。他认为两种仪式的过程中存在着相类似的循环往复过程,即从困扰到寻找秩序,然后回到困扰本身,并最终将问题情况除去。然而这两种仪式终究存在着差异,比方说乌玻旺乌仪式强调性别对立,而伊瑟玛仪式则将性别依附于生命和死亡的对立体之上。① 特纳也探寻到了乌玻旺乌仪式的特征。他认为,与乌玻旺乌仪式相关联的过度生育现象,同婚姻的神秘性一并存在,而这样的神秘性可以通过联合其他事物来限制过度现象。不仅如此,乌玻旺乌仪式还透射出了平等主义色彩。换句话说,虽然不同性别之间存在着对立,但是在仪式中男女之间的关系被视为平等。

2. 对阈限、交融以及社会地位的探讨

这一部分是本书重要的理论核心,特纳在阐述过程中不拘泥于概念陈述,而是结合他所观察到的仪式来加以说明。

特纳以恩登布人的酋长就职仪式为例,来说明社会生活存在着一种辩证的过程。他指出当人们从地位较低走向地位较高的阶段时,其中间过程带有一种无身份的灰色状态,而在这样的经历中,对立的状态就会产生,并且成为不可或缺的部分。特纳产生这一理念的原因与酋长就职仪式的过程不无关系。在这一仪式中,特纳发现,在未上任之前,酋长将遭受到当地人的辱骂和攻击,而在这一个过程中,即将上任的酋长不能有任何的反抗或者辩解,只能沉默地接受人们的谴责。奇怪的是,在这一切之后,人们的态度在突然之间发生改变,前一秒还在攻击状态,下一刻便对酋长充满尊敬,并恭请他就位。这样的过渡过程,就是特纳所说的"阈限阶段"。他将其视为一种巩固社会存在的认知,而我们从之前描述的就职仪式中也可以看出,"阈限有这样一种暗示,即如果没有身处低位的人,就不可能有身处高位的人;而身处高位的人必须要体验一下身处低位的滋味。"②

通过这一仪式,特纳总结出了阈限体的特征。他首先认为阈限体是无性别的匿名,这体现于酋长及其妻子在仪式中有着相同的打扮,并且共同享用一个称呼。这也说明,在这样的仪式中,阈限体处于转变状态,不具有身

---

① 特纳:《仪式过程:结构与反结构》,黄剑波、柳博赟译,中国人民大学出版社,2006年版,第85页。

② 特纳:《仪式过程:结构与反结构》,黄剑波、柳博赟译,中国人民大学出版社,2006年版,第97页。

份和地位。特纳进一步说明,在阈限阶段,仪式对象都保持服从与静默的状态。这一点在就职仪式的案例中非常明显,不仅是酋长,所有的人都必须遵守仪式的规则和权威。最后他指出,在仪式期间阈限体必须禁欲,他在观察中得出,禁欲与亲属关系密切相关,而后者是社会产生结构性的主要因素,尤其是在一个以亲属关系为主要结构原则的社会中。

在这一部分中,特纳还谈论了"交融"一词。他所指的"交融"是一种社会关系模式,它不同于人们日常生活的区域。在日常生活中,人们受到各种社会纽带的连接并以此将人群分割开来。但在交融状态之中,这些区分都会消失,社会也就处于一种无结构或者说是弱结构的状态,此时地位平等的人们会结成共同体,并服从于普遍权威。不仅如此,交融还与结构存在着一些差异。为此,特纳指出,部落社会里的某些固定职位具有神圣特质,这种特质必须通过仪式的方式才能传递到任职者身上,他们的地位在仪式中发生了改变。这看起来和阈限阶段相似,但是交融并不仅仅反映在阈限当中,它具有更多的表达方式。特纳通过象征和信仰来辨认这些表达方式,比如在一些文化中,处于底层的社会成员被赋予了一些权力,被征服的族群在仪式中具有神秘的、道德的力量,它凌驾于以外来征服者的世系,以及地域性组织为基础的整体社会结构之上。

在《仪式过程》的最后一部分,特纳重点关注了阈限的状态和阶段。他以地位提升和地位逆转两种仪式来对阈限加以区分。他指出,在地位提升仪式中,阈限体不可逆转地由一个较低的地位进入较高的地位;而在地位逆转的阈限中,仪式对象的地位发生颠倒性转变,换句话说,原本强势的群体被削弱,地位低的群体则要表现得像处于强势地位一样。

特纳进一步将这两种仪式类型与传统的人类学仪式分类相结合。生命危机仪式和年度性仪式是传统人类学所给出的仪式类型划分,而特纳在分析中发现,生命危机仪式即地位提升仪式,年度性仪式则可以看作是地位逆转仪式。他指出,在生命危机仪式中,"结构中的位置之间的关系与处在这些位置上的人之间的关系会被重组,而且这种重组常常是十分彻底的。"[1]同时,在仪式过程中,阈限体必须忍受各种痛苦与折磨,才能提升其社会地位,比如男子的成年礼。特纳认为,"对于一个作为个体的人来说,要想在地位

---

[1] 特纳:《仪式过程:结构与反结构》,黄剑波、柳博赟译,中国人民大学出版社,2006年版,第177页。

阶梯上爬得更高,就必须得比其他地位阶梯站得更低"①,这是所隐含的重要的社会意义。

特纳同时指出,地位逆转仪式常常具有年度周期性。他以儿童在万圣节中的主导地位为例,认为在这些具有年度周期性的节日中,地位颠倒现象时有发生。无论它是以年龄或是性别的方式表现出来,都充满了地位逆转仪式的痕迹。而特纳将这种现象看作是面具的作用,在这样的面具之下,弱者变得富有攻击性,而强者则被动谦卑。因此,地位逆转仪式强调结构的秩序,使得社会结构中的个体之间的关系得到恢复。

总的来说,特纳首先详细描述了仪式中的循环过程,即在困扰中寻找秩序,并最终将问题情况除去的模式。他观察到仪式过程中的象征,并以此阐明其背后的分类结构,比如伊瑟玛仪式的"三重组合"和"二元组合",以及乌玻旺乌仪式中的亲属关系分类问题。同时特纳还拓展了他的仪式理论。他对仪式进行动态分析,将"阈限"和"交融"两个概念融入他所观察到的仪式中,并结合传统的仪式分类,来说明社会群体在仪式前、仪式中和仪式后所发生的地位改变。由此,特纳以"分化—阈限—再次整合"的仪式过程,来揭示社会是交融与结构的碰撞,也是结构与反结构相互作用的结果。

三、特纳的主要贡献

上文已经提到了特纳的人类学著作非常丰富,且这些著作主要以象征仪式为主题。他侧重在仪式的象征中把握社会秩序的重新组合,并把象征作为人们举行仪式的原动力来加以研究。这是他的学术研究的一大特色。不仅如此,特纳还注重发展其他的仪式理论研究。他擅长分析象征符号,还将社会戏剧融入仪式研究当中,同时一并发展了他的朝圣意象。因此,象征符号、社会戏剧和朝圣成为特纳仪式理论的三大贡献。

(一)对象征符号的研究

在分析象征符号时,特纳把象征与符号做了区分。他指出,符号所代表的内容与已知事物相关联;而象征则自然地反映了思想或实际上具有类似

---

① 特纳:《仪式过程:结构与反结构》,黄剑波、柳博赟译,中国人民大学出版社,2006年版,第172页。

关联性的事物,是对未知事物的表达。特纳热衷于揭示这些未知事物的含义,他分析了象征的性质,认为每一个象征都以简明的形式代表了多种事物,即多义性。而且对于彼此间的矛盾或不同观念,象征会具有某种统合性。同时他认为象征是人类愿望的表达,它结合了人类生存的基本需要和共同的道德价值观。由此,特纳把象征分为两类,一类与人类情感体验有关,属于生物学现象的象征;另一类则与道德规范相关。这两类象征都具有多义性和统合性,一般来说,越为重要的象征,其多义性和统合性的特性就越明显。除此之外,这两种类型并不仅仅表现于静态的认识范畴中,它们同样会在变化中发生逆转,比如生物性象征会变得高尚,而道德价值的象征也会带有感情色彩。

虽然特纳注重研究表达未知的象征,但是他并没有忽视对符号的研究。他把符号作为社会过程中的因素进行分析,而不是将其看作意义和世界观的载体。他认为在一定的社会环境中,符号与符号之间会以各种方式进行组合,从而导致社会转型。

而对于仪式中行为的象征性以及社会功效,特纳也给出了自己的见解。他认为仪式与社会结构之间存在着一定的联系。例如在《仪式过程》一书中,他把仪式与象征结合在一起,指出象征在仪式中是把一切力量转换为现实的手段,这一点较为明显地体现在生命转折或者是社会危机状态中。而由于象征在治疗仪式和危机出现时,能够与社会现状保持一致,因此,象征的存在不仅具有时间限制,也能够跟随社会的变化从而改变其所表达的意义。另外,在社会结构发生改变之后,原本被遗忘的象征也有可能被赋予与之前完全不同的意义。

特纳还将象征符号置于特定的社会场景中进行思考。他认为象征符号在社会过程中,是通过人类行为明示或暗示出来的,在恰当的行为过程中,象征符号在其结构和属性的包围下,以一个动态实体的方式展现出来。比如美国国旗这一象征符号,他悬挂在学校操场旗杆上和雪佛莱货车车尾,以及覆盖在一位被刺杀的总统的灵柩上时,其所表达的意义各不相同。[1] 换句话说,在这一现象中,虽然图像相同,都是以美国国旗作为象征符号,但是与

---

[1] 杰里.D.穆尔:《人类学家的文化见解》(中译本),商务印书馆,2009年版,第273页。

其相连的意义在类别强度上是有差异的。可以说象征的意义在场域中得到表达,同一个象征符号在不同的场域内,常常会具有不同的含义。

(二)对社会戏剧和朝圣的分析

在特纳的理论中,有一个重要的独创性概念,这就是"社会戏剧"。在其第一部有关恩登布人的田野民族志《一个非洲社会的分裂和延续》中,特纳在对仪式过程的阈限前后阶段进行分析时,第一次提出了"社会戏剧"的概念,用以说明社会的变化和延续。在特纳看来,社会戏剧是作为社会中所有的冲突的一种结果而存在的,是张力激增的公共事件,是社会过程和日常体验的冲突场景中自然产生的和谐或不和谐的单元。

特纳的社会戏剧分析把社会冲突仪式化,他通过观察冲突解决的方式来解释仪式的社会作用。他的研究继承了盖内普(Arnold van Gennep)的仪式三段论,并从中探索出新的仪式分析模式,以及新的理论元素。盖内普认为仪式完成了群体之间的过渡以及不同状态之间的转变,仪式过程都涵盖三个阶段,即分离阶段、过渡阶段和融合阶段。而在特纳看来,社会戏剧则要经历破裂、转折、调整行为和重新整合四个阶段。他指出社会冲突在第一个阶段中出现,破坏了人们正常的交往规则和社会关系,使得人们之间的分离不断扩大;由于这种状态介于社会过程的稳定阶段,发展到第二个阶段便出现了阈限特征;到了行为调整阶段,阈限特征表现得越发明显,它修正了最基本的社会冲突,使社会关系得到重新调整,并通过一些调节机制来限制转折的范围;而在最后一个阶段,由于已发生的社会分裂得到承认,被扰乱的群体得到重新整合,因此社会冲突最终获得平息,社会安排的改变合法化。

在这四个阶段中,特纳对第二个阶段进行了深入研究。特纳将这一调整行为阶段称为"阈限"。为了讨论介于两种结构之间的社会状态,他把这一阶段拆分为阈限前、阈限、阈限后三个阶段。在阈限前后,社会结构存在于社会之中,一些等级关系或者社会矛盾制约着社会成员的行为。然而到了阈限阶段,这些矛盾和等级关系不复存在,甚至社会关系还会颠倒过来,比如穷人扮演富人,富人变为穷人,地位较低的人表现出地位较高的人的行为。特纳将阈限前后的阶段称为"社会结构",它的特征是异质、不平等、有产、世俗、复杂、等级分明、高傲;将阈限期称为"人的特殊关系",其特征是同质、平等、无产、宗教、简单、一视同仁、谦卑。① 在经历了这一过程之后,阈限体的身份地位发生改变,而此时社会关系则按照改变之后的状态进行组合,使得社会重新回到既定的社会等级关系和矛盾结构中。特纳的这一分析表现出了结构与反结构的二元对立,即从结构到反结构,并最终回到结构之中,使得社会结构在重新组合的过程中得以强化。不难看出,这一阶段处处存在着社会戏剧的痕迹,它成为一个短暂的社会过程单位。而在特纳看来,社会戏剧或者说是仪式过程,其本质就在于他的反结构。

特纳还对朝圣做出了描述,指出朝圣意象具有转折的特征。他认为,朝圣之旅是一种社会过程,它具有与阈限相关的一些特性。朝圣之旅注重平等和社会结合,朝圣的地点往往超越民族或政治界限而存在。人们在朝圣时,其社会地位是平等的。也就是说,朝圣之旅是处于阈限期之中的,且在此期间,社会关系呈现出一种融聚状态。同时,朝圣之旅还使用了一些强调常规社会等级的混淆和颠覆的象征符号。由此看来,朝圣之旅就像一个多面体,它不仅显现了特纳所研究的仪式过程,还涵盖了反结构的特性以及对象征符号的运用。

综上所述,特纳的学术贡献涵盖了非常多的内容。他的象征研究从其类型分析入手,并结合仪式来分析其行为表达所具有的社会功效,同时他还在特定的场景中思考象征符号的不同含义。而他的理论研究则围绕着社会戏剧展开,他按阶段划分来研究社会戏剧,分析了其中最为核心的阈限阶段,从而明确地揭示了社会戏剧的本质。可以说特纳的学术研究,从对象征的分析到其理论的阐述,都在一定程度上把象征主义推向了一个新的境界。

四、对特纳及其象征人类学的评价

20世纪50年代后半期开始,人类学开始寻求新的结构动向,象征人类学的出现恰好反映了这一变化趋势。作为象征人类学的代表人物之一,特纳赋予象征以新的解读。他研究的象征符号、社会戏剧和朝圣之旅,引领我们走进了一个仪式世界。他的仪式分析和象征理论也引起了国内外学者的热议。特纳的象征人类学不单单拘泥于象征意义,还结合社会结构以及社

---

① 夏建忠:《文化人类学理论学派——文化研究的历史》,中国人民大学出版社,1997年版,第318页。

会戏剧理论加以分析。那么,对于特纳的象征研究及其成果,国际学者持有怎样的看法?国内的学者又做出了怎样的反思呢?

(一)国际学者的评价

日本人类学学家梶原景昭评价说,特纳是戏剧论象征主义者,他所关注的不仅是逻辑构图,还包括动态象征性,他通过研究以治疗礼仪为中心的礼仪象征,深入地认识到了象征作用的力量。

梶原景昭还指出,特纳赋予象征以新的解读。这体现在特纳对社会结构所持有的不同态度。特纳认为社会是由几部分组成,即有秩序的社会关系、规范范围内的结构领域,以及人们超越公共纽带、地位和身份的差异而构成的反结构或反社区的状态。他强调少数标新立异者的结构性和劣根性的价值意义。特纳举例说,在描写人类的时候,在文艺领域中被用作隐喻的就是贱民、农奴等在社会中地位低下、受人歧视的人,而这些人就是具有强烈召唤力的一种象征。由此,梶原景昭认为,特纳对象征的认识超越了那种认为象征只是表现某种事物的理解。[①]

特纳在著作中擅长使用比喻手法,对此美国人类学家杰里·穆尔认为特纳是英美社会人类学当中最富创造力的思想家之一,其作品彰显着广博的知识、引人入胜的文笔和坚定的求实精神。穆尔评论说,特纳在著作中表现出的独有的比喻方式就是最引人入胜的一点,而特纳的著作也因此带有鲜明的求实特质,即他不会被自己的比喻困住。

穆尔将一般人类学家的比喻形式与特纳的比喻形式进行比对。他指出,人类学理论家们总是频繁地依赖于核心比喻来解释他们的观点,随后又把这些比喻当成社会存在,而非仅仅是启发思维的工具。这样一来,从不加检视的比喻直接上升到科学法则的比喻就会时常发生。然而特纳却避免了这个缺陷,他清楚地指明了何时采用比喻式言说,什么时候又是以如实言说的方式来进行描述。穆尔举例说,特纳所提及的阈限,就是基于一个指代社会地位疏离、转换和重新融合阶段的词汇比喻,换句话说,他在论述阈限阶段时,就采用了一种比喻式言说。而当他将仪式描写为社会戏剧时,则表现得非常写实。此时,特纳指出仪式就是表演,而没有采用比喻的方式说"仪

[①] 梶原景昭:《象征论》,载《文化人类学的十五种理论》,凌部恒雄主编,中国社科院日本研究所社会文化室译,国际文化出版公司,1988年版,第135页。

式像表演"。因此,穆尔认为,特纳在著作中所表现出的比喻与写实的精确性,不仅为他的文章增色不少,还体现了其著作内涵的深刻、复杂,价值巨大。①

罗杰·亚伯拉华则评论说,特纳在记录过程中展现出了一定的深意。他指出,特纳在分析仪式和象征的同时,也对文学和哲学进行广泛阅读,并把内容丰富的民族志报告文学,与比较社会学、比较文学的感受和效果极具特色地融合在了一起。特纳从中提取出一些观察所得,尤其是在词源和结构主义这两个领域,并把这些所得作为基础对自己的研究主题加以阐明。不仅如此,特纳还将当地人在仪式中使用象征符号的能力和复杂性与文学大家相提并论,因此亚伯拉华认为,特纳的象征人类学研究成果简直就是文学批评家在分析一部伟大的作品。

特纳在其研究过程中运用和创造了一些术语,这些术语在后来也得到了广泛的使用。由此也招致了一些批评者的非议,他们认为特纳混淆了简单社会与复杂社会之间的重大区别,并指出类似"阈限""交融"等概念过于笼统和抽象。然而特纳的追随者则拿出许多研究作为佐证来为其辩护。他们的观点指出,这些术语曾经帮助过许多民族志作者对他们的观察所得进行组织,也使文学评论家、艺术史学家、哲学家以及社会历史学家对自己持有的材料中象征性的文化层面进行更为密切的关注,不仅如此,特纳本人也发展了一些仪式场景的个案研究,而这些场景恰恰能够证明这些术语是有效的。②

(二)国内学者的评价

特纳对仪式的独特见解,引发了国内学者的热议。杨成胜和李思明对特纳的仪式理论的重要地位做出评析,并从三个方面做出了归纳。第一,特纳的仪式理论促进了人类学仪式研究的发展。对特纳来说,仪式具有两种含义,一方面,它们是对社会需要;另一方面,它们是人类创造意义的行为。因此,他特别关注仪式过程中的各种象征符号。第二,特纳的仪式理论还展现出了他对功能主义和结构学派的批评与包容。杨成胜和李思明指出,特纳的仪式理论不仅采用"英国社会人类学式"的研究观念和分析方式,同时

---

① 杰里.D.穆尔:《人类学家的文化见解》(中译本),商务印书馆,2009年版,第268页。
② 罗杰.D.亚伯拉华:《序一》,载特纳:《仪式过程:结构与反结构》,黄剑波、柳博赟译,中国人民大学出版社,2006年版。

还力图将研究结果趋向于"列维-斯特劳斯式"的结构理论。最后,特纳通过社会戏剧理论,强调了仪式知识谱系的整合态度以及文化整体之间互动性关联。他的仪式研究不仅涉及仪式本身,同时还囊括了与仪式相关的诸多因素。如表演、神话、宗教信仰之间的关系。特纳的象征符号研究可以分为三个类别,一种是对象征符号的意义和作用的探究,一种是对象征符号与其关联因素的探究,还有一种就是对象征符号在特定场域下的行为的探究。

除此之外,杨成胜和李思明还指出,特纳所提出的"阈限"有着很强的工具性和操作价值,这一概念的提出使得仪式理论从一开始就具备了"模型"化的分析规则。这不仅为仪式本身动态性机制的拟构奠定了一个良好的基础,同时也揭示了对一些普遍化的社会关系的认知。在探讨结构与交融的关系时,特纳将并列和交融视为两种社会模式。前一种模式中的社会存在包含组织结构和等级体制,此时的社会存在差别,人与人之间也以较好和较差来进行区分;后一种模式出现在阈限阶段,此时的社会并不具有完备的组织结构,形成共同体的社会群体和个人也不存在任何差别,并且他们都服从于仪式长老的普遍权威之中。杨成胜和李思明认为,特纳对社会模式的分析不仅表达了人与人之间的关联性,同时还透射出特纳借人与人之间的地位差别来对结构与交融进行区分。①

田华则指出,特纳在象征仪式研究中展示了象征符号的作用,即社会整合的功能。他认为在特纳的描述中,象征符号与仪式的作用是相辅相成的。作为象征仪式中最基本的组成因素,象征符号带动了仪式功能的发挥,而仪式的作用则经由象征符号表达出来。借助象征符号对社会关系的重新组合,仪式能够推动社会冲突和矛盾的化解。

不仅如此,田华还评价说,特纳对仪式、象征以及社会生活之间的关系研究,有助于我们理解生活中的仪式。就特纳对恩登布人的象征仪式的分析来看,象征仪式是社会生活不可或缺的一部分。人们在仪式中获得了某种象征符号的意义,这种意义不仅使得人们对仪式过程的神圣性深信不疑,同时也起到了稳定社会的重要作用:它具有规范人们的行为、加强社会整合、维持社会秩序等方面的社会功能。②

---

① 杨成胜、李思明:《交融:在结构中闪光——对特纳"阈限交融"思想的再诠释》,载《世界民族》,2009年第1期,第92~96页。
② 田华:《仪式中的象征符号——读维克多·特纳〈象征之林〉》,载《中国农业大学学报(社会科学版)》,2008年第4期,第196页。

无独有偶，王建民也对特纳仪式理论的特点和层次做出了归纳，指出特纳注重对仪式过程中的象征符号的分析，且他还强调仪式过程与其他相关事件或者说文化整体之间的互动性关联，同时，特纳也关注结构与反结构、系统与过程、理性和激情、诗性和科学等辩证关系。从中，王建民认为，特纳对象征符号的过程分析，为全面理解仪式在人类思想和行动中的作用做出了重要的学术贡献。

不仅如此，王建民还以田野工作的深化为出发点，在特纳的象征人类学研究的基础上做出了新的思考。

首先，恩登布社会看起来似乎与世隔绝，特纳在此发展起来的象征研究方式，是否适用于在强势文化影响中改变的小规模族群呢？王建民认为，在象征意义形成过程中，存在着某种权力，这种力量影响了象征意义的表征，从而引起象征意义的改变。当地人对于某种仪式象征的认识和理解不仅会在不同的场景中产生不同的认知，同时也会随着时代的更替而发生改变，因此，当下的仪式研究就与之前的研究成果存在差异。受到内部和外部发展的共同影响，社会场景会随着时间变动而发生转换，那么如何看待仪式象征研究中的时间纬度，当然也就成为进一步思考的问题。

其次，王建民认为，仪式研究不仅要关注社会结构，同时还应该涉及个体在仪式中所发挥的作用。特纳的仪式研究对个人作用的关注并不完善。尽管特纳在论述形成村落群的不同场景时曾关注到个体行动者，然而在分析成因时，特纳则依然强调整体性的影响，而将个体原因搁置。过于重视结构的另一个诟病就是意义两极的研究脱节。虽然象征符号存在着意义的两极，但是与理念极相关的事物及其关系更容易或更适合于得到分析，而与感觉极相关的内容则不是被忽视，就是阐释起来并不明确。而把握感觉极的最重要的方式，就是记录仪式参与者个人的感受，关注个人作用的发挥。实际上，特纳的仪式研究中已经涵盖了个人的能动性。比如，就特纳的"结构—反结构—结构"的经典模式来看，由于个人能动性的介入，仪式结构和仪式参加者的身份都在阈限阶段后发生了改变。

最后，基于特纳的仪式理论，王建民还提出不断反思和检讨人类学家解释力的要求。特纳罗列了分析仪式象征符号的三个途径，无论是报道人的解释，还是调查者通过观察得到的内容，或是人类学家运用语境分析法得到的结果，这些方面的诠释都是描述文化和表达社会现实的有效途径。特纳认为，这三个分析途径是一个整体，在研究过程中缺少哪一个部分都会造成

研究的片面性。比如,在方法论上,特纳虽然主张关注当地人对象征符号的解释,但象征符号的意义不能只涉及本土诠释。精神分析学者对当地人的本土诠释视而不见,无疑,这种研究路径是片面的;此外,仅仅采用本土诠释将使研究失去动态性,它使得象征的意义停留在某一个阶段,而忽视了其在时代中的变化过程。

在诠释象征符号意义的层面上,特纳力求平衡主位诠释与客位分析之间的关系。然而,特纳的这个主张却包含着许多问题。对此,王建民提出了更多的思考和质疑。他指出,特纳寻求平衡的主张实际上暗含着这样的假设:人类学家可以站在社会及其仪式的外围观察被研究者们,不带任何偏见,看的比投入于社会及其仪式中的扮演者更为深刻。由此除了表面仪式行为之外,人类学家可以透过建构"象征"的有效性,来理解土著社会深层的意涵。但是,关于研究客观性的问题也就纷至沓来:为什么可以说人类学家观察到的就是"客观的"呢?为什么人类学家就能够宣称他/她找到了所研究的族群中有意识与无意识的表现呢?文化到底是否可以被人类学家进行趋近事实的描述?他呼吁,在此基础上,人类学家应该在田野工作和理论讨论中更为缜密地思考和行动,才不会让自信变成自负。①

(三)我的认识

就我看来,特纳的象征人类学研究,以仪式研究作为基点。但他的仪式分析显然不拘泥于人类学的固有领域,而是用仪式分析得到的概念来解释更广泛的社会现象,解释社会的发展历程。特纳的仪式分析暗含着一个主题,即仪式无处不在,它是人类社会的一个永恒情节。不仅如此,特纳还从中促成人类学与其他学科之间的对话,从而表明人类学有可能在人类社会的解释上获得自己的发言权。

当然,身为一个人类学家,特纳在田野工作和民族志撰写方面都表现得非常出色。他关注广泛的社会问题,关心人民的生活状况。他选择非洲为田野点,对非洲恩登布农村生活进行长期的研究且成果丰厚。特纳的著作文字优美、诙谐幽默、意义深远。他的著作跨越了学科的前沿,主张多采取一些人文主义的方法和策略,而只有这样,人类学家才能像那些长久在人文

---

① 王建民:《维克多·特纳与象征符号和仪式过程研究——写在〈象征之林〉中文版出版之际》,载《中南民族大学学报(人文社会科学版)》,2007年第2期,第5~9页。

领域中栖居的思想家和艺术家一样,享有雍容大度的人文精神。特纳以词源分析来研究仪式过程中的象征,并把社会戏剧融入仪式分析,同时关注社会结构的变化,并将这些用比喻与写实相结合的手法记录下来——这些都是特纳的象征人类学研究的特点。虽然随着时代的变迁,这些理论和方法会逐渐过时,但特纳不受拘束的研究视野依然值得我们借鉴。

参考文献:

[1]维克多·特纳:《象征之林——恩登布人仪式散论》,赵玉燕、欧阳敏、徐洪峰译,商务印书馆,2006年版。

[2]维克多·特纳:《仪式过程:结构与反结构》,黄剑波、柳博赟译,中国人民大学出版社,2006年版。

[3]王铭铭:《20世纪西方人类学主要著作指南》,世纪图书出版公司,2008年版。

[4]夏建忠:《文化人类学理论学派——文化研究的历史》,中国人民大学出版社,1997年版。

[5]凌部恒雄:《文化人类学的十五种理论》,中国社科院日本研究所社会文化室译,国际文化出版公司,1988年版。

[6]杰里.D.穆尔:《人类学家的文化见解》(中译本),商务印书馆,2009年版。

[7]曾令健:《纠纷解决仪式的象征之维——评维克多·特纳的〈象征之林〉》,载《社会学研究》,2008年第4期。

[8]王建民:《维克多·特纳与象征符号和仪式过程研究——写在〈象征之林〉中文版出版之际》,载《中南民族大学学报(人文社会科学版)》,2007年第2期。

[9]杨成胜、李思明:《交融:在结构中闪光——对特纳"阈限交融"思想的再诠释》,载《世界民族》,2009年第1期。

[10]田华:《仪式中的象征符号——读维克多·特纳〈象征之林〉》,载《中国农业大学学报(社会科学版)》,2008年第4期。

(原载《民族论坛》2012年第9期)

克利福德·格尔兹列传

[摘　要]克利福德·格尔兹(Clifford Geertz,1926—2006)是美国人类学家,阐释人类学的提出者。格尔兹一生所出版的著作非常丰富,《文化的解释》(1973)和《地方性知识》(1983)是他的代表著作。"阐释人类学"是格尔兹最主要的学术贡献。他的"阐释人类学"从意义角度赋予文化以新的诠释,同时还提出了"深描"的民族志表达方式,并重视研究地方性知识。国内外学者对格尔兹的研究做出了评价,他们的评论强调了格尔兹研究的重要性,同时也探讨了"阐释人类学"所引发的争论。

[关键词]格尔兹;阐释人类学;深描;地方性知识

作为阐释人类学的创始人,格尔兹在人类学的发展史上写下了浓墨重彩的一笔。就连强烈反驳其理论体系的人类学家山克曼(Paul Shankman),也对格尔兹的学术成就表示出激赏:"不论一个人怎么看格尔兹的学术作品,他都必须承认格尔兹在人类学界所拥有的关键地位。格尔兹的重要性在于他是美国文化人类学的重生。……若没有格尔兹——或一个像他这样的人——博厄斯、克鲁伯和美国传统的其他人的传承可能已经被贱卖了。也许有人会质疑这样的评估,但很少人会怀疑格尔兹在人类学界的影响。除了他对人类学所做的贡献之外,格尔兹已成为跨学科的人物,也是在社会科学与人文科学之间的主要发言人。他的理论架构与民族志研究早有同时也不断在增加广大的读者。"①

20世纪50年代,被称为"阐释人类学"的学说就已经兴起。格尔兹一方面建立和发展了他的理论体系,另一方面也强调民族志研究。他用"阐释"来表达文化,对"意义"和"象征"表现出了浓厚的研究兴趣,并由此强化了他的文化研究理论。不仅如此,他还重视文本分析,在其文化理念中深度发展了民族志的研究方法;同时他也重视地方性知识,并以此实现多元阐释的表

---

① 转引自潘英海:《格尔兹的解释人类学》,载《人类学经典导读》,庄孔韶主编,中国人民大学出版社,2008年版,第132~133页。

达方式。如此丰富的研究在学术界也备受瞩目：他的著作得到了广泛引用；其理论研究成果及其引发的争议也为人类学研究的发展拓展了新的视野。

一、生平简介及学术历程

克利福德·格尔兹（Clifford Geertz，又译格尔兹、吉尔茨，1926—2006）是美国人类学家，阐释人类学的提出者。他曾先后担任斯坦福大学行为科学高等研究中心的研究员、加利福尼亚大学伯克利分校人类学系副教授、芝加哥大学新兴国家比较研究会人类学副教授、普林斯顿高等科学研究所社会科学教授等。

格尔兹出生于美国加州旧金山市，幼年时由于父母离异而被收养。青年时代的格尔兹加入了美国海军，服役两年之后他进入俄亥俄州的安

克利福德·格尔兹（Clifford Geertz，1926—2006）

帝奥克学院学习文学，而后转向哲学专业，并在1950年毕业取得哲学学士学位。

大学毕业后格尔兹进入哈佛大学继续深造，他在当时新创建的社会关系学系学习人类学。他于1951年末加入一个在印度尼西亚的研究项目，并在1952—1954年期间参与了实地考察，深入探究当地文化形态。初次涉入人类学田野调查工作，格尔兹对爪哇进行了考察，系统分析了当地的宗教，将调查研究成果写入《爪哇宗教》一书。1956年，格尔兹凭借这部著作获得了人类学博士学位。同年，格尔兹进入哈佛大学社会关系研究所，并在研究生三年级转入麻省理工学院国际研究中心任研究助理。1957年他重返印

尼,在此期间他主要对巴厘岛进行了考察。

在1958—1959年间,格尔兹担任斯坦福大学行为科学高等研究中心的研究员并兼任加州大学伯克利分院人类学系副教授。1960年后的十年里,他转任芝加哥大学新兴国家研究所人类学副教授,并且在1964年成为正教授。在此十年间,他对印尼的巴厘和爪哇等地进行了广泛的田野调查,并以此为第一手资料撰写了大量的论文和著作,如《旧社会与新国家》(1963)、《农业密集化》(1963)和《商贩与贵族》(1963)都是他在这一阶段的作品。1970年,格尔兹被普林斯顿大学聘为高级研究院社会科学教授。此后,格尔兹在理论和方法论方面更加趋向成熟,并出版了《文化的阐释》(1973)和《地方性知识》(1983)在这两本以论文集形式发表的著作中,他探究了人类行为所包含的意义,并归纳了他的深度文化理论。随后在1978年—1979年间,他曾短暂地在牛津大学任教。除了教学和调查研究之外,格尔兹还以学术杂志编辑、学术顾问的身份参与学术研究的工作。他既担任《社会与历史比较研究》《美国人文科学院杂志》《美国民俗学杂志》编辑职位,同时又出任英国人类学会、原西德人文科学研究所的学术顾问。

格尔兹从文学转向哲学,并在哈佛大学开始了他的人类学学术生涯。在取得博士学位之后,他在多所大学从事教学并参与研究工作,同时他还担任学术顾问以及学术杂志编辑。其田野调查以非西方"边缘世界"作为研究对象,通过对宗教、象征、符号以及文化和社会的"深度描述",致力于发展一种深层次的文化理论。他的理论在学界颇具影响力,其著作在社会科学论文中引用率很高,尤其是在20世纪80年代以后,美国文化人类学界两部重要杂志《美国人类学家》和《美国民族学家》几乎每一期都会提到格尔兹。这些足以证明格尔兹在学界的影响力和地位。由于其思想影响巨大,格尔兹先后获得了美国社会学会索罗金奖、日本福冈"大奖"等多项荣誉。他的阐释人类学已渗透到了文化研究的各个领域,并在哲学、语言学、宗教研究、文学批评等各方面产生了深刻的影响,2006年10月30日,格尔兹因心脏手术并发症去世。

纵观其学术历程,格尔兹经过几个学科学习的过渡继而走进了人类学。随后他在民族志研究的基础上,建立并发展了其文化理论,由此逐步形成"阐释人类学"的思想体系。王铭铭曾对格尔兹的学术历程做出阶段性的划分,他把格尔兹的学术历程分为三个阶段,认为格尔兹的学术生涯由初步显示对宗教生活和符号体验的兴趣,到对当时社会经济问题的兴趣,再到对符号和文化的重新关注。① 本文将上述的第一阶段和第二阶段加以合并，作为格尔兹的民族志研究阶段来理解，而另一个阶段则属于其文化理论研究阶段。格尔兹在这两个阶段的研究侧重点不同，相对应的，他在每一个阶段所创作的作品也带有明显的方向性差异。

二、主要著作概述

格尔兹一生所出版的著作非常丰富，且由于他研究兴趣广泛，其作品内容也涉及了文化研究的多个方面。在其前期的学术研究中，格尔兹首先对宗教问题产生了兴趣。在研究了爪哇岛民众的宗教生活和符号体验之后，他出版了民族志专著《爪哇宗教》(1956)。在接下来的民族志研究中，格尔兹把关注的焦点转移到社会经济问题上，并陆续出版了《旧社会与新国家》(1963)、《农业密集化》(1963)、《商贩与王子》(1963)等著作。然而，像是对之前研究工作的回归或者说是"否定之否定"，格尔兹在后期的研究过程中把焦点重新转向文化和符号。由此，他在这一阶段的作品中展现了他的文化理念，并以论说文的形式阐释了他的人生观以及对文化的理解。《文化的解释》(1973)和《地方性知识》(1983)是格尔兹在这一时期的重要著作。此外他还著有《尼加拉：十九世纪巴厘剧场国家》(1982)、《作品与生活》(1988)，以及《追寻事实：两个国家、四个十年、一位人类学家》(1995)等。

相较于后一个阶段，格尔兹的前期著作大多以民族志作品为主，范围涉及宗教、社会、经济、政治、生态等方面。如《爪哇宗教》一书是格尔兹第一次进行田野调查之后所做的民族志，书中初步显示了格尔兹的宗教文化理论，他将当地信仰和习俗的三种类型与三种主要社会组织联系在一起，旨在说明尽管宗教确实可以表达普通的价值观念且具有整合作用，但它也是政治冲突和争论赖以发生和进行的工具。《旧社会与新国家》是综合了社会学、政治学、人类学等学科的思想，对新兴民族、新兴国家的现状进行的跨学科考察；《农业内卷化》是对印度尼西亚的文化生态学研究，书中比较了水田、劳动密集的稻作农业与旱地、广种薄收的粗放农业，展示了以上不同农业耕作体系的空间分布如何影响当地经济、殖民经济历史和它们未来的发展道路；《商贩与王子》勾勒了两个极不相同的印尼小镇，目的在于理解当地文化模式可能影响经济发展计划的方式。

---

① 王铭铭：《格尔兹的解释人类学》，载《教学与研究》，1999年第4期，第30～36页。

虽然格尔兹在其后期的创作生涯中也出版了民族志著作(如《尼加拉：十九世纪巴厘剧场国家》就是运用符号观点阐释巴厘历史文化与现实，以一个容纳意义的文化符号系统解构巴厘文化的民族志文本)，但正如上文所提及的那样，在这个时期格尔兹主要从事回归式的研究，"文化"和"理解"作为一条逻辑主线贯穿其中，其著作也一并带有很强的文化和符号性。这里主要对《文化的解释》和《地方性知识》进行概述和分析。

（一）解读《文化的解释》

在《文化的解释》一书中，格尔兹第一次使用了"阐释"的概念，借以表达他的人类学观点。他在此书的开篇就表达了一个非常重要的观点，即他认为文化是意义之网。"意义"一词成为格尔兹解读文化的核心词汇，它也由此贯穿了整本书的始终。无论宗教、政治，以及意识形态等研究方面，格尔兹都会试图去解读它们背后的深层含义，从而实现他对文化的解读。

《文化的解释》全书分为五编，收录了15篇论文，分别以民族志表达方式、文化与人观、宗教仪式和符号、社会政治与意识形态，以及地方性文本为主题，展示了其阐释人类学观点。

《文化的解释》(1973)

1. 文化阐释与民族志"深描"

第一编和第二编是格尔兹对其文化观和人观的系统表述。在《深描：迈向文化的阐释理论》一文中，格尔兹首先标明了文化，他所采纳的文化概念本质上带有明显的符号性特征。他继承了马克思·韦伯的理念，认为"人是悬挂在由他们自己编织的意义之网上的动物"[①]，而文化就是这些网，对文化进行分析就是对意义的探索。格尔兹采用他所追求的阐释来解释表面上神秘莫测的社会表达方式。同时，他声明，这一条款式的信条本身就需要一些阐释。由此，他迈向了文化的阐释理论，开始探求文化的见解和民族志的表

---

① 格尔兹：《文化的解释》，纳日碧力戈等译，上海人民出版社，1999年版，第5页。

达方式。他借用吉尔伯特·赖尔的"深描"概念,认为民族志是对"深描"的追寻。格尔兹运用"眨眼示意"的例子表达了"深描"不但要对现象本身进行精准的描述,同时还要区分不同的文化意义。他指出人类学所做的不单单是观察行为,重要的是对行为进行阐释。而人类学学者则需要在理解背景知识的前提下,更仔细地观察并切实了解一件事情的真相与事实,他们所做的分析工作就是理清意义的结构,并确定这些意义结构的社会基础和含义。

格尔兹认为,民族志撰写就是一种阐释。而阐释存在着多种层次则归因于不同人群所做出的描述,比如只有本土人阐释其文化才属于第一层次的阐释,其他诸如调查者对本土人的描述进行解读,则归为第二层和第三层的阐释。人类学进行阐释的目的在于"追踪社会话语的取向,从而赋予它一个可以检验的形式。"①民族志学者将社会话语记录下来,把这个瞬间发生的事实变成一种记载,成为刻写的内容,能够用来重新查阅。这样的写作是对言语的讲述,它所确定的是言语事件的意义,而不是事件本身。因此,文化的分析不是对被发现事实的概念性操作,不是对纯粹现实的逻辑重构,而应当是意义的推测,对这个推测进行评估,从较好的推测引出解释性的结论。格尔兹还归纳了民族志描述的"三个特色:它是阐释性的;它所阐释的对象是社会话语流;这种阐释在于努力从一去不复返的场合抢救对这种话语的'言说',把它固定在阅读形式中。"②此外,它还可能是"微观的描述",它把分析推广到更大的脉络中,通过"小事"的理论寓意,着手进行广泛的阐释和比较抽象的分析。在这一点上,格尔兹认为文化阐释理论是要让"深描"成为可能,力求在个案中进行概括,从细小而缜密的事实中推出结论;通过把概括文化对于建构集体生活的作用的泛论贯彻到复杂的具体细节的结合中,来支持立论广泛的观点,完成阐释人类学的使命。

从界定文化,到追寻文化撰写方式,再到标明文化分析层次,进而统归于民族志的目的,格尔兹的这一层层推论,使得他的阐释理论更加清晰。就其理论来看,格尔兹所铺陈的"文化阐释之路",不仅带有明显的深度分析的意味,也涵盖了一种放大镜式的分析趋势。

2. 宗教仪式与符号世界

在《文化的解释》一书的第三编,格尔兹表述了其宗教研究的思路。他

---

① 格尔兹:《文化的解释》,纳日碧力戈等译,上海人民出版社,1999年版,第20页。
② 格尔兹:《文化的解释》,纳日碧力戈等译,上海人民出版社,1999年版,第23页。

认为"人类学的宗教研究应分为两个阶段:首先对构成宗教本身的象征符号所体现的意义体系进行分析;其次,则将这些体系与社会结构过程和心理过程相联系;并且他指出只有对象征符号活动的理论分析,在复杂程度上可与对社会及心理活动的理论分析相匹敌时,才能够有效地处理宗教在其中起决定作用的社会生活与心理生活中的那些方面。"①因此,格尔兹关注了宗教分析的文化层面,且对仪式与社会变迁进行阐述,并采用巴厘岛的案例来分析和说明宗教变革的动力问题。

在格尔兹的符号世界中,文化是指从历史沿袭下来的体现于象征符号中的意义模式,是由象征符号体系表达的传承概念体系,人们以此达到沟通、延存和发展他们对生活的知识和态度。而宗教象征符号合成了一个民族的精神气质(生活的格调、特征和品质)和世界观,即他们所认为的事物真正存在方式的图景,也就是他们最全面的秩序观念;宗教调整人的行动,使之适合头脑中的假想宇宙秩序,并把宇宙秩序的镜像投射到人类经验的层面上。因此格尔兹把宗教定义为"一个象征的体系;其目的是确立人类强有力的、普遍的、恒久的情绪与动机;其建立方式是系统阐述关于一般存在秩序的观念;给这些观念披上实在性的外衣;使得这些情绪和动机仿佛具有独特的真实性。"②

格尔兹所研究的宗教不仅是一个文化体系,也是他用来研究文化的一种理想类型。他通过对象征符号的剖析,得出文化模式的双重性,从而说明真正意义上的象征有别于其他种类的意义形式。同时,在象征符号系统的作用下,文化模式的双重类型之间能够实现的可对转性,这是人类心智的显著特征。

格尔兹进一步论述了宗教活动所引发的两种不同种类的习性,即情绪和动机。他阐述了分析能力、忍受能力和道德见解的局限性所带来的无序性的威胁,指出"宗教一方面使我们的象征符号资源有稳定的力量,来系统阐述分析性观念,使之成为概观现实的权威观念;与此相同,它在另一方面,也使我们同样的象征符号资源具有稳定的力量,借助认为宗教主旨无处不在的类似观念,借助宗教内在的格调,来表达情感。"③

---

① 格尔兹:《文化的解释》,纳日碧力戈等译,上海人民出版社,1999年版,第143页。
② 格尔兹:《文化的解释》,纳日碧力戈等译,上海人民出版社,1999年版,第105页。
③ 格尔兹:《文化的解释》,纳日碧力戈等译,上海人民出版社,1999年版,第120页。

由此也产生了宗教信徒的信念问题,即如何从体验无序时感到的忧虑,转向对基本秩序的比较稳定的信念。基于这一点,格尔兹阐述了他对宗教信仰的观点,他指出宗教信仰所涉及的不是来自日常经验的培根式哲学归纳,而是对改变那种经验的权威事先加以接受。这类信仰正是在仪式中以某种方式产生出来。格尔兹指出,在特定仪式形式中,宗教象征符号所引发的情绪和动机,与象征符号为人们系统表述的有关存在秩序的一般观念相遇,相互强化。在仪式中,这两种习性与形而上学的观念相互缠绕,一同塑造了一个民族的精神意识;而生存世界凭借着同单独一组象征符号形式的融合,从而确定一个宇宙秩序的图像。

格尔兹进一步指出,宗教仪式所唤起的习性,具有超越仪式之外的极重要影响,因为它可以反过来影响个人对建立在事实真相之上的既定世界的观念。宗教观与常识观之间能够来回转换,宗教体系对于社会体系有着独特的影响。他表明宗教作为文化体系的意义,"对于一个人类学家来说,宗教的重要性,在于它作为世界、个人及两者间关系的一般而又独特的观念之源的能力。"[①]

然而随着社会的变迁,仪式与社会变迁会如何发生变化?这恰恰是功能主义的薄弱环节。原因在于社会过程和文化过程在功能理论中没有得到平等的对待,同时社会变迁的缘由也没有公式化的表述。格尔兹细致地描绘了爪哇宗教介入葬礼的全过程,认为在观察社会行动的时候,文化和社会结构之间存在着某种联系,因而不能独立地看待两者的作用。"文化是人类用来解释他们的经验,指导他们行动的意义结构;社会结构是行动所采用的形式,是实际存在的社会关系网络。"格尔兹力图采用能够包容历史资料的有关宗教信仰、实践以及世俗社会生活之间关系的复杂观念,取代了仅仅把功能看作是维持结构的简单化方法,扩大宗教功能分析的范围,从而贴切地解释变迁过程。

然而在社会发展变化过程中,宗教变迁又经历了一些什么的呢?在这一点上,格尔兹借用韦伯区分世界极端类型宗教的观点,展开了对宗教变迁进程的论述。他对传统宗教与理性化宗教进行区分,这个区分所比较的核心在于宗教概念与社会形式之间的关系存在着一个差异,即"传统宗教观念把现存社会习俗变成僵化的陈规",而"理性化的概念并不是如此彻底地与

---

① 格尔兹:《文化的解释》,纳日碧力戈等译,上海人民出版社,1999年版,第141页。

生活的具体细节交织在一起"。格尔兹认为,"宗教理性化不是一个全有或全无、不可逆转或不可避免的过程,而是一个经验中的现实过程。"①他描述了巴厘的宗教,指出所谓现代性的冲击,虽不是那么强有力,但一定程度上为人们衡量自己文化和他人文化的价值提供了新的标准,以及不可阻挡的内部变化,也使维持传统社会组织系统的原有形式变得越来越难。而社会组织作为宗教理性化的又一方面,其所围绕的核心是巴厘宗教与民族国家关系的问题,尤其是该宗教在共和国宗教部的地位问题。他认为巴厘人可能会在"内部转换"中逐渐实现其宗教体系的理性化。由此格尔兹指出,合法性的问题以及失去权力的威胁,不仅是社会问题,也是宗教问题。

3. 意识形态与意义政治

在谈论了象征符号与意义政治之后,格尔兹用第四编的篇幅阐述了意识形态和政治。他界定了意识形态的文化体系性质,认为社会科学还不存在不带价值评判的意识形态概念。他把这一缺失的原因归结为理论的不严谨,即"在研究意识形态时,它把对象自身当成了实体,而不是把它从其社会和心理场景中辨析出来。"②因此,对于意识形态研究来说,格尔兹寻求并完善一种概念工具,从而更精确地把握意义。

格尔兹剖析了利益理论和张力理论两种研究方法,指出两者仅是对意识形态的社会决定因素的来源和结果做出了分析,而没有把握中间过程,且没有将意识形态作为互动符号的体系和相互作用的意义模式来认真考察。格尔兹认为人们通过建构意识形态即社会秩序的图式图像,使自己成了政治动物。意识形态的功能就是通过提供权威且有意义的概念,提供有说服力并可实在把握的形象,使某种自动的政治成为可能。他进一步探讨了科学与意识形态,指出"科学面对意识形态时的社会功能是先去理解它们,诸如,它们是什么,如何运作,导致它们兴起的原因;然后是批评它们,迫使它们与现实相协调。"③也就是说,科学与意识形态之间存在着某种关联性,而科学不但能够对意识形态做出评价,还有助于进一步地理解意识形态,从而更好地发挥其社会功能。

在此之后,格尔兹运用一系列概念阐释新兴国家的形成、建设和发展,

---

① 格尔兹:《文化的解释》,纳日碧力戈等译,上海人民出版社,1999年版,第197页。
② 格尔兹:《文化的解释》,纳日碧力戈等译,上海人民出版社,1999年版,第223~224页。
③ 格尔兹:《文化的解释》,纳日碧力戈等译,上海人民出版社,1999年版,第260页。

以及社会集体认同的定义、产生和确立。他认为"意识形态的变化不是一个与社会过程平行并反映它的独立的思想之流,而是那个过程本身的一个维度。"他指出了意义的政治性,认为一场政治革命中同时涉及文化甚至认识论的变革,它所改变的是体验社会现实的符号框架,重构人们对理解生活和现实的认识。① 因此,系统地表述一种意识形态,就是要把一种普遍化的情绪转换成实践力量,找出文化主题与政治发展之间的社会学联系,而不是由其中的一个推导出另一个。这是关于一场整合式革命的主题分析。

格尔兹阐述了人类学视角下对于新国家的理解。他指出,在社会政治属性的研究中,关涉人类学的是分支国家研究和史前国家发展周期研究。而通过区分统治者的野心、驱使他们达到某种最高目标的信念和理想,以及借以追求这些目标的社会手段,人类学帮助我们领悟到,无论在传统国家还是在现代国家,一个政治家所期望达到的,并不完全等于他所把握的。

4. 文本与表达

在最后一编中,格尔兹展示了其理论和方法的具体运用,充分表现了其特色文本。尤其是最后两篇文章,他说明了自己是怎样做民族志,以民族志撰写为特点对个案进行分析。

在"巴厘的人、时间、行为"中,格尔兹以巴厘人看待自己和别人的方式、与他们体验时间的方式、与他们的集体生活情调之间存在的一些不明显的联系,来说明这些联系不仅对理解巴厘会有重要意义,而且对理解整个人类社会也具有重要意义。他以研究巴厘人的社会关系符号为出发点,描述了巴厘人的前人、同代、同伴、后人的观念,巴厘人的定位符号秩序,指出巴厘的社会关系特征,也就是巴厘文化力的三角形,从中归纳出,文化分析应归结为从意义符号中寻求意义符号丛、意义符号丛的物质载体,以及对人类经验基础规则的表述,而这些规则的形成方式暗示了这样一种表述。

"深层的游戏:关于巴厘岛斗鸡的记述"是对巴厘的斗鸡活动的描述与分析。格尔兹深入巴厘社会,与当地人一同体验斗鸡。在他的眼中,一场极具巴厘人性情的角逐就此展现开来。格尔兹将斗鸡作为巴厘社会的缩影,认为"巴厘岛的外观就在斗鸡场中"②。它是一种情感爆发、地位之争和社会具有核心意义的哲理性戏剧的综合体。斗鸡在当地被赋予了社会地位的象

---

① 格尔兹:《文化的解释》,纳日碧力戈等译,上海人民出版社,1999年版,第277页。
② 格尔兹:《文化的解释》,纳日碧力戈等译,上海人民出版社,1999年版,第477页。

征,巴厘斗鸡活动中使用的雄鸡是男性的象征,斗鸡活动则是男性争斗的象征,斗鸡赌注则是一种荣誉的象征,当地人就在这些社会行为和象征中确认并捍卫自己的地位。格尔兹对斗鸡的阐释还着眼于斗鸡所引发的社会行为,他试图分析围观人群的赌博行为,从赌金在巴厘社会中的意义上,来探究对社会行为的解释。他指出,在巴厘斗鸡这一深层的游戏中,钱与其说是一种实际的或期望的效用尺度,不如说是一种被理解或被赋予道德意义的象征。这也是斗鸡在当地社会得以深化的深层原因。

综上所述,《文化的解释》较为系统和深刻地展示了格尔兹的阐释人类学理论。他运用文化、符号、宗教、意识形态、社会政治等一系列的概念和体系,表达了他的文化研究方法论及文化阐释理论的运作方式。他提出自己对文化含义的阐释,说明了文化在社会生活中的角色及其之于人的意义,并以"意义模式"为主线,同时借助一定的田野来总结社会理论,对文化研究的方法做出解析。格尔兹指出,社会的形式就是文化的内容。但观察社会行动的符号层面,不是逃脱现实生活的困境,而是投身于这些情景之中。阐释人类学的使命是让我们了解更多的言说,从而把它收入可供咨询的有关人类言说的记录当中。

(二)《地方性知识——阐释人类学论文集》的概述

《地方性知识——阐释人类学论文集》(以下简称《地方性知识》)是格尔兹另一部以论文集形式出版的著作,被誉为《文化的解释》的续篇。与前一部论文集的出版相隔十年,格尔兹戏称他在人类学界"说因必说果"的趋势下总结了他历年研究的想法。本书结合了格尔兹本人所参与的学科间的讨论,他在书中并不铺陈文化理论和方法论,而是通过对一系列具体事物的阐释来探讨一些宽泛性问题,并且在此基础上加以阐释,即对阐释进行阐释。

格尔兹首先谈论了社会科学和人文科学之间的关系。人类学家认为两者处于两栖关系,格尔兹认为采用大的范畴能够对两者的学术体系、专业组织、学派、学者等进行划分,也只有在较大而空泛的范畴之下,学科之间的联系才能够起到更好的作用。格尔兹指出,"当社会学家们正津津乐道于演员、场景、情节、表演和角色,而人文学者们在唠叨不休于母题、权威性、恳诉、转换和社会阶层之类的时候;在其二者之间,看起来既能慰解清教徒,又使骑士们欢欣的路子还迄未发现。"①"人们将如何去认知那些不为我们所创造和见证,但却对我们的生活深具影响力的符号性游戏、戏剧或者文本,仍是摆在我们面前远未清晰的问题。"②也就是说,社会科学和人文科学的分化和变化都在发生,这种分化的结局无人知晓,且其内部也在发生变化。这些变化不只是理论或方法,或理论方法所改变的主题,而且是这一范畴的总体性的变化。格尔兹期许能够采用更谨慎的方式对他们做出全方位的分析,从而明晰社会思想重述的这一题材。

格尔兹随后将文化人类学家与批评家所从事的事务进行比对,从而凸显出两者之间并没有非常大的差别,他指出,他们都"把人生中的意味隽永的奥秘纳入文化,去探寻为什么别人的创作能够既那么彻底地是他们自己的所有物,而同时又那么深刻地成为我们的一部分。"③正如他本人与文学批评家一样"执着于关心任何与文化和道德想象有关的事物"④,只不过两者关注的角度不同,批评家从文学的角度入手,而他则从习俗的角度加以关怀。格尔兹认为在自己的阐释中加入当地人眼中的社会表象,即对"理解的理解",是以不同的方式研究同一个活动。其意义在于探求我们意识中的自我和别人中的我们自己,它既影响着本体与自身文化形式的交往,也作用于未能被意识到的知识派生。格尔兹探讨了对阐释文化观念的影响问题,他指出,"阐释"并不仅仅是指用自己的方式

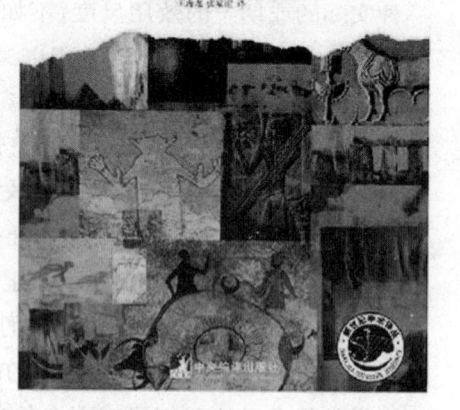

《地方性知识:阐释人类学论文集》(1983)

---

① 格尔兹:《地方性知识——阐释人类学论文集》,王海龙、张家瑄译,中央编译出版社,2004年版,第35页。
② 格尔兹:《地方性知识——阐释人类学论文集》,王海龙、张家瑄译,中央编译出版社,2004年版,第42页。
③ 格尔兹:《地方性知识——阐释人类学论文集》,王海龙、张家瑄译,中央编译出版社,2004年版,第69页。
④ 格尔兹:《地方性知识——阐释人类学论文集》,王海龙、张家瑄译,中央编译出版社,2004年版,第50页。

重新说明他者认识事物的方式,而是通过我们的表达方式来展示他者本身的方法。而阐释的实质就在于以自身的语言来表达他者的观念。这是格尔兹从人类学角度对阐释进行的解读。

格尔兹进一步寻求更系统的方式来进行阐释工作。他探究了文化中的常识和艺术,把他们视为象征符号,并讨论了符号之外的更为广阔的社会文化背景,指出正是这些社会因素使得这些象征符号得以产生、流传、保存。他认为常识是一个以松散结构联系在一起的信仰和判断的实体,与之相关的不仅仅是承认事物的存在,而是我们怎么样看待这些事物。它存在着地域差异性,且在不同的社会情境之下其物质形态各异。格尔兹也就艺术是否存在普遍性的题旨进行探讨,他将社会文化背景融入分析之中,指出在相同观念下对艺术进行衡量的前提是它的共同感知性,而我们要做的是从本族人的角度向本族人展示他们各自的心理。人类学阐释的主要内容,是将概念超越其原始产生的具体文化背景,并将其实质内容重新植入类似概念,然后标出其不同。

由此看来,我们所处的社会情景影响着我们对文化的理解,那么要理解他者的文化则要从他者的地方情境中展开透析。格尔兹对这一认识进行扩展,以恢复魅力一词的本意和政治含义,对权力符号做出讨论,以此来分析历史事物的理论模式在什么样的程度上使用与分析自我所在的社会事物;他对统一性和多元性的思维方式进行分析,指出任何号称普遍的知识总有地方性的文化背景,而且不具有这一文化背景的人是无法轻而易举地确切把握它的意义的。可以说当所阐释的理解的对象涉及思想时,"地方性知识"这一说法能够将文化情景更明确地表述出来。

在这一点上,格尔兹关注法律命题。法律和事实这两个看起来并不具有共通性的事物进入格尔兹的眼界,他认为"通过比较,并且是对无法比较的事物的比较,我们实际上能理解的任何本质都是会被理解的。"[1]即人类学的研究就是比较不可比较的文化。而法律运作所依赖的文化为地方性提供了一些想象,而法律审判过程中的事实发现和规则使用就是凭借他们而相互连接在一起。这正是格尔兹将法律作为地方性知识拿来探讨的缘由。

他重点分析事实发现和法律判决之间的关联,对思想作为社会事实的

---

[1] 格尔兹:《地方性知识——阐释人类学论文集》,王海龙、张家瑄译,中央编译出版社,2004年版,第294页。

程式做出经验性的验证。格尔兹认为法律的地方性"不仅指地方、时间、阶级与各种问题而言,并且指情调而言——事情发生经过自有地方特性并与当地人对事物之想象能力相联系。"[1]他通过不同文化间的法律对话,来解读法律的深层含义。比方说他把当时发生的美国事件放入三种不同的法律传统中来解读,以此探讨这一事件在不同的法律传统中所表现出的不同形式,并且从审判的进化的角度来讨论这些不同的形式之间的差异。他的思路集中于对比律师和文化人类学学者所看待事物的眼光、不同法律传统下产生的偏见,以及法律在此穿梭于思维规范的结构和审判程序的条例之间、作为自制系统和争论性意识形态的传统之间,最后着眼于地方性知识的小的想象抑或世界性的大的含义。

综上所述,《地方性知识》在格尔兹的阐释人类学思想中拓展了其文化符号学的发展,它将文化作为系统来看待,以此深究文化符号所存在的社会场景,并对其进行阐释。从本地人的观点出发来审视世界,并在他者的文化中发现自我,这一点作为一种人类生活中生活形式地方化的地方性的例子,作为众多个案中的一个个案,作为众多世界中的一个世界来看待,将会是一个十分难能可贵的成就,也是现代人类学挑战当代知识困境的一种思路。

三、格尔兹的人类学成就及其主要贡献

但凡提及人类学家的学术成就,往往一方面涉及其学术思想为人类学理论发展所做出的贡献,另一方面则包含其所从事的田野调查研究。格尔兹的学术贡献主要表现在他的"阐释人类学"思想。"阐释人类学"提出于20世纪50年代,它的产生在美国人类学界掀起了颇具影响力的思潮,而这一思潮便与格尔兹的名字紧密相连。他也因此成为学术界的知名学者。其阐释人类学理论的核心是"意义",格尔兹通过"意义"界定文化,并将"意义"与象征系统相结合,从而确认阐释人类学的主题,即重新建构意义,理解"阐释的阐释"。

对于人类学来说,格尔兹的最大贡献在于迫使人类学家们意识到,他们想要阐释的文化文本以及他们所创造的民族志文本必须超越简单的事件罗列,挖掘事件背后所蕴藏的深刻含义。他阐释人类学是在其田野调查的基

---

[1] 格尔兹:《地方性知识——阐释人类学论文集》,王海龙、张家瑄译,中央编译出版社,2004年版,第273页。

础上建立和发展起来,因此他的民族志研究也不容小觑。在他的著作中,格尔兹将民族志研究案例嵌入其思想理论的研究当中,把对"阐释"的阐释放入实例中进行分析,比如他以眨眼示意的例子来表述"深描"、以斗鸡活动来剖析社会象征的深层意义、用法律来探讨地方性知识等。尽管他的民族志研究在地域上局限于印度尼西亚、摩洛哥等地,但其研究内容涉及面广泛,涵盖宗教、艺术、法律、常识、人观、意识形态、社会政治等各方面。在20世纪80年代以后,他的著作在人类学界甚至更广阔的学术领域中,受到研究者们的广泛引用。这也正说明他的阐释人类学思想为人类学研究取向提出了新的理论视野,且它在学术界有着广泛的影响力。

(一)阐释文化:意义、象征与文化系统

作为人类学研究的核心概念,文化在历来的学术见解中备受关注。人类学家理解文化,并用各自的方式对其进行表达。也就是说,一个人类学家的文化理论,首先是建构在其文化观的基础之上,即如何看待文化。就格尔兹来说,他所界定的文化和文化研究带有阐释人类学的含义,他认为人类文化的基本特点是符号的和解释性的,且作为文化研究的人类学也是解释性的。

格尔兹的阐释人类学赋予了文化以新的内涵。他的文化概念继承了马克思·韦伯对社会行为研究的理念。韦伯认为科学要对社会行为做出理解,且行为的开展要从社会的角度进行解释。这里的"理解"就是对意义的把握,"解释"则是将主观意义组织成概念。格尔兹和韦伯一样,他把文化看作是一个存在系统的意义网络,知觉、观念、情绪理解和判断等具有概括性的概念都是"意义"。

他进一步指出文化是一个象征系统,它的意义建立在人与人互动过程中的象征性行动上。人的本质是象征性的动物,是使用象征性符号累积生存经验、代代相传、进行沟通的。人所建构出来的意义是一种"社会性话语"。格尔兹还认为意义的传递与交换是公开性的、社会性的,而不是存在于个人脑海中的,即同一脉络中的行动者建构意义,并将其分享。综上所述,格尔兹的文化概念以行动者与其行动所负载的意义为核心,以脉络、社会互动为解读这种公开性意义之关键。

格尔兹的文化理论还包含了文化系统这一角度。文化作为一个有系统的意义网络,其宗教、艺术、常识、法律、意识形态等各方面都可以看作是一种文化系统。格尔兹在探讨宗教文化层面时,给"文化系统"这一概念做了最精简的论述,他指出文化系统是"一种通过象征符号在历史上代代相传的意义模式,一种将传承的观念表达于象征性形式的系统"。格尔兹所说的系统是一种秩序,这种秩序是一种通过生活经验累积、代代相传而不自觉的生命秩序,因而他也没有用机械的观点来看待文化系统,而是以生命情感的表现形式赋予其象征性的意义。从文化理论这一点来看,格尔兹所持有的是一种包含生命情感、人文精神,并具有历史延续的文化观。

格尔兹的文化概念涵盖了时间与空间的向度,即他认为"意义之网"是在特殊时空之下才存在意义的。他用时间、空间和意义的三度面向来解读文化或人的行为。这符合格尔兹倡导"微观的描述"的说法。这种微观概念用格尔兹自己的话来说就是"通过及其广泛地了解鸡毛蒜皮的小事,来着手进行这种广泛的阐释和比较抽象的分析",这也是他所认为的典型的人类学方法。格尔兹所提倡的"小地方大议题"的观点在于,人类学家需要了解与其他人类学家所知晓的相同的宏大事实,但他们在进行各自的研究时,应置身于偏僻乡里,且以朴实无华的脉络形式将这些事实表现出来。

(二)民族志写作:"深描"的表达方式与地方性文本的解读

前文已经提到了在格尔兹的阐释人类学中,文化作为一个系统的网络,它存在着意义和象征,且这些意义和象征要在特定的时空维度下才能更好地显现出来。人类学是研究文化的科学,人类学家在理解文化的基础上对文化做出表达。那么,阐释人类学如何表达文化?格尔兹的民族志研究工作对这一疑问做出了诠释。

格尔兹用"深描"来展示他的民族志写作方式。"深描"一词并不是格尔兹首创的,但格尔兹从阐释人类学的角度重新诠释了"深描"的概念,他认为人类学学者所做的是民族志,而民族志追求神庙的表达方式,即了解他人的理解。格尔兹指出民族志写作有两种类型,即"浅描"和"深描"。他批评了传统民族志,指出"浅描"的写作文本用较大的篇幅来描述事实或论证理论,却不能用一种方式来让人们相信,他们对另一个社会进行考察之后得出了这样的描述和论证,而这一点恰恰是民族志写作最具吸引力的地方。他以有意识地眨眼和无意识的眨眼为例,认为浅描式的写作手法无法区别看似相同的两种行为背后的意义差别,而深描式的表达则能够剖析两者之间的文化层次,从而做出深层次的解析。换句话说,"深描"是一个不断挖掘的过程,在行为本身的基础上,"深描"通过揭示行为与文化之间的关系来解释行动的意义。

格尔兹所谈论的"深描"并非深度描述那么简单,因为描述本身就是一个理解、解释文化和行为的过程。这个概念所要强调的一方面是对共通性符号意义的准确把握,另一方面是对现象的各种细节的精细化描述。第一个方面已经在"眨眼"的例子中表现出来。在格尔兹看来,我们能够理解同样的观点在不同的思想者的描述下的不同含义,说明了这之间存在着一个意义结构,使得人们能够理解不同意义的转换,即文化符号的意义存在着一定的共通性。因而深描旨在对其进行把握,并用社会话语和常规思维习惯将其记录下来。同样的,格尔兹也强调精细化描述。他认为"深描"的首要前提是相对准确地认识文化本身,且在一定程度上能够把握文化现象的诸多细节,在此基础上了解文化现象发生的背景性知识。这样一来,精细化的描述能够超越现象本身去理解各符号的意义分类和作用环境,并了解文化的作用机制。格尔兹并没有将"深描"的两个方面相互分离。相反,他指出在实际的操作层面上,若将两者结合运用,以共通的符号意义指导描述,以描述的细节反馈对文化现象的深入理解,能够更加凸显深描的实际效果。

格尔兹提及了阐释人类学学者们常用的"文本"一词,他认为文本是将文化放入特定的场景来研究的系统,即在特定的情境下探究并阐释文化的意义。格尔兹认为地方性知识能够更好地展现这一特定的社会情境,他选取法律作为地方性知识展开探讨。他将同一个事实置于不同的法律体系中观察其不同的表达方式,以此来说明同一社会现实在不同的社会情境之下会产生不同的结果。

格尔兹对地方性知识的探讨还涉及比较研究的层面。他选择了民族志和法律进行比对,这两个体系看起来处于文化的两个极端,但由于它们存在着共同之处,使得它们的比较成为可能。即在承认地方性知识体系和解释话语的自主性的同时,努力寻求人对社会解释的共用符号媒介。

总的来说,格尔兹的学术贡献及其影响力,一方面体现在认识论意义上弘扬和阐发了阐释人类学的理论原理,从而确认民族志工作的价值;另一方面则在于方法论意义上提倡"深描",给文本研究以启迪,并提倡重视地方性知识。

从文化理论上来看,深度研究文化并解读文化的意义,是格尔兹阐释人类学最重要的立论点,在这个立论的基础上,他重新归纳了文化的内涵,并从其象征特性、系统角度和时空向度等方面做出了详细阐述。同时,这几个方面也是格尔兹展开民族志撰写的主要角度。而从民族志撰写方式来看,"深描"的方法、对文本和地方性知识的重视,恰好呼应了其深层分析的文化理论。由此看来,格尔兹"阐释人类学"的文化理论和民族志研究方法之间相辅相成,其文化理论不仅是其民族志方法的理论来源,也为其研究的开展找寻到了合适的范围;而其民族志研究方法像是对文化理论的一种反馈,它使得其文化理论在民族志研究工作中得到巩固和发展。

四、关于格尔兹阐释人类学的评论

阐释人类学在20世纪中后期以来的人类学转变与发展时期起到了重要作用,同时,作为一种具有反思性的人类学思想,它也为当时批判人类学传统、重新表达文化的思潮注入了新的活力。就我们今天看来,格尔兹所倡导的阐释人类学的文化理论及其民族志研究方法,尤其是其对"意义"的阐释和"深描"的表达方式,仍然可供我们批判地吸收,并在现今的研究中起着指导作用。对于格尔兹的个人研究及其阐释人类学,国内外的学者从不同层面给出了评论,这些评论不仅证实了格尔兹的学术研究的重要性,同时也阐发了对阐释人类学引发的争论的探讨。

(一)国际学者的评价

美国文化人类学家罗杰·基辛(Roger Keesing)主要围绕阐释人类学存在的缺陷,对格尔兹做出了评价。

首先,他认为阐释人类学把本来十分复杂的现象归结为一个客观而单一的体系,而不能展示知识被操纵和分配的复杂过程,这是它的一大误区。他解释说,阐释人类学把文化当成是公共的、共享的象征与意义的集体文本,然而,假使文化是文本的话,它便需要通过知识社会学的方法来解读;在任何社会中,作为文本的文化,都被赋予不同的意义,不同的性别、阶层对于这个文本给予不同的理解和解释,而这一切并不仅仅作为一项单一的内容出现。

其次,基辛认为,文化是一种神秘化的体系,而并非意义的体系。格尔兹将文化作为一个意义体系,就无法解释为何文化通常在社会中扮演着用世界观来掩饰政治经济现实的角色。而这一问题的答案正在于文化以社会意识形态的形式来发挥作用,换句话说,作为意识形态的文化使得某些人拥有了权力,同时迫使另一些人屈从于某种权力;同样的,这种文化驱使某些人可能剥削别人的劳动力,也让另一些人被剥削。

再次,基辛指出,把文化当成文本来构造人类学的阐释观念,所代表的可能是一个世纪以来人类学对非西方部落文化的误读。虽然这一观念是20世纪人类学的基本特点之一,但在这样的文本构造实践中,人类学学者过于强调非西方文化与西方文化之间的强烈对照。这就使他们经常采用武断的态度来解读非西方文化的文本,而没能承认非西方文化的理解存在着其他可能性。

不容置疑的是,格尔兹及其阐释人类学确实为人类学的发展做出了一定的贡献,因此我们并不能完全地将其置于批评的境地。那么,如何用批判的眼光来看待这一学术思想?以下的两位学者便在肯定其地位和作用的基础上,做出了带有发展性的评判。

英国学者格伦海姆·沃特森(Graham Watson)在《重写文化》①一文中对格尔兹及其阐释人类学提出了一系列的见解。他指出,虽然就前人的研究来看,阐释人类学已经取得了超越,但是还没有取得完全的超越,这表现在它对现代民族志的评论性分析仍然不成熟,尚未脱离困境。他认为格尔兹的阐释人类学一大错误在于把"关注诸如意象、隐喻、措辞或表述这类问题"与"解释人类学的本质"及"民族志论题是如何构成"三者等同起来。尽管格尔兹的追随者举出大量事实来例证阐释人类学阐明了许多以前在民族志的叙述、典型事件、观察报告和记载的解释中未经核查之处。但是那些未经核查之处至今仍然没有得到明确的阐释。他认为,类似格尔兹的阐释人类学学者并不关心社会科学家所写的相关的著作,但事实上正是社会科学家的研究描述了人们如何共同形成外界感和客观现实感。

沃特森进一步指出阐释人类学家鼓吹变革相对论,实际上他们却坚持一种绝对论者的本体论。尽管他们在表面上承认阐释人类学家自我性描述的价值,但是他们仍然会用怀疑论来迎合这一主张。

由此,沃特森笃定地认为格尔兹无法接受事实和阐释过程的结果与阐释本身一样多的观点。他举例说明,在《深层游戏:巴厘人斗鸡实录》中,格尔兹报道并同时构成了事实的状况是"不会弄错的""事实",还说他已经得

---

① 格伦海姆·沃特森:《重写文化》,载《重新把握人类学》,理查德.G.福克斯主编,和少英、何昌邑译,云南大学出版社,1994年版,第87~110页。

到关于这一"事实"的"准确而可靠的材料";同样的,在《"深描":一种对文化的解释理论》中,他提出有可能"从模仿的眨眼示意中区分出真正的眼色",等等。就这一点来看,沃特森认为,格尔兹所做出的阐释与他所倡导的人类学理论并不一致。不仅如此,格尔兹还对人类学如何通过写作达到自己的目的感兴趣,但他的分析尚未能切中要点:在这一点上所有意本来就是不稳定的,因此从理论上讲,绝不可能通过与预先存在并与对的描述无关的真实的部分相符,来重新从这一局面中恢复起来。

日本人类学家小泉润二①评论说:格尔兹的著作作为"阐释学的转换"中的一环,并作为其强大的推动力,给阐释人类学带来了重大的影响。但就"阐释人类学"而言,尚未形成一种共同的理解,"阐释"的含义本身仍不得不作为讨论的对象。它能否被作为象征人类学的一部分来理解和把握,能否作为一种独立的学科存在,其主要作用是否在于对功能论和结构论只能导致还原论的分析构架发出警告等因素还难以断言。

他指出,由于阐释人类学有上述明显的特性,因此它带有一些必然存在的根本性问题,其一是阐释的有效性问题。例如怎样证实格尔兹对巴厘斗鸡的阐释;或者,与这种阐释相矛盾的事例的存在是不可避免的,但它是否会危及这种阐释的基础等。这些都是关于阐释的有效性的问题。而格尔兹本人认为,文化分析作为一种内在的必然,是不完备的,它"可以在本质上经得起论争",从这一点上来看,阐释人类学的发展与其说在于取得普遍一致的认识,不如说更有赖于其论述的完善。

其二是阐释的方法问题。格尔兹通过探究"具有意义的象征、具有意义的象征的板块,以及具有意义的象征的板块的板块"来思考文化分析问题。他在《文化的阐释》一书的末尾指出,社会包含了其自身的阐释,一个人只需学习如何得以接近它们。而阐释的方法问题就牵扯到如何抽象出具有意义的象征并把握这种意义,例如格尔兹怎样获得对巴厘岛的斗鸡的阐释。对于这个问题格尔兹没有做出详尽的考究,他仅是认为阐释没有便利可寻,并且他个人也没有掌握这一方法。

另外,还有产生意义时的力学问题。格尔兹把"追求意义"视为人类的根本需要,他仅把作为"编织"的结果的意义作为人类的根本需要,而忽视编

---

① 小泉润二:《解释人类学》,载《文化人类学的十五种理论》,凌部恒雄主编,中国社科院日本研究所社会文化室译,国际文化出版公司,1988年版。

织时的力学,即社会中的"力"的关系和社会所置身的物质条件与象征和意义的形成两者之间的关系。

(二)国内学者的评价

王铭铭认为格尔兹的阐释人类学是对异文化中深潜的象征、联想与意义的探究。这一类型的人类学把文化视为文本加以解读,它与文艺评论及其他阐释学类型一样,依赖于解释者个人的天分、感知的本能以及探知潜隐意义的能力。他把格尔兹称作是"反思人类学"的最早实践者,因为他是第一个敢于承认自己的描述与描述的对象一样,是一个符号体系、一种文化的解释的人。的确,格尔兹对非西方文化充满想象,并在当地沉浸于符号研究中。王铭铭认为,格尔兹所理解的人类学的学术使命不是推理,而是参与社会却又不为当地社会所左右的文化感知;人文现象的基本特质是丰富的符号诗学展示,而不是专家才能解读的刻板的深层结构;人类学学者从事的职业是具体地点的田野工作,也是远离于田野的思索。因而,文化研究不是"科学"的探求,而与被研究的文化一样,是一种人与人得以相互沟通,社会得以绵延传续,人生的知识及对生命的态度得以表述的话语途径。

王铭铭进一步指出,格尔兹这一独特的人类学风格的出发点,其实并非是要在一个社会结构的内部去解释文化。他所面对的是一个各种文化间关系逐渐变得复杂的世界。在这个世界中,现代性的文化及其带来的新式权力关系,首先以殖民主义的形式强加在非西方社会之上,并且从20世纪中期以来,逐步成为(或至少逐步在表面上成为)非西方的"土著文化"所接受的"意义体系"。格尔兹的人类学,是一种试图从所谓(西方式的)"主流文化"向(非西方式的)"正在边缘化的文化"跨越的人类学。然而,与许多文化论著不同,他的人类学不但没有强调"主流文化"的合理性,而且也反对把"正在边缘化的文化"看成是毫无现代生命力的体系。格尔兹的人类学所揭示的是:边缘的意义世界所取得的成就,与正在不断扩张的主流文化所取得的成就一样,具有自身的价值。

在剖析了基辛对格尔兹的批评之后,王铭铭以中国人类学研究的实践对格尔兹学说的缺陷进行了评述。他认为,对于分析社会分化如此严重的世界,格尔兹的阐释人类学确实有其弱点。例如,研究中国象征体系的人类学学者,向来关注所谓"帝国的符号"与民间宗教之间的关系问题。假设这些人类学学者采用格尔兹的办法,认为在中国村落里观察到的仪式和象征与上层社会和宫廷里的仪式和象征一样,构成一个所谓"中国人的意义世界",那么他们就忽视了中国历史上国家与民间社会矛盾、阶级之间矛盾所引起的广泛的文化矛盾和"意义矛盾",从而忽视了分析中国文化对于分析中国社会的重要意义。

由此可见,格尔兹及其阐释人类学在备受关注的氛围中,也受到了各方面舆论的批评。毋庸置疑,任何一个理论都不具备完美性,格尔兹的阐释人类学在其理论和研究方法方面在人类学发展史上留下了不可磨灭的印记,同时阐释人类学引发的争议,也为人类学的进一步发展创造了可能。他的阐释人类学自身还处于发展阶段,而后人对格尔兹的评述就像格尔兹这样,对前人所做的研究进行反思。

当然,反思前人的研究则不可避免地产生争议。比方说,国内学者就格尔兹阐释人类学的表达方式和认识论是否一致引发了争论。

张静认为,格尔兹的认识论原则是自相矛盾的,他一方面认为只有一种知识,即当事人的地方性知识系统最能够接近对事实(事件)的真实理解,换句话说,他主张一种一元的认识观;但另一方面,格尔兹又提倡一种"阐释"的文化研究方法,即人类学学者所能做的是对当地人解释的解释,人类学学者的解释和当地人的解释都是一种"地方性知识",不存在高低优劣之分,而这是与多元认识观相连的。这种矛盾的认识论主张使格尔兹成为一个"表面的多元论者"。

她以格尔兹在《地方性知识:事实与法律的比较透视》中所描述的"雷格瑞事件"为例,来分析格尔兹的观点。格尔兹对于"雷格瑞事件"的看法是不能以外来文明来透析巴厘人自己的标准,而要把立场放在巴厘人的文化观念逻辑内,才能得到更为真实的理解。换句话说,任何外在的原则都无法理解这个地方性事件,当然也无法作为判断该事实的尺度。张静认为,这就存在一个唯一的标准,即地方性知识,而格尔兹的观点反映出了只有这一标准能够评判当地事务。她进一步分析指出,格尔兹无法消除外部知识系统对事实的理解。他不能完全坚持上述"再现"和"复原"的认识原则,而是要求人类学学者掌握"阐释"本领。而阐释的方法主张,认识不仅仅是被动地"再现"和"复原"对象,还必须根据认识者的理解主动"阐释"对象,认识者不仅需要有不同的"阐释语言",还要有"领悟""移情""情景化"的"自觉"意识,更要有积极的"构筑""寻找"和"重建知识结构"的行动。张静由此说明了建构意义的阐释是属于另外一种认识论原则,由此她评论说,格尔兹阐释人类学的认识原则是充满矛盾的。

然而,李雪则驳斥了张静的观点。她指出,格尔兹所主张的阐释,是一种"阐释论"的循环,即在阐释中通过不断的自我诘问,进行往复的阐释,达到深层次的理解。它强调阐释的历史性和语境性,这与多元阐释是连在一起的。同时,他所指的对地方性知识的描述,就是站在特定的立场上看问题,这就是任何获得的知识都必然是有局限的,从而任何主体的建构都是不完善的,这就必然要求多种阐释的并存。格尔兹力图表明,即使是地区性的知识系统,也是一种拼贴和多层阐释的结果,从而认识只能通过阐释的方法进行,通过多元的阐释达到跨文化的沟通和对自身意义的深刻认识。

由此,李雪得出结论,即阐释人类学的"阐释"与地方性知识一样,都与多元阐释相关联。因而她评论说,格尔兹的认识论原则并不矛盾;他是一个建构主义者和阐释论者,是一个多元主义者,即使在对"地方性知识"的倡导中,也体现了这一原则。

(三)我的认识

就我看来,格尔兹所提出的理论不仅对前人研究进行了反思,同时也在此基础上加以发展。例如,他反思了功能主义仅仅是对文化现象做出精确描述的民族志写作方式,认为在民族志撰写过程中,要透过现象去研究现象,即追寻现象背后的意义。既而,他倡导"阐释他者的阐释""比较不可比较的文化",等等。格尔兹力图深层次解读文化并提出了研究方法,从而也推动了人类学研究的发展。

然而从另一个角度来看,格尔兹的阐释人类学,或者说其文化研究的本身,就是一种有待深究的体系。比如说,如何界定格尔兹用"深描"方法所探询到的意义?他所描绘的"他者的阐释"是否存在增加怀疑性质的描述?如果不是,那么一些典故的来源和真实性又如何考证?又或者说,格尔兹在以法律作为地方性知识进行探讨时,如果只是碰巧地将"法律"和"事实"加以比较,从而得出"比较不可比较的文化"的结论,那么如何保证这一结论适用于其他的地方性知识?

由此看来,虽然格尔兹及其阐释人类学名声在外,但其理论至今还无法盖棺定论。从诸多对格尔兹及其阐释人类学的评价来看,如何评价格尔兹在于我们如何理解格尔兹的阐释。格尔兹的理论不仅是一种文化的阐释,也是一种阐释性的文化,解读他的文化理论,要将其放在他所论述的脉络中进行理解,从而批判地吸收和发展他的理念。正如格尔兹本人所言:"阐释人类学的基本使命不是回答我们最深切的问题,而是让我们了解在其他山谷放牧其他羊群的其他人所给予的回答,从而把这些答案收入可供咨询的有关人类言说的记录当中。"①

参考文献:

[1]克利福德·格尔兹:《文化的解释》,纳日碧力戈等译,上海人民出版社,1999年版。

[2]克利福德·格尔兹:《地方性知识——阐释人类学论文集》,王海龙、张家瑄译,中央编译出版社,2004年版。

[3]克利福德·格尔兹:《尼加拉:十九世纪巴黎剧场国家》,赵丙祥译,上海人民出版社,1999年版。

[4]王铭铭:《20世纪西方人类学主要著作指南》,世纪图书出版公司,2008年版。

[5]庄孔韶:《人类学经典导读》,中国人民大学出版社,2008年版。

[6]夏建忠:《文化人类学理论学派——文化研究的历史》,中国人民大学出版社,1997年版。

[7]格伦海姆·沃特森:《重写文化》,载《重新把握人类学》,理查德.G.福克斯主编,和少英、何昌邑译,云南大学出版社,1994年版。

[8]凌部恒雄:《文化人类学的十五种理论》,中国社科院日本研究所社会文化室译,国际文化出版公司,1988年版。

[9]杰里.D.穆尔:《人类学家的文化见解》(中译本),商务印书馆,2009年版。

[10]王铭铭:《格尔兹的解释人类学》,载《教学与研究》,1999年第4期。

[11]张静:《"雷格瑞事件"引出的知识论问题》,载《清华社会学评论》,2000年第2期。

[12]李雪:《格尔兹真的错了吗?——格尔兹认识论原则再探》,载《开放时代》,广州社会科学院,2006年第2期。

(原载《民族论坛》2012年第4期)

---

① 克利福德·格尔兹:《文化的解释》,纳日碧力戈等译,上海人民出版社,1999年版,第34页。

马歇尔·萨林斯列传

[摘　要] 马歇尔·萨林斯(1930—)是美国人类学家。萨林斯所出版的著作非常丰富,《石器时代经济学》(1972)、《历史之岛》(1985)和《甜蜜的悲哀》是他的代表作。他的人类学研究范围广泛,主要涉及新进化理论、历史人类学以及西方本土文化研究等方面。萨林斯的研究引起了国内外学者的注意,国际学者对其历史人类学和西方本土文化研究提出了质疑;国内学者则针对萨林斯的结构与历史的研究以及民族志写作,做出了一系列的评价。

[关键词] 萨林斯;结构;历史;西方本土文化

这是一个思路开阔、经历丰富的人类学家。他是一名进化论者:他追随过怀特和斯图尔德的进化理论;他又是结构主义者:他游学去了法国,徜徉于法国学生运动,也聆听了列维-斯特劳斯的学说。他是经济人类学家:他在受到波兰尼的影响之后,挥笔写下对经济学"实质论"理念的深刻见解;他也是历史人类学家:他曾萌生了对土著历史建构的兴趣,也倾注大量心血去思考文化对人类的塑造力;他还是一个出版人:他曾经在一家出版社资金耗尽的时候接手它,一点一滴地使其重新回到传播学术思想的轨道上去。他就是当代社会著名人类学家马歇尔·萨林斯。

王铭铭曾经说:"从萨林斯的作品来看萨林斯,我们可能会无所适从,因为他的思路似乎确实前后变化太大。不过,这不能构成否定他的思想成果的借口。对我来说,这只能说明,萨林斯是世界上少有的敢于彻底改变自己的学者,也是当今世界思路极为复杂且广博的人类学学者。"[①]的确如此,我们在介绍萨林斯时,很难简单地冠上诸如"经济人类学家"或"历史人类学家"等头衔。萨林斯所涉猎的学术范围极其广泛,它们不仅跨越性极大,且每一个研究都涵盖着时代性。

---

① 王铭铭:《萨林斯及其西方认识论反思(代译序)》,载萨林斯:《甜蜜的悲哀》,王铭铭、胡宗泽译,生活·读书·新知三联书店,2000年版,第3页。

一、生平及学术历程简介①

马歇尔·萨林斯（Marshall Sahlins,1930— ）是当代著名人类学家。他出生于美国芝加哥市，成年之后在密歇根大学接受了本科和研究生教育，并于1952年取得了硕士学位。随后他进入哥伦比亚大学继续深造，并于1954年获得人类学博士学位。在1956年—1973年之间，萨林斯返回密歇根大学担任教职，从1973年开始，他转而执教于芝加哥大学。萨林斯现为芝加哥大学荣誉教授、美国科学院院士，也是我国复旦大学社会科学高等研究院学术委员会创始委员。

尽管一些老一辈的人类学家对其研究方向具有关键性的影响，然而萨林斯选择人

马歇尔·萨林斯（Marshall Sahlins,1930— ）

类学的道路，缘起于他的边缘犹太人身份。这样的身份，使得他与其他移民到美国的人一样，希望在主体社会中找到自己的文化位置。换句话说，他将人类学作为其研究方向的初衷，在于能够通过世界性的边缘文化研究，从而获得自身文化身份的定位。萨林斯由此走进人类学，他最初的设想也昭示了其人类学研究的主要特征，即通过边缘来理解中心的缺失。萨林斯侧重审视边缘社会的文化，认为这些文化的地位并非因为他的边缘性而失去

---

① 有关萨林斯生平的材料参考以下资料汇编：王铭铭：《萨林斯及其西方认识论反思（代译序）》，载萨林斯：《甜蜜的悲哀》，王铭铭、胡宗泽译，生活·读书·新知三联书店，2000年版；夏建忠：《文化人类学理论学派——文化研究的历史》，中国人民大学出版社，1997年版；Wikipedia：http://en.wikipedia.org/wiki/Marshall_Sahlins 。

意义。

人类学学者的学术生涯大多遵循着一种"学习—研究—再学习"的模式,即首先在其"学院式的家园中"获得一种文化价值观;随后在田野调查过程中,深入体验"异文化"的人文价值;最后再次回到其"学院式的家园中",对既有的文化价值观提出反思性见解。萨林斯与其他人类学家一样,有着这种典型的学术经历。

萨林斯在其学院式的生活中,发表了大量的研究论文。他最初的研究旨趣在于文化与自然的关系,即两者之间是如何相互作用的。在对斐济和新几内亚等非西方社会进行研究之后,他以太平洋岛屿土著民族历史和民族志资料为背景,展开其人文价值的不断反思。此间,由于受其导师怀特的影响,他假定在文化与自然的相互作用中,自然处于优先地位,决定了文化的实践。

然而,在1972年前后,萨林斯的文化价值观发生了一次全面变革。他从现实的原来面貌,即文化符号体系对人的生活的重大制约出发,重新思考支配西方人观念的那些模式,批判了那种主张用西方经济学概念来解释非西方文化的论点,指出现代西方社会与过去,以及现存的非西方社会存在根本的差别。

萨林斯的研究对于生活在现代性场景中的人是一个刺激:我们这些只消费现代产品的人可以用"落后""迷信"等字眼来形容对此一无所知的那些"野蛮人",但却不能否认我们自身对现代性事物的"迷信"。

与大多数严肃的人类学家一样,萨林斯一直在寻找被时光黑幕重重遮蔽起来的那些"现代性的渊源"。他是从"过去"中去挖掘"现在",从"远方的目光"中去探索自己脚下的文明。而所有这一切努力只有一个目的,即理解人类在这个世界上的处境和人之所以为人。

二、主要著作概述

萨林斯的学术思想有很强的阶段性,这在他的著作中表现得尤为明显。在出版《毛拉:一个斐济岛上的文化与自然》(1962)一书之前,萨林斯依然受到怀特和斯图尔德的影响,是一个持有"文化唯物论"思想的进化论者。这个时期的代表作还有《波利尼西亚的社会分层》(1958)、《进化与文化》(与塞维斯合著,1960)。

然而到了1972年,萨林斯的研究思路发生了根本性的转变。波兰尼的经济人类学实质论启发了他,因此萨林斯对西方经济在非西方社会文化中的作用做出了反思,撰写了《石器时代经济学》(1972)一书。此后,他又出版了《文化与实践理性》(1976)一书,旨在用象征意义来对比非西方文化与西方文化,并阐释说它们都是建构社会文化的方式,都具有自身的独特性。这本书构成了对西方社会科学和人类学基本命题的重要批判。

从20世纪80年代开始,萨林斯将其研究视野转向了历史人类学,库克船长在南太平洋地区的经历赋予他灵感,使得萨林斯"从边缘走向中心"的学术理念得到发挥。他陆续出版了《历史的隐喻与神话的现实》(1981)、《历史之岛》(1985)、《资本主义的宇宙观》(1988)、《阿那胡鲁》(与帕特里克·克齐合著,1992)、《"本土人"如何思考:以库克船长为例》(1995)等著作。1996年,他发表了著名论文《甜蜜的悲哀》,他用一种文化并置观来集中分析西方社会的传统宇宙观,以此来揭示西方"现代性"的起源及转变过程。

在其多变的研究思路中,我们可以看出萨林斯的思想成果具有广泛的涉及面。从文化进化理论到"人类学的经济学"的独特提法,再到对非西方社会同西方文化接触的历史研究,萨林斯每一次研究方向的变化都反映出他自身思路的彻底转变,这种转变也使得他所编制的人类学研究网络更为复杂且广博。他的思想成果众多,且其每一部著作都颇具代表性。这里主要介绍《石器时代经济学》(1972)、《历史之岛》(1985)、《甜蜜的悲哀》(1996)三本著作。

(一)概述《石器时代经济学》

萨林斯借《石器时代经济学》探讨了原始社会所遵循的经济法则,也对前资本主义社会的生产方式以及交换理论进行剖析,并将其与西方资本主义的经济观念相比较,认为"资本主义并不是人类历史上与生俱来的经济方式,而人类社会更普遍的经济方式也不是资本主义。"[①]从中,他指出,西方资本主义经济与非西方的物质价值理论有着异曲同工之效。而由于两者处于不同的文化价值体系之中,就不能一概而论地持有资本主义更先进的理念,换句话说,在非资本主义社会中,原始交换也有其存在的价值。

萨林斯将《石器时代经济学》分为六个章节,他在前三章中重点讨论了

---

① 萨林斯:《石器时代经济学》,张经纬等译,生活·读书·新知三联书店,2009年版,第263页。

原始社会的生产结构,另外三章则主要分析了非西方社会分配与交换的行为和理念。在谈论原始社会生产的部分中,萨林斯首先破除现代人对原始社会的错误印象,指出相对于文明化时代的无限欲望,原始人更容易满足,这是由于关于物品稀缺性和财产占有的观念尚未潜滋暗长。在后两个章节中,他在认同恰亚诺夫小农经济模式的基础上加以修正。他指出,虽然低度生产是原始社会家户模式的本质,然而在原始社会固有的亲属关系和头人政治的推动下,家户被组织起来,生产强度便被提高到足以应付生存危机的水平。

随后在关于交换和分配的篇章中,萨林斯对莫斯的馈赠理论进行了回应,也对互惠模式进行了分类。其中,萨林斯一方面指出了再分配同样按照互惠原则实施,另一方面又将互惠与亲属关系的距离远近、等级高低等属性,以及人们对财富的理解等方面联系起来,认为交换或者经济本身只是与人们之间的社会往来密切相关,而不是一个独立的领域或者历史的产物。

1. 原初社会的经济观念与生产模式

生活在现代经济中的人们对原初社会的经济状况有着根深蒂固的成见,这样的成见认为石器时代的狩猎者们受困于"糊口经济",生活在经济不足且贫困到无立锥

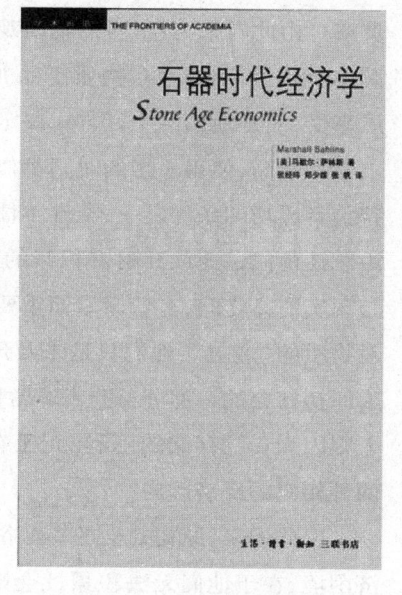

《石器时代经济学》(1972)

之地的窘境当中。萨林斯就以这样的错误观念作为开篇,继而谈论了成见的来源,在介绍原初经济的同时,也做出了一系列的反思。

萨林斯认为,对原初社会经济所持有的错误观念,主要有两个方面的来源。一方面,人类学理论夸大了石器时代经济不足的状况。学者们将石器时代与新石器时代的经济状况进行比对,将其中的强烈反差来作为贬低原初经济的依据。这样的依据看似在理,但却忽略了一个基本问题,即对原初社会来说,农耕和游牧是更为合适的生计方式吗?此外,怀特的能量进化理论也明显低估了狩猎者的热力学潜能。另一方面,成见也起源于人类学的田野实践。萨林斯指出,早期的欧洲调查者们以他们自己所在社会的经济形势来对原初社会的生产状况进行评估,"我们的赏识存在一种习惯性思

维,错误地把所处的物质环境想当然地和经济结构联系起来,从其生活之简单推导出生活之艰辛。"①这就为偏见提供了土壤。除此之外,调查者并不熟悉原住民的习惯和习俗,这也使得他们主观地认为狩猎者大多是时代错乱的前野蛮人。

跟随者对原初社会的成见所做的反向调查,带来了一种新的观点,即石器时代的狩猎者们生活在原初丰裕社会之中。人类学学者该如何看待这样的"丰裕社会"呢?这就要从狩猎者的经济观念中提炼。我们知道,判断经济状况的好坏,从最简单的意义上来说,就是分析一个社会是物质丰富还是贫瘠。由此看来,狩猎者的物质观念对原初社会的经济就有着重要的影响。萨林斯认为,狩猎者对物质产品并无太多的念想。但他们并非无力追求物质享受,而是他们的生计方式决定了他们的财富积累。"狩猎者对食物的追求效率奇高,使得一半的时间都似乎在不知所为中度过。另一方面,游动是狩猎者成功的条件之一,在许多情况下游动超过其他的行为,而且游动的自由总让他们迅速放弃财富积累的满足。"②由此,萨林斯进一步指出,狩猎者与现实财富之间,有着微妙而重要的关系。"狩猎采集者并未刻意压制自身对物质的'追求';他们只是未及形成此种欲念。"③通过一系列的调查,他认为原初社会的一部分狩猎者非常慷慨,总是迅速地耗尽所有物资;另一部分人则因为食物存储的不利,而没有食物剩余。这也正是原初社会中存在的两种相对的经济倾向。

由此看来,原初社会的"丰裕"态势并不是说不存在矛盾。狩猎者的经济困境,在于他们无法积累社会财富。游动的生计方式并不利于物质的存储,反而要因此放弃财富积累,仅仅维持自身的生产。而狩猎者淡定无欲的物质观念和严厉的人口政策,恰恰能够适应这种生计环境。萨林斯在后面章节中的描述,就是原初社会经济矛盾的写照。他用两个章节来分析了原初社会的生产方式,认为当时的社会拥有低度的生产结构和高度的生产模式。

那么低度生产与原始社会的丰裕状况是否矛盾呢?萨林斯觉得这个问题不能一概而论。他分析说,一方面,原始经济在生产过程中,土地等资源

---

① 萨林斯:《石器时代经济学》,张经纬等译,生活·读书·新知三联书店,2009年版,第40页。
② 萨林斯:《石器时代经济学》,张经纬等译,生活·读书·新知三联书店,2009年版,第14页。
③ 萨林斯:《石器时代经济学》,张经纬等译,生活·读书·新知三联书店,2009年版,第17页。

利用率低,技术手段没有充分利用,劳动力有所保留,诸如青年男性劳动力利用不足、工作年限减缩、性别分工不平衡等现象较为普遍,有相当一部分家户长期无法维持生计。这样看来,原初社会的经济产量似乎并不与其社会生产能力相契合。然而,另一方面,萨林斯指出,"这种经济有其自身的满足原则:它只追求具体而有限的目标。"①他认为原初社会的家庭生产模式涵盖了三个基本要素,这些基本要素实现了其经济和生产之间的平衡。原始社会的狩猎者采用以性别进行分工的小规模生产,他们使用简单的技术,并且他们的生产目标也非常有限。萨林斯分析指出,这样的家户经济追求使用价值而不是交换价值,人们大多以生产为目的来进行交换。不仅如此,不同于西方资产阶级以物质所有来控制人的权利,原初社会的财产所有权制度则是以对人力的拥有来控制物质。

  萨林斯的推论与恰亚诺夫定律相契合,即"在由家户生产群体组成的社会群体中,家户相对生产能力越强,其成员工作时间越短。"②我们从他的分析中可以看出,原初社会的诸多可能性造就了家户经济低度生产的结构,而这种状况与丰裕的态势也就不一定存在矛盾。然而,家户经济中还存在着高度的生产模式。萨林斯在第三章中论述了社会体系给经济强度变化带来的影响。他首先说明了亲属关系对经济活动存在着一定的影响,这种影响存在于亲属结构与上层建筑的矛盾之中。"家户从未彻底融入更大的群体之中,尽管家户之间存在相互联系,但始终没有从与亲属关系体系的冲突中解脱出来。"③这种冲突不仅支配着日常的物质分配,而随着压力的扩大它也很有可能会造成经济塌陷的局面。其次,经济强度与政治体制之间也存在着密切的联系。萨林斯分析说,一些家户为了获取政治领导权,用慷慨来换取威望。而由于这个更高的目标,这时候家户的劳动生产强度反而会随着劳动力增多而加大。但这种地位的攀升存在一定的局限,萨林斯指出,这种局限在于"只有头人直接控制下的家户生产才被用于政治目的。"④不仅如

---

① 萨林斯:《石器时代经济学》,张经纬等译,生活·读书·新知三联书店,2009年版,第75页。
② 萨林斯:《石器时代经济学》,张经纬等译,生活·读书·新知三联书店,2009年版,第106页。
③ 萨林斯:《石器时代经济学》,张经纬等译,生活·读书·新知三联书店,2009年版,第139页。
④ 萨林斯:《石器时代经济学》,张经纬等译,生活·读书·新知三联书店,2009年版,第158页。

此,政治影响力最终还是受亲戚关系的制约。"酋长对家户经济的征收存在着道义的约束,这符合社会由亲属关系构成的特征。"①换句话说,在符合要求的政治架构下,地方精英总是有动力去提高生产率的,因为可以通过仕途谋求整个家庭的地位上升,这就是家族之外的政治影响在起作用了。

2. 原初社会的互惠与交换

在本书的第四章中,萨林斯谈论了礼物之灵 hau 的意义。他首先分析了莫斯在《论馈赠》一书中对礼物之灵的理解。莫斯认为礼物之灵不仅仅蕴含在馈赠的礼物之中,它还形成了赠予者与受赠者之间的牵制,即他也是礼物赠予者之灵。但列维-斯特劳斯、弗斯和乔汉森三位权威学者则对莫斯观点进行了抨击。他们分别质疑了莫斯论述的主旨,认为在莫斯的论述中当地人对交换活动结构的理解十分缺乏;或是指出莫斯混淆了不同种类的礼物之灵的概念,且依照自己的理性来研究当地人的观念,等等。而萨林斯本人也并不十分赞同莫斯的理解,他对其中的确定性持有保留态度。他还原交换过程,试图理解礼物之灵的真正意义。他在分析中指出"关于礼物之灵的不同文本有着完全不同的意味:拥有获益的物品并不危险,而是不道德的,因此在欺诈者可能受到道德的谴责这个意义上才是危险的"。② 萨林斯解释说,这其中存在着一个礼物赠送与偿还的问题。受赠者在收到礼物之后,需要合适而正确地进行偿还。如此,礼物之灵才能正确地发挥其作用。但从更深刻的角度来说,礼物之灵并不属于泛灵论范畴,它不是一种灵力,其更多地涵盖在交感论之中。就萨林斯看来,礼物之灵"无法分类,既不属于'精神性'领域,也不属于'物质性'领域,但同时可以适用于这两个领域"③,它更重要的意义在于其何种状况下得到使用。由此看来,萨林斯在辨析过程中虽然否定了莫斯的考证,但是肯定了莫斯的观点,并且其最后的结论依然是莫斯式的。

在对莫斯的馈赠理论做出回应之后,萨林斯把目光转向了原始交换。他的主要观点在于"所有的交换,都表现出社会交往的某些方面,在考虑交

---

① 萨林斯:《石器时代经济学》,张经纬等译,生活·读书·新知三联书店,2009 年版,第 169 页。
② 萨林斯:《石器时代经济学》,张经纬等译,生活·读书·新知三联书店,2009 年版,第 187 页。
③ 萨林斯:《石器时代经济学》,张经纬等译,生活·读书·新知三联书店,2009 年版,第 195 页。

换物质层面的同时,也不能忽略它们的社会层面。"①在萨林斯看来,互惠就是联结物品流动和社会关系之间的桥梁,他分析了互惠双方及其中间过程,将互惠分为三种类型,即慷慨互惠、等价互惠和消极互惠。在慷慨互惠中,物品处于单向流动状态,因此这种互惠实际上是人人有份的极端。等价互惠则体现了互惠群体之间的直接交换,这种互惠方式对社会群体关系的影响在于"等价互惠无法接受物品的单向流动;在有限的时间内,未能实现等价的互惠,人们之间的关系便随之瓦解。"②而消极互惠则是追求个人利益的极端表现。在这种交换方式中,物品看似是从一方流动到另外一方,然而其中间过程充斥着滑头的消极行为,因此到了最后物品依然是单向流动的态势,重新回流到原来的一方。

在最后一章中,萨林斯考察了原初社会的交换价值。他分析了大洋中的三种贸易体系,指出"每种体系中的供应和需求都有交换价值与之对应——至少我们也能通过贸易圈中实际的物品再分配过程,推导出相应的供应和需求关系。"③就原初社会的交换价值来说,萨林斯认为,它并不在于追求一时一地的平等,而更应该注意保持长时间的贸易伙伴关系,为此甚至不惜接受一些不需要的商品,但是综合来看,其实产品之间交换价值依然是等价而稳定的。

萨林斯在《石器时代经济学》的导论中提及了经济学理论中形式论与实质论之争。前者主张市场关系可以凌驾于社会制度之上,从而成为社会关系的中心;而后者则认为生产活动与社会制度不可分割。显然,萨林斯在书中主张的是实质论。就书中来看,萨林斯虽然在说原始经济带有社会和政治的目的,是一种全面赠予,所以并不同于市场经济,同时强调原始经济的特殊性,但是他最终的目的并不是在论证原始经济与市场经济的不同。毋宁说,他的意图是论证市场经济其实也遵循跟原始经济一样的法则,这从他后来对西方文化理性的研究和对西方神学—科学传统的梳理中可以看出。

总之,萨林斯以诸多部落的实际状况为例,纠正了历来对原初社会经济

---

① 萨林斯:《石器时代经济学》,张经纬等译,生活·读书·新知三联书店,2009年版,第214页。
② 萨林斯:《石器时代经济学》,张经纬等译,生活·读书·新知三联书店,2009年版,第225页。
③ 萨林斯:《石器时代经济学》,张经纬等译,生活·读书·新知三联书店,2009年版,第340页。

的错误看法。在探究了成见的来源之后,他介绍了原初社会实际存在的生产模式,并分析了其中的矛盾,同时也对原初社会的互惠与交换提出了自己的看法。他在书中的论述,给予了人类学家一个更为宽广的经济视野,有助于他们在田野工作中理解市场经济以外的各种经济形态。

(二)简评《历史之岛》

《历史之岛》是马歇尔·萨林斯(Marshall Sahlins)于1985年发表的一本论文集,这本文集共由5篇论文组成。在《历史之岛》中,通过对库克船长死于夏威夷人之手及有关世界体系在南太平洋地区遭遇的诸多事件人类学的解读,萨林斯探讨了历史与文化的关系,并坚持人类学的初衷,即理解他者的文化,反思了"结构与历史"之间的关系。

1. 神话的现实与历史的隐喻

萨林斯所论述的历史事实看似非常简单,但其中蕴涵的历史意义却非同寻常。他的研究超越了一种传统历史观的限制,即只满足于在阶级与国家之形成过程中看

《历史之岛》(1985)

到传统结构之再生产的历史观。通过研究,萨林斯试图证明"文化理论并不像有些人声称的,在结构变迁面前惟余尴尬,也不像人们指责的那样,仅仅关心历史波涛中'上层建筑'的泡沫。"[1]

那么,库克船长被杀只是偶然事件吗?通过分析,萨林斯发现,夏威夷土著社会的神话在库克船长事件中起着关键的作用。他认为,库克船长的被杀既是神话的现实,也是历史的隐喻。库克从祭礼的神圣受益人转化为它的牺牲品,与夏威夷人关于人与神之间的范畴关系有密切的关联,神既是头人的敌人,也是头人占有和篡位的对象,库克船长遭遇的礼遇与悲剧都来自于夏威夷人对神的态度。这一看似偶然的事件,在东西方文化遭遇中已经极富深意,是因为它具有深刻的历史性,"只有当个人行为或生态作用在

---

[1] 萨林斯:《历史之岛》,蓝达居等译,上海人民出版社,2003年版,第273页。

文化体系中具有系统化或区位性价值的时候,偶然事件才具有历史性。"①库克船长返回凯阿拉凯夸港遭遇的一切,决非可以简单地以经验主义的方式理解,其实,这是一个宇宙观问题。对于夏威夷人来说,库克的返回是一个不祥之兆,因为不合时宜的返回代表着玛卡希基政治的一种翻版,在国王庆祝胜利的时候把神带上岸,又将挑起一场关于统治权的争端。

萨林斯分析说,就夏威夷社会来看,库克船长的来临,不仅意味着东西方文化的遭遇,也带来了土著居民内部的关系变化。这使得夏威夷内部的社会关系开始发生转型。这样的转型源起于两个方面,一方面是库克船长与夏威夷头人之间的矛盾。在夏威夷人看来,库克是一个来自卡希基的具有神性的人,他既是一个令夏威夷头人垂涎的马那(mana)资源,也是夏威夷头人的潜在对手。另一方面则是头人与普通百姓之间的矛盾。根据夏威夷的禁忌,头人在任何事情上都具有优先权。但是,在库克船长来到夏威夷的时候,这种禁忌实际上一开始就破坏了。夏威夷妇女的行为更是触犯了当地文化的禁忌,她们不顾禁令下海,还与男人一道进餐。因此,夏威夷人一再冒犯传统的禁忌,最终导致了夏威夷传统宗教体系的瓦解。

从这一历史性的变迁中,萨林斯浓缩了夏威夷历史进程的一种范式:它是头人与平民之间不断变化的关系的范式,这些关系以前所未有的各种压制为特征,它们发端于各自与欧洲探险者,特别是与不断增多的投机商人之间的关系。这不仅是一个范式,这一夏威夷人内部最初的冲突还浓缩了一种可能的历史理论,一种关于历史与事件关系的理论,它滥觞于这样一种观点:文化的转型乃是其再生产的模式。"平民和头人根据他们各自的习惯性自我概念和利益以不同的方式对神圣的陌生事物做出反应,通过以传统文化的形式包容特殊的事件,他们将再造出夏威夷社会状态的标准区分,其结果是使得夏威夷的文化建构得以延续。"②换言之,夏威夷平民、头人对于神圣事物的传统反应,构成了他们与神圣事物的关系,也因此构成了平民与头人之间的相互关系,一种传统的关系范式,成为夏威夷文化传统得以持续建构的结构。另外,事件的发生并不一定是按照夏威夷传统的逻辑去构想的。萨林斯发现,与欧洲人相遇的特殊情况带来了头人与平民之间对立的形式,这在两者间传统的关系中是没有料到的。在行为上或者在世界上,男人、女

---

① 萨林斯:《历史之岛》,蓝达居等译,上海人民出版社,2003年版,第146页。
② 萨林斯:《历史之岛》,蓝达居等译,上海人民出版社,2003年版,第179页。

人;头人、平民;禁忌、努亚(noa)等传统范畴接纳了新的功能性价值。因此,他认为,在现实的迫使之下,文化意义就此发生变化,而结构也随之得到了相应的改变。

2. 历史/结构的辩证关系

萨林斯关于南太平洋地区殖民遭遇的论述,意图传达一个基本的理念,即人类学家所称的"结构"是一种历史事物。他指出,历史乃是依据事物的意义图式安排的,在不同的社会中,其情形千差万别。也可以倒过来说,文化的图式也是以历史的方式进行安排的,因为它们在实践展演的过程中,其意义或多或少地受到重新估价。在人们进行的创造性行动中,人们依据对文化秩序的既有理解,来组织他们的行动计划,并赋予其行动目标以意义。因此,可以这样认为,文化在行动中以历史的方式被再生产出来。

然而就夏威夷的例子来看,结构究竟是包含于历史之中还是作为历史本身而存在的?萨林斯从两个基本观察开始他的讨论。第一个就是利用眼睛这一传统的器官。人类的社会经验是由一般概念所组成的特定感知,它既是任意性的又是历史性的;第二个观点是在经验的脉络中对约定俗成的概念的运用。这一运用使得文化的意义取决于实践的重新评价。

从以上的基本观察出发,萨林斯认为,首先,在夏威夷人的行动中,我们应该看到文化的延续性,即作为传统运作器官的观察世界的眼睛。夏威夷人正是通过将世界视为文化类别的逻辑事例来认识世界的,"库克船长是一个神"这一对于陌生人的认识,伴随着感知与概念,他们运用既有的、先验的概念感知库克船长,使其可以被自己理解,并传达给其他人。库克船长的从天而降是一个真正史无前例的事件,夏威夷人从未见过,但是通过将存在的独特性包容于概念的熟悉性,人们把他们的现在嵌入到过去之中。

其次,经验的真实(感知)在它们所有的特殊性上从来都无法与神话(概念)完全吻合,就像库克船长无法与夏威夷人赋予他的高贵地位完全相称一样。客观真实的赌博就在于词语与事物之间的不对称性。现实世界中每一个文化概念的运用都将使这些概念服从于情境的限定,这就是对于符号的功能性再估价,比如夏威夷禁忌概念的再评价。实际上,禁忌之类的符号具有多义性,但是当他们在现实中被运用的时候,"'禁忌'则被固定在某些有选择的意义上,它的某一种意义被强调,在所有可能的意义中被凸显出来,同时,其关联性也被制造出来,以凝结出一些与此前所有的运用中都不相同的特殊命题。"①因此,在人类具体的行为中,作为概念之载体的符号纳入了不同的逻辑运作过程,如隐喻与类比、内涵与外延的再界定、意义的特殊化与普遍化、转移与置换,以及对于符号的创造性"误解"等。

库克船长在夏威夷群岛的一系列遭遇,是一种象征性的行为。在这些行为中,历时性与共时性并存于一种不可分割的牢固整合之中,象征行为是由无法规避的过去与不可化约的现在所共同构成的一个双重组合体。那些使经验得以组织和交流的概念,都来自于已被普遍接受的文化图式,所以无法规避过去,而任何行为在全球范围内都是独一无二的,所谓人不能两次踏进同一条河流,所以现在不可化约。就此,萨林斯强调,"现在超越过去,同时又保持忠实于过去的这一可能性,取决于文化秩序以及现实情境。"②他指出,夏威夷的个案表明,将变与不变,或者历史与结构,或者事件与结构看作是两种互不相容的对立观这一观念是没有根据的。如果我们孤立地看待变迁,仅仅将它看作"事件",而与"结构"对立起来,是十分有害的。

3. 萨林斯的实践论

从上述分析来看,萨林斯在《历史之岛》中,向人们展示了夏威夷群岛部分土著社会的历史及其文化结构,他反思历史就是想说明"人类学家所称的'结构'文化秩序的象征性关系——乃是一种历史事物。"③一方面,社会行动主体在构建历史的过程中有一个文化图式;另一方面,社会主体行动者具有能动性。

以对库克船长的解说为例,从表面上看,库克船长之死这一历史事实是一系列偶然事件的结果,这只是太巧合了,库克船长被杀原本并不是夏威夷人的预谋,只不过每个事件都确实在历史的层面正好按照仪式的预定序列进行。不过,从结构上说,这不是偶然性事件,"这是以历史形式出现的玛卡希基"④。换言之,夏威夷神话是导致库克船长死于夏威夷人之手的关键性因素,正是在夏威夷神话既有的结构观念下,在夏威夷人和库克船长的一系列互动中,库克船长由于触犯了夏威夷人所赋予他的仪式地位而断送了自己的性命。

通过对库克船长事件的分析,萨林斯提出了"搬演性结构""惯例性结

---

① 萨林斯:《历史之岛》,蓝达居等译,上海人民出版社,2003年版,第192页。
② 萨林斯:《历史之岛》,蓝达居等译,上海人民出版社,2003年版,第195页。
③ 萨林斯:《历史之岛》,蓝达居等译,上海人民出版社,2003年版,第3~4页。
④ 萨林斯:《历史之岛》,蓝达居等译,上海人民出版社,2003年版,第262页。

构"等概念。这是对结构在文化秩序中和历史过程中得以实现的各种方式所作的一种理想型区分,两种结构都具有不同的历史性。搬演性秩序倾向于将自身融浸于偶然性情景之中;而惯例性秩序则倾向于"以一种否认其情境偶然性或突发性之方式把这种情境吸收为自身的一部分"①,萨林斯进一步论述说,实践的变化会以一个不同的方式带来系统变迁的模式,从而把二者还原成认知问题、既有的认知图式和偶然发生的事件之间的结构关系问题。他认为处于不同社会地位的人们有着不同的利益并相应地展开行动。这并不意味着冲突或斗争,也不意味着有着不同利益的人们就一定有着完全不同的世界观,但却意味着在机会来临时,人们会努力增强自己的地位。传统关系模式(例如盗贼与普通人之间或男人与女人之间)的传统策略在新现象(如库克船长抵达夏威夷)出现时仍会被使用,但这些新现象并不按传统的方式来回应那些策略,这时,变迁就产生了。而就萨林斯看来,变迁主要通过试图应用传统阐释和实践产生。

综上所述,萨林斯在《历史之岛》中采用一种"历史—主体—结构"的方式,为认识和理解夏威夷群岛土著的历史和文化提供了一种新的视角。他的分析以历史事件为出发点,在对事件主体的社会文化的探讨中,深究其背后的结构变化。换句话说,萨林斯通过对库克船长在夏威夷社会中的遭遇的解读,他剖析了看似偶然事件背后的历史隐喻与现实,并分析了夏威夷社会的文化与结构在这一历史事件中所发生的变化,从而阐述了其实践论的观点。他的实践论则以"结构"为出发点,在夏威夷神话既有的结构观念和认知图式下,通过夏威夷人和欧洲殖民者的一系列互动,出现了并接结构,产生了文化转型。可以说,他试图在社会、文化和个人之间建立起辩证关系,并产生体现结构与社会能动性互为一体的理念。

(三)概述《甜蜜的悲哀》

《甜蜜的悲哀》是一本以文化人类学论文所编著的文集,它原为萨林斯在芝加哥大学开设的西方社会思想史课程的全部内容的浓缩。全书分为八个部分,主要论述西方"犹太教—基督教"文化传统中的宇宙观,以及它对西方现代社会科学概念形成的深刻制约。"甜蜜"和"悲哀"看似矛盾,萨林斯却在书中赋予其深刻的文化意义。他解释说,所谓"甜蜜的悲哀",指的是西

---

① 萨林斯:《历史之岛》,蓝达居等译,上海人民出版社,2003年版,第9页。

方的现代性所包含的对人性的双重解释，即一方面认为人有权利从各种外在的社会制约中解放出来；另一方面则又认为这种解放与资本主义造成的剥削和殖民主义侵略的悲哀不可分割。就他看来，这是一个富有现代性的问题，这个问题普遍地存在社会科学讨论之中。现代性是一种行为制度与模式，是一种社会生活或组织模式，是工业文明的缩略语。现代性特征有自己的大致轮廓，即外延性与意向性的交互关联性、断裂性、全球性和双重性。

对于现代西方文化，萨林斯做出的判断就是，所谓现代性文化，并非是经过启蒙以后的人性新发现所导致的人的解放，而

《甜蜜的悲哀》（1996）

是西方宗教神话在现代社会中改头换面后的再度复归。换言之，是西方宗教宇宙观决定了其现代经济制度、政治制度中的"资本主义特性"。他力图通过广泛的古代宇宙观研究"考古学证据"，从而对人类行动的苦乐原则、利己的人性论、权力或强制秩序的概念，以及人类苦难的天命价值论进行彻底的批判。他一方面阐明西方"犹太教—基督教"宇宙观对近现代社会经济、科学的支配；另一方面，如同我们在前面看到其引证的中国的材料一样，他也指出了西方社会科学概念被运用到非西方社会的研究中所出现的严重文化误解。

在书中，他试图论证的重点，即对于我们所知的世界，如果有什么是具有决定性的话，那一定就是文化。我们原以为人的生物特性要比其文化性处于优先的地位，但恰恰相反，在解剖学意义上，文化差不多要比现代人早存在二百万年甚至更久。文化并非是简单被附加在已经完成的人性之上的，它是作为关键的要素被包含在人性的构成之中。因此，人的身体是一个文化的实体，这意味着人的心灵就是文化的心灵。萨林斯认为，在历史的背景中，所有的人类文化都提供了大量的可能性，人们眼中的"自然之物"，实际上是一种由"人为"的文化逻辑所构成的。在这一点上，发达国家和原始部落是一致的，我们没有理由认为只有"原始人"才迷信，只有西方人才懂经济。因此，人与人之间的利益关系，以及利用自然所获得的满足，都是通过

象征符号系统建构起来的。象征符号系统具有它自己的逻辑力量,或者说内在的结构。

萨林斯首先引用利科对亚当神话的描述,从而反映出人类的有限性。他阐述说,亚当从知识树上获取食物之时,他就将人类送入了严重的无知状态,与此同时,人类社会关系也产生了不幸的后果。人类在知识上经历了一次全面的退步,因为当亚当受上帝之命为动物命名时,他拥有一种几乎神圣的知识,但巴别塔的故事却表明,人类又经历了一次知识的退步,从此人类的语言陷入了混乱状态。这样,人类的有限性即"形而上的罪恶"涵盖了其他一切欠缺。更重要的是,亚当和人类一样不但是原初的罪恶的中介,还由此在肉体上成为罪恶的体现。从此,在西方本土人类学中,人的肉体成为最受关注,而且可能是唯一的对象。

而正是由于人类的有限性,人类才会努力追求自己肉体的需求。对肉体需求的追求最终导致西方经济学的产生,在萨林斯看来,经济学的创生就是关于《创世纪》本身的经济学。在《圣经》的宇宙观中,对肉体需求的追求是由于亚当的自由意志,而"经济学"则意味着人会倾向于"理性的选择"。这其中的转换又是如何形成的呢?萨林斯认为,其中的关键就在于需求已经促使人类同上帝自足的完美区分开了,人类对自身的爱已经改变了它的道德标志。也就是说,人的不幸——需求的满足,最终完全转变为一门实证科学,而这种科学的用处,正在于探明人如何充分利用我们永恒的不足,如何从那些总是无法满足我们需要的手段中获取最大程度的满足。

那么人类肉体与现代文化之间又有着怎样的关系呢?萨林斯用涂尔干和格尔兹的观点来回答这个问题。他论述了涂尔干的观点,即"人是双重的,他本身有两种存在:个人的存在,它的基础是有机体……以及社会的存在,它在我们能通过观察而认知的智识和道德秩序中表现为最高层次的现实。"①这个观点认为,文化取决于生物性,这是西方本土社会理论的核心,由此,人类的"灵"与"肉"的冲突最终也是无法化解的。就萨林斯看来,涂尔干本人也明确地意识到他是在为读者勾画一种长期存在的哲学和神学传统。只要是出于肉体的需要,肉体就总是精神难以对付的敌手,因为肉体具有固定性、质量、重量以及其他不可抗拒的直观感受。然而,事实上并不是人性

---

① 萨林斯:《甜蜜的悲哀》,王铭铭、胡宗泽译,生活·读书·新知三联书店,2000年版,第25页。

决定文化,但文化却是人性的决定因素。萨林斯采用格尔兹的观点做进一步论述。格尔兹认为,如果人类真的能够将文化从肉体上抽出的话,那么,"它们将成为无法行动的怪物,只有非常少的本能,更为少见的情感,而且还缺乏理智。"①由此,萨林斯指出,人类的肉体是以文化为前提演化并存在的,"文化"在人类产生之初就已经参与了对肉体演化的塑造。

萨林斯在此把人们物质上的没有停止的需求与进步放在一起同样是为了说明现在社会把我们每个人都卷入其中,一面满足,而另一面需求无度,悲哀至极。他指出,"友善和敌对,快乐和痛苦,欲望和压制,安全和恐惧——人们对于这一切的经验都是靠事物的意义而不是简单地靠它们可让人感知的属性来实现的。最终,决定'人性'的一般因素(欲望与需求)要服从于当地文化的具体决定因素。"②这让人产生了现象学或是存在主义的联想,认为事物的意义来自于其本身而不是在它与外界的联系中滋生。而由对人类肉体需求的关注中,最终产生了一种"社会生物学",这种生物决定论是无处不在的,人是效力于满足需求的生物的观念充斥在人类社会的所有领域。萨林斯也指出,"欧洲哲学家们通过发现体内的需求与社会'进步'的同步增长规律,从而完善了数个世纪的负罪论。情况必然如此,因为进步就是需求得以满足的理由。"③无论赞成与否,哲学家们都一直认为进步就是需求得以满足的理由,人类的生活永远处在自相矛盾中,矛盾的一方是进步,人们认为它代表着人类的精神战胜了肉体,避开了我们的动物性。而矛盾的另一方则是这种幸福的结果依赖于对身体苦难的意识。

书中萨林斯借圣经中所反映的人类的有限性,通过对人性与文化的关系论述,从而探究了人性中需求与满足之间的矛盾。这一矛盾彰显了一种悲观的论调,萨林斯则认为,与其以这样的悲观论调来看待社会,不如试着将社会与人的关系颠倒一下来想问题,我们完全可以把社会看作赋予人们权力的手段,而不是逼迫人们臣服的手段。尽管如此,这一矛盾依然将触角延伸到西方社会文化的两个方面,由此看来,西方资本主义社会一方面正在

---

① 萨林斯:《甜蜜的悲哀》,王铭铭、胡宗泽译,生活·读书·新知三联书店,2000年版,第32页。
② 萨林斯:《甜蜜的悲哀》,王铭铭、胡宗泽译,生活·读书·新知三联书店,2000年版,第31页。
③ 萨林斯:《甜蜜的悲哀》,王铭铭、胡宗泽译,生活·读书·新知三联书店,2000年版,第21页。

享受着由于技术进步给予人们巨大满足的幸福甜蜜；而另一方面，却导致永远无法满足人类日益增加的需要的悲哀。而这也正是萨林斯所谈论的"甜蜜"与"悲哀"的核心所在。

三、萨林斯的人类学成就及其主要贡献

从上文对萨林斯学术历程和著作的概述中，我们可以看出虽然萨林斯的研究方向多变，但其成就依然非常鲜明。萨林斯早年师从莱斯利·怀特，因此他是新进化论的代表人物之一，随后他转向研究经济人类学。他在对原初社会经济的分析过程中，倡导"人类学的经济学"的经济实质论。萨林斯还是一位历史人类学家，通过对历史事件的解读，他发现了其中的神话现实和历史隐喻。不仅如此，他还分析了其中的社会结构变化，并在结构中阐发他的实践论。而在诸多成就之中，萨林斯的主要贡献在于其新进化理论、结构主义观点，以及他对西方本土文化研究的批判和反思。

（一）萨林斯的新进化理论

萨林斯在早期的研究中表现出了对进化理论的兴趣，他的进化理论主要与塞维斯合力提出。不同于其导师怀特或是后来的斯图尔德，他们将两种观点相互融合，在合并中提炼出新的理念。在他们看来，这两种进化学说，反映的其实是人类文化进化的两种形式，即普遍进化和特殊进化。认为世界上各种文化在适应各自的自然与社会环境时，会呈现出各种各样的姿态，即形成特殊的进化过程。而这些特定、具体的进化过程又都反映了能量总量获得的提高，或能量获取技术的提高，从而体现了普遍进化的态势。

萨林斯和塞维斯将进化区别为特殊进化与一般进化两个方面，这两个方面同属于一个进化过程，或者说是进化的二重性。文化进化"一方面是文化作为一个整体由'阶段到阶段'的一般发展；另一方面是各种类型的文化的特殊进化"①，或者"进化是不断朝两个方向的运动。一方面是通过适应性变异导致多元发展：即从旧种类分化出新的种类。另一方面进化产生进步：高一等的种类生成并超过低等种类。"②而这一运动方向首先是特殊进化，其次才是一般进化。在生物进化过程中，特殊进化就是遗传变异；而一般进化

---

① 托马斯·哈定：《文化与进化》（中译本），浙江出版社，1987年版，第3页。
② 托马斯·哈定：《文化与进化》（中译本），浙江出版社，1987年版，第10～11页。

则经历阶段性的进步,是综合水平从低到高的阶段等级。

萨林斯和塞维斯认为,文化也如同生物那样,同样经历了特殊进化和一般进化。文化的特殊进化与适应问题有关,因此它与环境有着不可分割的联系。从特殊进化的角度来看,在不同历史状况中发生的适应性不可比较,他们中的每一种变异都是合情合理的。同样,与低级文化相比,一般进化中的高级进化并不一定能够更好地适应其自身的环境。

尽管文化的特殊进化与生物的特殊进化非常相似,萨林斯和塞维斯也指出,两者存在着重大差别。根本的差别在于文化变异不像生物变异,而是可以通过不同系统之间的传播来延伸,相分离的文化传统(不像分离的生物世系群)是通过结合而趋同的。甚至,某些种类有时在一般进化过程的阶段中(比如后进文化通过借鉴先进文化的所有成果),可以不按进化的等级顺序,而直接向新的进化阶段跳跃。相反,生物总体的每一步适应都不会逆转,它们最多只会向全面专化发展,而全面专化又是进一步发展的终点。

由此看来,特殊进化不是文化进化的全部,文化不仅产生了形态的适应结果,还产生了更高形态的结果;文化不仅经历了族系的演变,而且经历了全面进化。文化的一般进化是整个进化的新阶段的突创过程,然而这种突创过程在历史上不一定是连续的个别族系的发展过程。一般进化的分类单位是文化系统本身,即一个社会政治实体的文化组织。一般进化的水平是一些限定顺序的文化等级,这个文化等级的衡量标准主要有三点:自然状态的资源转入文化状态的总能量、具有更多的子系统以及更多的子系统的专化和整合各部分的有效组织与方法。实际上,也就是结构、功能的复杂化,或者说是能量转变由少到多,整合水平由低到高,全面适应(对各种环境的适应)由弱到强。根据这三条标准,我们可判定某个文化系统的一般进化水平。

(二)萨林斯的结构主义观点

萨林斯的结构理论受到列维-斯特劳斯结构主义的影响。列维-斯特劳斯是在宏大叙事模式的深层结构中,发掘出结构主义微观分析策略的原动力。同样的,萨林斯详尽考察了南太平洋诸岛的土著文化和欧洲入侵者进入夏威夷诸岛后发生的重大事件,提出了历史与结构的理论。

萨林斯从人类学角度对库克船长案例进行的经典分析中,围绕库克为何被杀,对夏威夷土著的玛卡希基仪式进行考察,在现实与仪式的背离和巧合中发现了土著社会的神话所起的关键作用。在土著的宇宙模式中,神和人二元对立的结构关系衍生出了神话—政治的谱系,由此结构所规范的范畴关系形成了自身的社会与文化秩序。他认为历史事件中具体的人与物符号意义的转化,体现的是神话中二元对立的结构间的范畴关系,所以历史事件是一种神话现实的隐喻。他将事物的二元身份置于历史联结的纽带上,来解释两种文化遭遇时社会内部关系的变化及社会关系的转型问题。他认为人对神圣事物的传统反应构成了人与神圣事物的关系,也是一种传统的关系范式,它成为一种文化传统得以持续建构的结构。然而事件的发生并不一定是按照固有的传统逻辑去构想的,特殊情况的发生会带来传统关系之间的对立。传统范畴接纳了新的功能性价值,文化意义因此发生变化,随着范畴之间关系的变化,结构也发生相应变化。

萨林斯对土著神话结构分析的独创性,在于他从不同的文化秩序中理解独特的历史实践。通过对历史与结构的辩证思考,阐释了地方社会的宇宙观、本体论对历史实践过程中不同关系的建构,人们运用既有的传统来感知、建构历史发展中遭遇的不同事件,而在文化系统中,这些事件又会产生不同的意义,从而强化或改变不同关系的范式,使结构得以稳定或转型。

萨林斯则反思了历史与结构之间的关系。他认为历史依据事物的意义图式并以文化的方式来安排,人的主体性在这一过程中展现了重要作用,它依据对文化秩序的既有理解来组织行动计划,并赋予其行动目标以意义;而文化图式也是以历史的方式安排,因它们在实践展演中,意义或多或少受到主体的重新估价,由于行动的偶然情境并不一定与某些群体可能赋予它们的意义相吻合,主体能动性充分得以发挥,创造性地重新思考人们的惯用图式。一方面,文化在主体的行动中以历史的方式被再生产出来,另一方面,文化在主体的行动中被以历史的方式改变了。

萨林斯的结构研究把握了结构人类学范式下共时性与历时性的互动关系,认为存在一种更为普遍的时间性的结构观念,从历史结构的立场看,这样的结构是规则和逻辑上的衍生效果造成的。这样一种长时段的结构可以克服前人的结构观点普遍应用于人类学研究的某些逻辑困难。如他的结构转型理论,提出"并接结构"的概念,揭示文化的转型乃是其再生产的模式,因某些意义的转换,改变了文化范畴之间的情景关系,造成了系统的变迁。

(三)萨林斯对西方本土文化的反思

在对西方本土文化进行研究之后,萨林斯对西方社会的生物学和文化的两方面的理念做出了批判和反思。

他首先驳斥了西方生物学观念。在20世纪70年代,美国社会学界正在掀起一阵"社会生物学"的潮流,学者试图通过社会生物学的理论来证明西方资本主义现状是公正合理的社会制度,社会生物学的理论之一就是"最大限度利用自然选择使自然资源得到最大化的配置,这在一定程度上就造成了对其物种的大部分权利的剥夺",美国社会学界利用这一理论,将社会资源占为己有,对公民的资源和权利的赤裸裸的剥夺,在理论上,将这些行为合法化。

然而萨林斯则认为社会生物学是一种达尔文主义和对自然选择论的偏离。他在《生物学的运用与滥用》(1977)一书中,对西方社会生物学理论做出针锋相对的反驳。他认为社会生物学的一些概念不应该归结为新符号文化体系,这些概念并不是与现代资本主义社会经济制度一起发明出来的,而是西方宇宙观的一种延续,"生物学的滥用"实际上揭示了西方"科学主义"的资本主义信仰实质。

除此之外,萨林斯还对西方社会科学认识论中的功利主义思潮做出了批判。西方传统的功利主义的"民间文化"即将荣誉、贪婪、权势、爱情、恐惧当作行为动机的观念,把市场和人的实际需要当成决定文化创造力的动力。就此,萨林斯通过人类学的方法对西方本土看待文化的概念进行了反思。那么在西方功利主义价值观的运作下,文化意义和其所产生的利益,究竟哪个更为重要呢?萨林斯在一系列案例分析中阐明了他的观点,并给出了一个相对明确的答案。

身处于西方文化社会中,萨林斯预见到了自己文化所要面临的前景是悲观的。他认为在西方古老的犹太教和基督教宇宙观决定下,最终导致西方社会的没落和在贪婪的对经济利益的追逐中走向灭亡的前景。比如在《文化与实践理性》(1976)一书中,萨林斯通过引用其家园美国的本土文化事例,巧妙地对西方功利主义加以批判,提出探讨文化意义应优先于探讨实际利益和物质关注的论点。因此,就萨林斯看来,人类学的任务在于揭示文化的独特意义结构。然而人类学方法论的创立者在从事这方面工作中出现了重大失误。因为人类学家似乎都是通过本土的文化来研究"异文化"的,没有站在"土著"人的角度去理解研究。在这些人类学家的思维中,似乎只有西方本土的文化才是真正意义上的文化,而土著的原始文化只是野蛮落后的,这一切的根源在于西方的学者习惯性地用西方的宇宙观来解释人类的生活。在萨林斯看来,人对生活的看法并不是受特定的物质条件决定的,相反,人们对生活的看法决定着人们物质生产、交换和消费的方式。

不仅如此,萨林斯还关注了资本主义生成的文化符号逻辑,以及西方经济学和社会科学基础理论,从而批判了西方文化的现代性。他认为是一种行为制度与模式,是一种社会生活或组织模式,是工业文明的缩略语,因而西方社会的经济学中流行的工业增长论、各种有限的变迁动因论、庸俗的物质主义论,最易于为西方人提供简单明了的未来蓝图。然而,这种瞎想的蓝图必然与现实存在着冲突。萨林斯通过《甜蜜与悲哀》(1996)一书指出,西方本土文化中存在着需求与满足之间的矛盾,这种矛盾表现在西方文化的现代性对人性的双重解释,即一方面认为人有权利从各种外在的社会制约中解放出来,另一方面则认为这种解放与资本主义造成的剥削和殖民主义侵略的悲哀有关。

四、关于萨林斯及其人类学研究的评价

萨林斯的人类学研究范围广,涉及进化理论、经济人类学、历史人类学以及西方本土文化等多个方面,且他的研究已然引发了国内外学者的热议。国际学者对其历史人类学和西方本土文化研究提出了质疑;国内学者则针对萨林斯的结构与历史的研究以及民族志写作,做出了一系列的评价。

(一)国际学者的评价

斯里兰卡人类学家加纳纳什·奥贝赛克拉对萨林斯的历史人类学研究提出了尖锐的质问。他指出,在对南太平洋土著的研究过程中,萨林斯缔造"库克—罗诺"神话来迎合欧洲殖民中心主义;正如他在《库克船长的神话》一书中提出的质疑:"是否存在着这样一种可能性,即罗诺神话被欧洲人建构起来,并将土著信仰中的神当成一个欧洲的神?"换句话说,奥贝赛克拉认为,萨林斯所做的民族志研究并没有设法去证实"历史事实"或以此为策略性目标,而将所谓的事实建立在研究社会政治话语的意义之上。因此,奥贝赛克拉将萨林斯的"文化结构"归结为受西方文化启示,并由基督教传教士以及基督教皈依者们炒作出来的"神话"。

为了破解萨林斯的文化结构、破解萨林斯,奥贝赛克拉列举了两个最为简单的历史事件:第一,当伟大的航海家库克船长"发现"波利尼西亚人,并于1779年1月17日再次登岛时,岛上的土著正在举行马卡希其庆典,库克恰在此时出现并被迎为"罗诺神的归来";第二,根据最著名的夏威夷历史研究学者库肯达尔的记录,在神庙主持罗诺神庆典仪式的是牧师(基督教传教士),这也是一个事实。通过对这些"事实"的分析,奥贝赛克拉推断出了他所认定的"另一个事实",即欧洲人先在18世纪就创造了欧洲的神话,而后以这个"神话模式"为基础通过拓殖者(传教士)移植、复制给了夏威夷土著。这样,由萨林斯精心建构起来的结构秩序中的所谓"历史真实"便被奥贝赛克拉指认为另一个"历史真实"。

奥贝赛克拉的质疑,将萨林斯历史人类学的"文化结构"研究,推向了对民族志真实性的探讨。虽然萨林斯将所有的历史事实都归因为"文化结构",然而不仅"文化结构"的构造层次以及含义值得商议,同时选择历史资料以及对资料使用的准确性也会对结构意义产生不同的影响。如果在史料使用上存在失误,那么这一"失误"所推证出的历史"真实性"就可能出现巨大的偏差。①

除了其历史人类学研究之外,一些国际学者还对萨林斯的西方本土文化研究给出了评价。

托马斯·巴加采认为,萨林斯的西方本土文化研究使我们联想到人类学同样首先是一项西方的事业,这一点是值得称赞的。他指出,敢于在一篇论文的篇幅中处理这么重要主题的学者,不应该因若干方面的不够全面而受到学究式的批评。然而萨林斯的论点存在一个严重的不足之处,即他没有充分关注犹太教—基督教这一总世界观以外的其他传统。巴加采指出,萨林斯介绍了一些犹太教—基督教前提,并认为是它们浸透到"本土的西方人类学"之中并遮蔽了我们对其他族群的理解。不仅如此,萨林斯还说明了犹太教—基督教上帝至善及人之至恶的传统是如何经由圣奥古斯丁和亚当·斯密而转变成现代的"神创秩序的人类学",这种人类学宣称自己相信存在一种有益的、自我调节的社会秩序,它缓解人类有限性的不足之处,由此在不顾及一切人类知识、意志和理性的前提下实现"更大程度的和谐"。

---

① 彭兆荣:《民族志视野中"真实性"的多种样态》,载《中国社会科学》,2006年第2期,第133页。

而在巴加采看来,在"文化适应论"的文化理论中,萨林斯的"看不见的手"被装扮成了一个无所不包的生态体系。①

鲁里·伯－大卫则评价说,萨林斯并没有详细阐述西方世界的异常变异,这也成为其研究中的一个重要纰漏。尽管萨林斯在"关于现实的人类学"一节中曾涉及这一问题,然而伯－大卫论述说,仅仅把本土的"现实"刻画成我们自己的"现实",这样的主客体颠倒太过简单化,而且这本身就是典型的西方变异;当"发现"它在其他文化中被颠倒过来时,这样一种刻画方式泛化了我们在概念上的对立,而不是强调了它的独特性。伯－大卫进一步指出,虽然萨林斯对一些西方宇宙观的"遗迹"做出了犀利的分析,但他却没有将西方变化的历史根源与犹太教—基督教传统之神话性的《圣经》联系在一起。由此,伯－大卫认为,这一被忽略的细节,支撑着萨林斯命题的核心:主张最好是通过快乐和痛苦获得知识的西方特有的认识论。在一个被看作由分立的、无联系的成员组成的世界中,人们对他人的了解不是依靠交往而是凭借他无所联系的自我、他自己的心灵和身体所接触的印象。一门"关于变异的人类学"会补充而不是改变萨林斯命题的核心。②

前川启治认为,不同于西敏司将西方与世界其他地区的联系放在分析的中心位置,萨林斯对西方本土文化的考察属于一种"反向的人类学"。在现代历程中,世界其他地区对西方的到来和侵犯做出了反应,萨林斯的学术信仰就在这一过程中应运而生。其学术信仰描述了西方文化的另一面。在萨林斯的研究中,他更关注事物和事件的意义如何在连续和变迁过程中形成。除了反向的人类学之外,萨林斯还注意到西敏司所叙述的故事,不过是在寻求西方宇宙观的起源和历史的脉络下展开的。他把这一问题不仅当作自我反省的客体,还作为"关于西方宇宙观的本土人类学"。在关注主流学术"话语"分析的同时,他的"考古学"考察不仅涉及现代世界体系的产生,甚至是启蒙时代,还一直追溯到人类的堕落。

前川指出,萨林斯本人研究的大洋洲以及来自中国的文献,偶尔也融入了其对本土的西方话语的分析之中,后者勾勒出了西方的宇宙观。在此基础上,萨林斯不仅厘清了西方与其他地区间的文化差异,还阐明了西方文化

---

① 萨林斯:《甜蜜的悲哀》,王铭铭、胡宗泽译,生活·读书·新知三联书店,2000年版,第73~76页。
② 萨林斯:《甜蜜的悲哀》,王铭铭、胡宗泽译,生活·读书·新知三联书店,2000年版,第77~78页。

的连续性。前川论述说,在西方的宇宙观中,上帝是绝对超验的,自然是纯物质性的,而对人类来说现实是通过感觉印象获得的。源于人类永远无法满足的那些需求在人们的主观经验中就表现为痛苦,但是上帝,"这想象中的整体,为个人的苦难提供目标和安慰"。从"超验的"西方这一立场出发,萨林斯根据非西方的宇宙观考察了非西方对西方的解释和适应,并达到了对西方的一种相对化,包括它根据西方宇宙观来解释非西方。在前川看来,这种相对化不仅产生于从"超验"立场出发所作的比较,还产生于对"超验的"西方的历史发展进程所进行的诠释与反思。①

(二)国内学者的评价

萨林斯在其历史人类学研究中对结构与历史的关系进行了探讨,并通过民族志写作的方式将其分析淋漓尽致地呈现出来。彭兆荣在《民族志视野中"真实性"的多种样态》一文中认为,萨林斯的历史民族志是对超越历史与想象的真实性样态的追寻。他指出:"萨林斯在《历史的隐喻与神话的现实》一书中,以夏威夷土著的神话传说与库克船长的历史事件的结构关系为例,打破了想象与事实、神话与现实之间貌合神离的认知界线,在神话与事实、主观与客观、分类与整合的内部关系结构中再生产出超越简单对'历史事实'的追求,寻找到了他称之为'诗化逻辑'的东西。"②"萨林斯在其历史民族志中,借助神话模式中的'文化结构',将表面上泾渭分明的两极:'历史/隐喻''神话/现实'成功地沟通,比如,库克船长的'历史事件',满足了夏威夷'神话传说'的核心要件,二者共同完成一个新的'真实性'叙事范式。"③因此,彭兆荣认为,与传统的结构主义所坚持的"文化理性"不同,萨林斯超越了"实践理性/文化理性"的简单分类,"发现"或"发明"了另外一种结构的真实性。

在文章中,彭教授还提出对于这样的民族志表现形式的质疑。如果在"神话叙事"与"历史真实"之间可以实现"关系转换",那么萨林斯谈及的

---

① 萨林斯:《甜蜜的悲哀》,王铭铭、胡宗泽译,生活·读书·新知三联书店,2000年版,第86～88页。
② 彭兆荣:《民族志视野中"真实性"的多种样态》,载《中国社会科学》,2006年第2期,第131页。
③ 彭兆荣:《民族志视野中"真实性"的多种样态》,载《中国社会科学》,2006年第2期,第132页。

"历史真实"是否存在"制造历史"之嫌？对此，彭兆荣指出，"神话模式"本身带有明显的"制造"痕迹，库克船长同夏威夷罗诺神话相遇，从而缔造出了一种新的"历史现实"。

同样，解志伟在《历史如何理解与建构——漫谈萨林斯〈历史之岛〉及其历史人类学》[①]中，也从民族志写作的角度评价了萨林斯的历史人类学。他比较了萨林斯与传统民族志对历史与结构的关系的探讨，认为萨林斯的历史人类学具有较强的后现代主义特征。

解志伟分析说，在传统民族中，文化传统与现代总是被置于结构的两端。而从文本的角度来看，历史学家与民族志学者在事件描述方面并不具有时空整体性，他们所彰显的事件完整叙述与社会生活的多维性之间并不存在很大的统一性。文本的整体叙述是为了展示社会平面，研究者也会将描述集中于各自的理论研究中心，以文本为主线来展开社会生活实践。

而萨林斯则批判了"民族志现在时"的无时间性立场，并在研究中秉持文化多元主义倾向。解志伟指出，萨林斯在高度评价人类学文化研究在历史学中的地位的同时，也向学术界宣称他已经开始建构了一种萨特称之为结构的历史人类学。萨林斯通过对非西方世界太平洋岛屿的土著文化研究，来反思西方各种观念的缺失。对此，解志伟以《历史之岛》为例来解读萨林斯对于历史与结构的后现代话语。他指出，在叙述库克船长的历史事件时，萨林斯并不以西方人的殖民活动为中心，而是从夏威夷岛民的角度出发，来揭示了文化图式对社会行动的影响，从而否定了夏威夷社会的社会变迁是殖民活动推进的结果这一传统话语方式，也就肯定了非西方社会在不断地创造它们自己的历史。在此过程中，萨林斯还提出"搬演性结构""惯例性结构"和"并接结构"三种结构概念，作为分析历史、理解文化的一种理论工具。

解志伟进一步指出，不同于传统民族志，萨林斯在结构分析中指出了偶然事件在社会变迁中的意义，这也就说明历史会因为偶然事件的到访而变得丰富多彩。当然，解志伟还指出，萨林斯并非极端地否定传统的历史编纂，只是更为赞成历史的相对性。

透过此类分析，解志伟评价道，萨林斯为批判传统的民族志和历史文本

---

① 解志伟：《历史如何理解与建构——漫谈萨林斯〈历史之岛〉及其历史人类学》，载《黑龙江教育学报》，2008年第12期。

提供了一个理论工具,从而帮助理解社会历史文化的多样性。萨林斯通过岛民的人类学个案介绍,深化了结构历史主义的分析,他肯定了"各种基本形态的文化生命"以及相对的历史观,也可以说,他进一步驳斥了传统的"非西方无历史的"历史观。同时,萨林斯还反思了文化对于历史建构的作用,并通过民族志写作将夏威夷土著社会的历史与结构展现出来。

(三)我的认识

萨林斯是一个在研究中敢于突破和挑战自己的人类学家。可以说,他的人生经历和思想阅历都非常的丰富,这些丰富的精神积淀潜藏在他变幻多姿的研究主题中。在其早期的研究中,萨林斯的理论分析简中有力。而随着其学术研究的不断发展,萨林斯开始侧重于对"历史/结构""神话/现实"等方面进行分析,并通过民族志将其解析思路与成果公之于世。虽然其研究涉及面广泛,但萨林斯对于每一个研究主题都倾注热忱。他的研究并不与现实脱节,反而非常贴近当代社会生活,这从某种意义上来看,也算得上是与时俱进。

当然,萨林斯的研究并不是不存在缺陷的。在他的思想中充斥着一些矛盾,比如他批判西方资本主义的功利思潮,但又认为文化决定利益。他的后期著作理解起来有些晦涩,尤其是关于西方本土文化的研究成果。在其研究过程中,萨林斯会抛出一些矛盾性问题,但仅仅止于描述层面,并未给出评判。这不禁让人怀疑,对于这些问题,萨林斯是否未形成自己的看法和解决方式,而只是阐述问题或介绍他的个人观点。

而阅读他的著作,我们能够触摸到他对待文化的态度,这是一个身为人类学家的基本素养。比如,他在对人类学进行理论研究的时候,能够实事求是地站在被研究者的角度去分析和解决问题,并总结出自己的理论观点,平等地看待每一种文化。而身处西方社会文化大背景下的他,始终念念不忘对非西方文化的探讨。从他身上我们可以体会到,一种文化无论是否占据主流地位,它对当地社会都起着一定的作用,而这样的文化也是具有研究价值的,是值得深究和探讨的。

参考文献:

[1]萨林斯:《石器时代经济学》,张经纬等译,生活·读书·新知三联书店,2009年版。

[2]萨林斯:《历史之岛》,蓝达居等译,上海人民出版社,2003年版。

[3]萨林斯:《甜蜜的悲哀》,王铭铭、胡宗泽译,生活·读书·新知三联书店,2000年版。

[4]郑少雄:《经济人类学转向》,载《中国社会科学报》,2010年12月14日。

[5]刘晓春:《历史/结构——萨林斯关于南太平洋岛殖民遭遇的论述》,载《民俗研究》,2006年第1期。

[6]赵丙祥:《甜蜜与悲哀》,载《20世纪西方人类学主要著作指南》,王铭铭主编,世纪图书出版公司,2008年版。

[7]夏建忠:《文化人类学理论学派——文化研究的历史》,中国人民大学出版社,1997年版。

[8]托马斯·哈定:《文化与进化》(中译本),浙江出版社,1987年版。

[9]陈博:《从列维-斯特劳斯到萨林斯》,载《大众文艺》,2010年第18期。

[10]彭兆荣:《民族志视野中"真实性"的多种样态》,载《中国社会科学》,2006年第2期。

[11]解志伟:《历史如何理解与建构——漫谈萨林斯〈历史之岛〉及其历史人类学》,载《黑龙江教育学报》,2008年第12期。

(原载《民族论坛》2013年第6期)

后　记

　　彼时我还是一个跨专业考研的学生，刚刚开始接触人类学，迫切地想要了解"人类学是什么"，却又因为不知道从何处入手而忐忑不安。当时得到徐杰舜老师的提点，他告诉我，人类学隐藏在民族志报告的字里行间。之后又因为一句"不能光看书，要用心做笔记"而开始动笔，这才有了前面十篇文章。

　　在进一步的学习中，我了解到，人类学有十一个主要的学术流派，它们对于文化有不同的表达。各个学派中走在学术前沿或者贡献突出的人类学家往往能代表一个学术流派发声。我带着这样的一种认识，从每一个人类学家的生平、主要著作、学术贡献、学界评价入手，进行阅读、归纳和整理。他们的学术历程描绘了人类学家们是如何完成从走近人类学到走进人类学的过程；每一部代表著作都体现出学者们的人类学视角，并展现出主要观点；他们的主要贡献随着其对某一问题的深入钻研和探讨款款而来；而国内外学者给出的评价则呈现了学术交流和对话的状态。

　　这样看来，本书其实是一个人类学初学者的读书笔记，但它之于我，却有着不一样的感触。回头看看，这段阅读经典的道路上，既有阳光，也有雨露，终归是我成长道路上必不可少的养分。

　　最初我对写人物传记没有任何的概念，只是简单地认为从每一个人类学家的作品入手去了解他们的学术历程、学术思想和学术理念。然而经典难懂，问题往往扑面而来。由于学识的浅薄，我在阅读人类学家著作的过程中有时会遇到"不知所云"的状况。记得在书写"维克多·特纳列传"时，由于缺乏对宗教仪式理论的知识和感悟，我在阅读《象征之林》一书时，难以概括出特纳所表达的正确含义。到了约翰·列维－斯特劳斯那里，情况更甚。艰涩难懂的结构主义理论以及列维－斯特劳斯本人强大而独特的思维体系，一度使我抱着整卷《野性的思维》痛哭。

　　那个时候列传的写作才刚刚开始，遇到瓶颈的我，开始学着找寻理解经典的方法，学着去聆听除了著作者之外的声音：前言、书评、解析、综述。译者前言里面往往能找到概括全书主要内容的段落；书评中饱含读后感，可视为一种学术对话；著作解析通常是对书中某一内容的深度解读；综述往往能够体现一个学者学术思想的发展历程……这些文献不仅帮助我逐渐去理解和认识人类学，同时其中的素材也使得每一篇列传更加丰富。久而久之，这种阅读的方式驱散云雾，将七彩的阳光带到我身边。

如果不是阅读了西方人类学家们的经典著作，我难以想象人类学家们的学术生活竟然可以如此精彩！路易斯·亨利·摩尔根由于帮助易洛魁塞内卡尔部落维护其土地权利并在与地产投机公司的官司中取胜，成为塞内卡尔部落鹰氏族长的养子，而这一特殊身份便于摩尔根更深入地调查易洛魁人及其社会；爱德华·伯内特·泰勒一生虽然没有系统地受过高等教育，却以其丰富的田野经验和对文化的深刻解读，一跃成为第一个在大学讲堂上教授人类学的人类学家；弗雷泽尽管用启发性的艺术风格，在《金枝》里呈现了精彩纷呈的原始思维的神话世界，他终其一生苦心孤诣地献身于科学真理，献身于理解原始和文明的人性，这使他的著作在本质上可靠和真实；马塞尔·莫斯在停笔数年后重整旗鼓，运用其超凡的语言天赋和广博的学识，在原始制度的比较研究中，做出其他田野工作者经过个人观察所无法得出的推断；露丝·本尼迪克特从未亲身踏入其笔下的田野世界，却令她的著作广为流传，甚至在人类学界之外也赫赫有名；更有甚者，玛格丽特·米德的著作比小说还要流行，在长达60年之久的岁月里，她的读者群不断扩大，而她也成为拥有读者数量最多的一名人类学家；约翰·列维-斯特劳斯从哲学转入人类学，尽管他此生只有一次田野经历，但是他的学术思想却影响了后来的一大批人类学学者；维克多·特纳对表演和戏剧有着浓厚的兴趣，并将这样的兴趣带入他的象征人类学研究之中，他的著作跨越了学科的前沿，对后世意义深远；克利福德·格尔兹的人类学历程也是几经波折，经过几个学科学习的过渡继而走进了人类学。随后他在民族志研究的基础上，建立并发展了其文化理论；马歇尔·萨林斯是思路开阔、经历丰富的人类学家，曾经的多重职业身份使得他所涉猎的学术范围极其广泛，它们不仅跨越性极大，且每一个研究都涵盖着时代性——著作里能读到的是思想碰撞，经典之外是西方人类学家们的人格魅力，这也是他们精彩纷呈的画像。

通过撰写列传，我从中收获了知识，收获了坚持，也收获了学术感悟。这里面的每一个人类学家都是我的老师，阅读他们的作品，就像是在感受他们迸发的智慧，学习他们对某一文化现象的诠释。他们笔下的文化现象或是具有进化特征，或是带有某种功能性；有的具有历史批判性，有的带有结构主义的色彩；它们可以是符号，能够被阐释，也会带有象征意义。而阅读相关的学术文章，在那些具有启发性的字里行间让我领悟到了什么是学术对话，让我明白了在撰写列传时，除了要理解、总结、诠释、分析之外，还需要体现出一种互相交流的过程。逐渐地，我从一开始不了解人类学为何物，到对它有了一定的认识：它可能没有模板，不是公式，但却有着自己的范式。人类学家们对文化的表达方式也指引着我的田野工作，引导着我学会去发现文化、观察文化、解释文化。

阅读经典是很好的知识输入，而在阅读基础上的写作，则是贴切的输出方式。如今想起来，我仍然觉得这样的学习方法非常适合我去了解一个学科的历史与架构。于此，为了总结硕士阶段青涩的学习经验，让我在未来的学术道路上能够越来越熟练地"摸爬滚打"，因此决定将十篇"西方人类学家列传"结集出版。

这本书的出版离不开前辈们的帮助：我感激我的导师徐杰舜教授对我一直以来的指导与教诲，感谢《民族论坛》杂志社的龙晔生社长给予拙作登刊的机会，感谢韦小鹏老师及《民族论坛》杂志编辑向思睿、李丹的每一次校对和排版工作的一丝不苟。由于你们的支持和帮助，才使得本书终于出版。

都说人类学是一门必须"读万卷书，行万里路"的学科。当时作为人类学专业的研究生，我希望通过阅读经典来学习理论，但却仅仅写出了十篇列传。由于课业的繁忙以及田野工作的"召唤"，依然还有九篇预想的"西方人类学家列传"没有完成。匆忙书写，唯恐唐突大师经典之作，于此聊以搁笔。唯念他日再有余力，提笔如愿以偿。

丁苏安

2016 年 4 月 18 日初稿

2016 年 5 月 7 日定稿

于泰国东方大学图书馆